违法建设理论与实务
WEIFA JIANSHE LILUN YU SHIWU

北京吴少博律师事务所　著
北京栩锐律师事务所

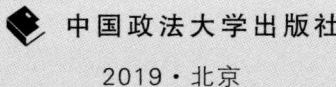

中国政法大学出版社

2019·北京

声　明　　1. 版权所有，侵权必究。
　　　　　2. 如有缺页、倒装问题，由出版社负责退换。

图书在版编目（CIP）数据

违法建设理论与实务/北京吴少博律师事务所，北京栩锐律师事务所著.—北京:中国政法大学出版社,2019.12
ISBN 978-7-5620-9296-4

Ⅰ.①违… Ⅱ.①北… ②北… Ⅲ.①建筑工程－违法－研究－中国 Ⅳ.①D922.297.4

中国版本图书馆 CIP 数据核字(2019)第 256156 号

出　版　者	中国政法大学出版社
地　　　址	北京市海淀区西土城路 25 号
邮寄地址	北京 100088 信箱 8034 分箱　邮编 100088
网　　　址	http://www.cuplpress.com（网络实名：中国政法大学出版社）
电　　　话	010-58908586(编辑部)　58908334(邮购部)
编辑邮箱	zhengfadch@126.com
承　　印	固安华明印业有限公司
开　　本	880mm×1230mm　1/32
印　　张	11.75
字　　数	285 千字
版　　次	2019 年 12 月第 1 版
印　　次	2019 年 12 月第 1 次印刷
定　　价	49.00 元

近年来，随着城市建设对规划的要求越来越高，针对违法建设的执法也越来越多，且越来越趋于严格，因此带来的相关行政诉讼也随之增加。目前行政诉讼法、行政强制法等相关法律规范虽然对违法建设行政处罚程序方面的立法较为严格，但是关于违法建设的理论研究比较少，实体方面的法律规定还不完善，且严格立法的程序方面在现实中并没有得到很好的执行，以至于实务中执法机关被裁判败诉的案例中绝大部分原因都在于执法程序的个别违法现象。

本书是北京吴少博律师事务所和北京栩锐律师事务所继"企业拆迁维权三部曲""企业征收拆迁关停维权百问百答系列"后联合推出的又一力作。全书共分为六个篇章，主要围绕违法建设的背景、违法建设行政处罚的程序、执法主体、有权对违法建设处罚行为提起行政诉讼的主体以及违法建设裁判案例等问题展开研讨。以期为正在或即将遭遇违法建设行政处罚的广大企业主提供些许帮助，达到"为己所用，增强维权信心"的效果。

维权的路上虽然有种种困难,但我们与您永远并肩前行。最后祝愿各位企业主朋友们平安、健康,拥有一颗坚定维权的决心。

北京吴少博律师事务所
北京栩锐律师事务所

2019 年 6 月 26 日

目 录
CONTENTS

第一章　我国违法建设的背景 …………………………… 001
- 第一节　违法建设形成的历史原因 ………………………… 001
- 第二节　不同类型违法建设项目的处理方式 ……………… 004
- 第三节　司法实践中对于违法建设的裁判方式 …………… 011
- 第四节　违法建设立法过程及司法实践中存在的问题 …… 016
- 第五节　违法建设处罚在拆迁过程中的变形：以拆违促拆迁 ……………………………………………………… 023
- 第六节　什么样的违法建设不应当放弃维权 ……………… 029

第二章　强制拆除违法建设项目的程序 ………………… 035
- 第一节　立案阶段 …………………………………………… 035
- 第二节　调查阶段 …………………………………………… 037
- 第三节　限期拆除处罚阶段 ………………………………… 040
- 第四节　行政强制拆除决定阶段 …………………………… 043
- 第五节　行政强拆实施阶段 ………………………………… 046

第三章　违法建设处罚的执法主体 ……………………… 050
- 第一节　用地违法的执法主体 ……………………………… 050
- 第二节　规划违法的执法主体 ……………………………… 082

第四章　有权对违法建设处罚行为提起行政诉讼的主体 … 089
第一节　违法建设行政处罚的适格相对人 … 089
第二节　与违法建设行为有法律上的利害关系的人 … 090
第三节　有权针对相关方面提起行政诉讼的适格主体 … 094

第五章　结合裁判案例看实务中的常见问题 … 110
第一节　执法部门在事实认定方面的常见问题 … 110
第二节　执法部门在适用法律方面的常见问题 … 114
第三节　执法机关在程序合法性方面的常见问题 … 119
第四节　违法建设强制拆除程序中存在的常见问题 … 166
第五节　涉及违法建设类型案件的管辖问题 … 183
第六节　政府信赖利益问题 … 184
第七节　独立可诉的违法建设处罚行为 … 213
第八节　针对规划部门对执法部门回函的可诉性分析 … 215
第九节　拆除违法建设中的行政赔偿问题 … 232
第十节　"一事不再罚"原则 … 270
第十一节　违法建筑的查处不受两年的时效限制 … 274

第六章　违法建设相关法律法规和案例 … 278
第一节　违法建筑实体法律法规规定 … 278
第二节　强制拆除违法建设的相关案例 … 283

第一章 我国违法建设的背景

第一节 违法建设形成的历史原因

一、时代背景：经济快速发展带来的建筑总量的增加

1978年改革开放以来，中国经济迅猛发展，仅用了四十年就走完了其他发达国家需要几百年才完成的工业化道路，经济总量出现了惊人的增长，这段历史时期具有鲜明的时代特色，也是中华人民共和国成立后的重要转型期。

这个时期随着经济水平的提高，城镇也在快速发展，从城市到乡村，大量建筑投入施工，城镇建筑面积大幅增加，建筑速度也逐年攀升。仅2001年至2010年，全国城镇建筑面积总量约从110亿平方米增长到220亿平方米，短短十年时间就翻了一番。因为发展太迅速，立法规划和行政执法手段无法完全满足现实的需求，导致这一时期在城乡接合部有大量的建筑物是在没有办理证照或者证照不齐全的情况下建造起来的。

在这些手续不齐全的建筑当中，有一部分是违法占用耕地或者违反规划加高加宽建设起来的房屋，对于这种类型的违法行为，政府必须加大监管力度，如果任其自由泛滥，不仅会侵害国家和其他公民的合法权益，也必然会导致城市及乡村用地和规划的无序发展。

但是除了恶意偷建、抢建的违法建设外，也有一部分的房屋是由于在当时国家大力发展经济的特定历史背景下，地方政府灵活运用政策利用城乡接合部的集体土地对外招商引资等特定原因所导致的证照不齐全，如果不区分情况地一律把证照不齐全的房屋作为违法建设项目实施拆除，不仅给民众及社会带来巨大损失，还会破坏政府的信赖利益，影响政府的公信力。

二、政策背景：政府为大力发展经济所开展的招商引资

1987年中国共产党第十三次全国人民代表大会概括出党的基本路线的核心内容，即"一个中心，两个基本点"。其中"一个中心"即是指以经济建设为中心；1992年春天，88岁的邓小平南行。也就在那一年，"不管黑猫白猫，能捉老鼠的就是好猫"成为坊间最流行的话语。这句话反映出当时个别政府经济政策的灵活程度。

2011年7月1日，在庆祝中国共产党成立90周年大会上，胡锦涛说："在前进道路上，我们要继续牢牢扭住经济建设这个中心不动摇……以经济建设为中心是兴国之要，是我们党、我们国家兴旺发达、长治久安的根本要求。"以上只是笔者截取的几个历史片段，意在向读者直观展示此时经济建设在国家发展中的中心地位。

在特殊的时代背景下，"先建后批""鼓励大力招商引资，后补办手续"成为这一时期的鲜明特色，正是因为当时政府政策的灵活性，极大程度地释放了生产力，才使得我国的经济发展在短期内取得了巨大的成就。

在上述历史背景下，各级地方政府在实践中大量利用城乡接合部的闲置土地对外招商引资来搞活经济，带动当地税收、就业等的发展。因为法律对农村集体土地的买卖有着严格的限

制，所以地方政府在和企业的招商引资合作中一般是以村委会的名义长期租赁土地给企业，然后允许企业在其长期租赁的土地上建房或者直接转让地上物。

在具体的操作中这种合作方式多种多样，有的是成立工业园区，以工业园区的土地对外招商引资；有的是通过倒闭的国有或者乡镇企业对外招拍挂，有的甚至利用耕地、农用地对外进行招商引资。在当时的特定历史背景下，相关部门对政府利用占用耕地和农用地对外招商引资是知情且默许的，因为受"先发展、后办证"的政策影响，地方很多执法部门对于土地利用违法的处理方式是：对违法用地问题作出罚款或拆除的处罚，但是只执行罚款处罚，并不实际拆除房屋，这在实践中被称之为"罚款保留"。

此外，国土部门对于政府招商引资的违法用地还有另一种折中的做法，就是对违法用地经处罚后允许补办用地手续或者同意建房人回购被处罚没收的房屋。在这种宽松政策的指引下，大量的中小型企业在城市周边落户，为当地经济发展作出了不可磨灭的贡献。

这些因历史原因长期存在的中小企业虽然土地及房屋的证照并不齐全，但是其出现和长期存在都是当时地方政府发展经济的需要，因此这些企业不仅取得了合法的经营证照，还向政府依法纳税，个别还是当地的纳税大户。另外，政府为这些招商引资进来的企业接通市政用水、用电，对其进行例如环保、消防、安全生产等各项行政管理，部分企业甚至还交纳土地使用税、房产税。

但是，这些正常经营了十几二十几年的企业，用企业自己的话说就是，当年都是被政府"敲锣打鼓"迎进来的企业，现在却因为土地利益被确认为是违法建设项目，面临着被拆除的命运。这是很荒唐的一件事情，我们都知道，企业办理营业执照需要开具经营场所证明，如果是违法建设的话，这个证明在企业成立的最初就是开不出来的。也就是说，如果是违法建设项目，这些企业从一开始设立就不可能获得通过。

此外，如果是违法建设项目的话，政府为什么还要允许其使用市政用水、市政用电？为什么政府部门还会对其进行消防验收、安全生产监督等各项行政管理？为什么政府还向这些企业长期收取税收？为什么政府不在企业开始建设之初就对其进行行政处罚，不对其实施强制拆除？反而是在企业实际经营十几二十几年之后定性为违法建设项目。以上这些，都不是常理能说得通的。

本书所讨论的主要就是因各种历史原因所造成的证照不齐全的房屋是否应当简单根据一个"建设工程规划许可证"认定为违法建设项目，以及这类建设项目在遇到强制拆除处罚的时候应当如何维权。

第二节　不同类型违法建设项目的处理方式

"违法建设"在目前的立法体系中并没有统一的概念定义，实践中违法建设形式各异，有的是用地违法，有的是规划违法，其中用地违法又分为违法用地和违法占地，规划违法的情况就更为复杂。要对违法建设行为进行管理，就得对不同情况、不同成因的违法建设行为进行区分，因为不同的违法建设方式由不同的法律进行规制，所导致的法律后果也是不一样的。

因此，准确诊断违法建设违反了何种法律，由何种"法律病因"导致，是正确处理违法建设的关键。结合法条规定与司法实践，违法建设一般可以分为两大类，即用地违法与规划违法。下面，我们就来看看现有的法律法规对不同类型的违法建设是怎么处理的。

一、用地违法

1. 用地违法的概念

违法用地是指土地使用者或土地占有人未按照《土地管理法》及其他相关法律法规的有关规定，擅自处置土地的行为。典型的如非法转让、出租农村集体土地或宅基地，非法占有部分或者全部国有或集体土地，非法转让行政划拨土地，县级以下政府擅自出让或者非法买卖国有土地等行为。

2. 法律依据：《土地管理法》第74、77、78条

《土地管理法》第74条："买卖或者以其他形式非法转让土地的，由县级以上人民政府自然资源主管部门没收违法所得；对违反土地利用总体规划擅自将农用地改为建设用地的，限期拆除在非法转让的土地上新建的建筑物和其他设施，恢复土地原状，对符合土地利用总体规划的，没收在非法转让的土地上新建的建筑物和其他设施；可以并处罚款；对直接负责的主管人员和其他直接责任人员，依法给予处分；构成犯罪的，依法追究刑事责任。"

《土地管理法》第77条："未经批准或者采取欺骗手段骗取批准，非法占用土地的，由县级以上人民政府自然资源主管部门责令退还非法占用的土地，对违反土地利用总体规划擅自将农用地改为建设用地的，限期拆除在非法占用的土地上新建的建筑物和其他设施，恢复土地原状，对符合土地利用总体规划的，没收在非法占用的土地上新建的建筑物和其他设施，可以并处罚款；对非法占用土地单位的直接负责的主管人员和其他直接责任人员，依法给予处分；构成犯罪的，依法追究刑事责任。超过批准的数量占用土地，多占的土地以非法占用土地

论处。"

《土地管理法》第 78 条:"农村村民未经批准或者采取欺骗手段骗取批准,非法占用土地建住宅的,由县级以上人民政府农业农村主管部门责令退还非法占用的土地,限期拆除在非法占用的土地上新建的房屋。超过省、自治区、直辖市规定的标准,多占的土地以非法占用土地论处。"

3. 用地违法的处理方式

(1) 责令退还土地。违法占用土地尤其是违法占用耕地、林地等情况下,因为违法状态和危害结果始终存在,因此为了不使其违法状态持续产生危害,要求违法占地人退还所占用土地就成为必然的选择。此外因为违法占用耕地违反了国家 18 亿亩耕地的红线不得破坏的基本保护原则,一般对于违法占用耕地、基本农田的,处罚机关还会要求违法占地人把土地恢复到可以耕种的状态。

(2) 限期拆除。一般对于"违反土地利用总体规划"的地上建筑物,执法部门会作出限期拆除的处罚决定。但是如果并没有违反土地利用总体规划的情况下,"一刀切"要求限期拆除,不仅没有必要,反而会白白耗费大量的人力、物力与财力。此时保留既定事实,通过其他方式惩罚违法行为,是执法合理性的鲜明体现。

(3) 没收地上建筑物和附属设施。上述"通过其他方式惩罚违法行为","没收地上建筑物和附属设施"便是其一。限期拆除与没收含义大不相同。没收是政府凭借其行政职权,强行剥夺违法用地上符合土地利用总体规划的建筑物原所有人的所有权,收归政府所有的行政行为。如是一来符合法律谚语"任何人不能从违法行为中获利",二来通过行政机关重新分配建筑物的归属来最大限度践行物尽其用这一物权法理念。

(4)罚款。罚款不仅是违法用地处罚,在整个行政处罚的实务中,罚款都是一项"常规武器"。轻微违法可以单独适用罚款,严重违法则将其与其他处罚并行适用。违法是为了利益,因此削减利益才能有效预防违法。需要注意的是,"罚款"在违法用地的适用上并不是必要处罚措施,法律表述为"可以并处",具体适用要视违法情形和严重程度而定。

4. 执法部门对于政府招商引资的违法用地项目的变通处理方式

实践中地方政府为了发展经济,加大改革开放的步伐,在1990年至2010年间大量使用城乡接合部的农用地、耕地对外招商引资,这种方式虽然违反《土地管理法》,但是在当时一切以经济建设为中心,"先发展,后办证"的政策影响下,不仅在全国范围内大量存在,还得到了国土部门的被动配合。这种被动配合的方式在现实中具体有以下几种:

(1)国土执法部门仅对违法用地、占地行为作出罚款的处罚决定。

(2)国土执法部门虽然对违法用地、占地行为作出了罚款、限期拆除、责令退还土地的处罚决定,但是实际只执行罚款的处罚,并不实际执行限期拆除、责令退还土地的处罚决定。这就使得现实中出现了一批十几年前曾被责令限期拆除和退还土地的企业,至今厂房仍未被实际拆除。

(3)国土执法部门虽然对违法用地、占地行为作出了没收地上建筑物的处罚,但是随后又通过同意当事人回购的方式使其取得相对合法性存续至今。

以上提到的几种执法方式,几乎大多都存在政府招商引资的背景,部分企业在后续的经营中确实按照当时"先发展、后办证"的政策,陆续通过补办手续取得集体建设用地使用权证甚至是国有工业用地使用权证、房产证，但是也有一部分企业尤其是建设时间比较靠后的企业因为各种原因至今未能取得土地及房屋的合法证照。这种类型的企业，在政府作为土地征收主体的今天，大多面临被政府相关执法部门作为违法建设拆除的命运。

二、规划违法

1. 规划违法的概念

规划违法一般是指相关建筑未取得建设工程规划许可证或者违反建设工程规划许可证核定的相关内容。《城乡规划法》把对规划违法的建筑处理方式分为两种：尚可采取改正措施消除对规划实施影响的情形和无法采取改正措施消除对规划实施影响的情形。

2. 法律依据

《城乡规划法》第64条："未取得建设工程规划许可证或者未按照建设工程规划许可证的规定进行建设的，由县级以上地方人民政府城乡规划主管部门责令停止建设；尚可采取改正措施消除对规划实施的影响的，限期改正，处建设工程造价百分之五以上百分之十以下的罚款；无法采取改正措施消除影响的，限期拆除，不能拆除的，没收实物或者违法收入，可以并处建设工程造价百分之十以下的罚款。"

《城乡规划法》第65条："在乡、村庄规划区内未依法取得乡村建设规划许可证或者未按照乡村建设规划许可证的规定进行建设的，由乡、镇人民政府责令停止建设、限期改正；逾期不改正的，可以拆除。"

《城乡规划法》第66条："建设单位或者个人有下列行为之一的，由所在地城市、县人民政府城乡规划主管部门责令限期拆除，可以并处临时建设工程造价一倍以下的罚款：（一）未经批准进行临时建设的；（二）未按照批准内容进行临时建设的；（三）临时建筑物、构筑物超过批准期限不拆除的。"

《城乡规划法》第68条："城乡规划主管部门作出责令停止建设或者限期拆除的决定后，当事人不停止建设或者逾期不拆除的，建设工程所在地县级以上地方人民政府可以责成有关部门采取查封施工现场、强制拆除等措施。"

3. 规划违法的处理方式

（1）针对尚可采取改正措施消除对规划实施影响的违法建设项目处理方式。

第一，《城乡规划法》中认定属于尚可采取改正措施消除对规划实施影响的情形包括两种：一种是取得建设工程规划许可证，但未按建设工程规划许可证的规定进行建设，在限期内采取局部拆除等整改措施，能够使建设工程符合建设工程规划许可证要求的。另一种是未取得建设工程规划许可证即开工建设，但已取得城乡规划主管部门的建设工程设计方案审查文件，且建设内容符合或采取局部拆除等整改措施后能够符合审查文件要求的。

第二，如果涉案房屋被认定为尚可采取改正措施消除对规划实施影响的情形，那么城乡规划部门或其他依法实施城乡规划行政处罚的有权部门，按以下规定处理：

其一，以书面形式责令停止建设；不停止建设的，依法查封施工现场。

其二，以书面形式责令限期改正；对尚未取得建设工程规划许可证即开工建设的，同时责令其及时取得建设工程规划许可证。

其三，对按期改正违法建设部分的，处建设工程造价5%的罚款；对逾期不改正的，依法采取强制拆除等措施，并处建设工程造价10%的罚款。（该处罚款，各地可能具体规定不同，一般都是处以建设工程造价5%以上10%以下的罚款）。

其四，违法行为轻微并及时自行纠正，没有造成危害后果的，不予行政处罚。处罚机关按照上述规定处以罚款，应当在违法建设行为改正后实施，不得仅处罚款而不监督改正。

上述只是一般性规定，对于什么样的情况属于可以采取局部拆除的整改措施的；什么样的情况是建设工程设计方案审查文件获得规划主管部门审查通过后，且建设内容符合或采取局部拆除等整改措施后能够符合审查文件要求的情形，法律法规并没有进一步细化的规定，实务当中城乡规划部门有很大的自由裁量权。在实践中我们看到采取整改措施的基本上是针对开发商进行的处罚，比如，超面积超规划予以罚款保留，一般个人在面临征收和拆违同时进行的时候，基本上只有一个命运，就是被强制拆除。

（2）针对无法采取改正措施消除对规划实施影响的违法建设处理方式。除上述第一点阐述的两种情形之外的，一般都被认为是无法采取改正措施消除对规划实施影响的情形。当然，各地对此也有具体规定，比如《江苏省城乡规划条例》《浙江省城乡规划条例》等都对无法采取改正措施消除对规划实施影响的情形作了详细规定。如果涉案房屋被认定为无法采取改正措施消除对规划实施影响的情形，那么城乡规划部门或其他依法实施城乡规划行政处罚的有权部门，按以下规定处理：

第一，以书面形式责令停止建设；不停止建设的，依法查封施工现场。

第二，对存在违反城乡规划事实的建筑物、构筑物，依法下发限期拆除决定书。

第三，对按期拆除的，不予罚款；对逾期不拆除的，依法强制拆除，并处建设工程造价10%的罚款。

第四，对不能拆除的，没收实物或者违法收入，可以并处建设工程造价5%以上10%以下的罚款。不能拆除的情形，是指拆除违法建设可能影响相邻建筑安全、损害无过错利害关系人合法权益或者对公共利益造成重大损害的情形。处罚机关按照上述规定处以罚款，应当在依法强制拆除或者没收实物或者没收违法收入后实施，不得仅处罚款而不强制拆除或者没收。

第三节 司法实践中对于违法建设的裁判方式

一、违法建设在民事诉讼中的裁判观点

1. 违法建设要求确认物权的，法院不予受理

根据2011年《全国民事审判工作会议纪要》中关于违法建设相关纠纷的处理规定："对于未取得建设工程规划许可证或者未按照建设工程规划许可证规定内容建设的违法建设的认可和处理，按照城乡规划法等法律、行政法规的规定，属于国家有关行政机关的职责范围，应避免通过民事审判变相为违法建设确权。当事人请求确认违法建设权利归属及内容的，人民法院不应予以受理；已经受理的，应驳回起诉。"

实践中，各地法院也是按照此种处理方法，认为违法建设确权纠纷不属于法院受理范围，从而作出不予受理或驳回起诉的裁定。如在宁夏回族自治区高级人民法院[2014]宁民申字第149号的裁判中，宁夏高院就认为涉案争议的诉讼标的是违法建设，原审法院以本案不属于人民法院受理民事诉讼的范围为由驳回起诉的裁定正确。

2. 违法建设物权纠纷、继承、排除妨害、相邻权纠纷等诉到法院，不予受理

基于上文所述，在实践中如果以违法建设物权纠纷、继承、排除妨害、相邻权纠纷等理由诉到法院，不予受理或者驳回起诉。

因为法律不认可违法建设享有物权，且认定是否属于违法建设是行政机关的职责范围，因此，基于物权基础的物上请求权，包括返还原物请求权、排除妨害请求权和消除危险请求权等，违法建设的建房人都不能得到法院的支持，实践中法院一般会以不符合受理范围而不予受理或驳回起诉。

3. 违法建设的房屋租赁合同无效

根据《最高人民法院关于审理城镇房屋租赁合同纠纷案件具体应用法律若干问题的解释》第2条的规定，出租人就未取得建设工程规划许可证或者未按照建设工程规划许可证的规定建设的房屋，与承租人订立的租赁合同无效。

同时，该解释还规定，"在一审法庭辩论终结前取得建设工程规划许可证或者经主管部门批准建设的，人民法院应当认定有效"。

因此，违反规划法律法规规定的违法建设，房屋租赁合同无效，但在一审法庭辩论终结前违法建设补正为合法建设的，法院应当认定租赁合同有效。

4. 违法建设的占有保护权，法院一般予以支持

虽然实务中法院对违法建设的物权确认不予受理，但占有保护请求权不涉及占有物的权利归属，其目的和功能在于恢复占有权人对物的占有。根据《物权法》第245条规定，"占有的不动产或者动产被侵占的，占有人有权请求返还原物"，占有保护请求权系法律赋予占有权人的一种救济权利，此类案件法院

一般都予以受理。

也就是说，如果违法建设被他人违法占有使用，违法建设的建房人以占有物返还请求权、占有妨害排除请求权、占有消除危险请求权，以及占有损害赔偿请求权起诉到法院，此类案件法院一般都予以受理。如在河南省高级人民法院［2014］豫法立二民申字第01106号、重庆市高级人民法院［2015］渝高法民申字第01305号等案件中，法院就认可了违法建设占有人的占有权利。

但在实践中，也有法院并不区分物上请求权与占有保护请求权，认为在行政机关对涉案建筑的合法性作出处理决定之前，法院不宜对违法建设的实体问题进行审理，并因此裁定不予受理或驳回起诉。

二、行政诉讼中关于违法建设赔偿或补偿的裁判观点

1. 依法定程序拆除的违法建设以及征收过程中的违法建设都不予补偿

《土地管理法》《城乡规划法》等法律法规明确规定，对于违反土地、规划等法律规定的建筑，相应行政机关有依法自行拆除或申请法院强制拆除的职权，并且对于拆除的违法建设，法律并未规定应当给予相应补偿。

同时，《国有土地上房屋征收与补偿条例》第24条第2款规定："市、县级人民政府作出房屋征收决定前，应当组织有关部门依法对征收范围内未经登记的建筑进行调查、认定和处理。对认定为合法建筑和未超过批准期限的临时建筑的，应当给予补偿；对认定为违法建筑和超过批准期限的临时建筑的，不予补偿"。

因此，按照法定程序拆除的违法建设，以及在征收过程中被认定为违法建设的，都不予补偿。

2. 因程序违法拆除的违法建设，有权要求损害赔偿

根据《国家赔偿法》的规定，只有在国家机关及其工作人员侵犯当事人"合法权益"时，才会予以赔偿。由于违法建设的违法性，即使是违法建设未经合法程序强拆的，法院也不认可对房屋整体价值进行赔偿。虽然违法建设不具有合法性，但是法院一般都认可违法建设的建筑材料属于当事人的合法财产，因此，违法建设的可利用的建筑材料残值应当依法予以保护。

行政机关对违法建设实施强制拆除时，手段、方式必须科学、适中，不得以野蛮方式实施强制拆除，因强制拆除手段、方式不当，造成当事人建筑材料合法权益损失的，行政机关应当依法予以赔偿。

同时，在违法建设内存放的生产、生活用品等可搬迁财物，属于当事人的合法财产，行政机关在实施强制拆除行为前，应当予以清点造册并妥善搬离保存，因违法强拆造成屋内财产损失的，应当予以赔偿。最高人民法院［2017］最高法行申9030号案件，对以上观点予以了明确。

在这里要注意一点，未取得相应规划或者建房手续的，在征收过程中不一定完全按照违法建设来处理，是否给予征收补偿，要根据具体征收项目的政策中关于违法建设的认定规定来确定。在征收过程中，行政机关以违法建设名义拆除，而按照征收项目政策规定涉案房屋应当予以补偿的，行政机关应当对因违法强拆造成的损失给予赔偿，被征收人得到的赔偿应不低于按征收补偿标准可以获得的征收补偿。最高人民法院［2017］最高法行再101号案件即许水云案，就是最高法对于上述观点的最好阐释。

综上，行政机关合法拆除违法建设时，未造成扩大损失的，一般不予赔偿。行政机关违反法定程序强拆违法建设的，应当对因违法强拆造成的可利用建筑材料残值损失以及屋内物品损失予以赔偿。征收过程中，征收机关按照法定程序依法认定违法建设并依法强制拆除的，不予赔偿。征收过程中，行政机关以违法建设名义强拆无证但按照征收补偿政策应当予以补偿的房屋，应当赔偿被征收人的金额不低于按征收补偿标准可以获得的补偿金额。

三、判定是否为违法建设的法律适用问题

1. 我国法律适用的基本原则，即法不溯及既往原则

实践中，政府机关判定违法建设的法律依据一般为2008年实施的《城乡规划法》。但依据法律适用的基本原则，即"法不溯及既往"原则，该原则通俗地讲，就是不能用今天的规定去约束昨天的行为。

2. 法不溯及既往原则的法理释义

从法的基本作用角度来看，法具有指引作用，无论是确定的指引还是不确定的指引，都是为人们提供一个既定的行为模式，引导人们依法实施自己的行为。而新法颁布之前，并不存在新法提供的既定的行为模式，所以颁布后的新法就不能依据该模式去引导之前人们的行为。换句话说，新法颁布前人们的行为，只能按照当时的法律来调整。

另外，法还具有预测作用，即凭借法律的存在，人们可以预先估计相互间行为的法律后果。但是，未颁布的法，并不为人们预知，自然也就不能起到任何作用。

3. 违法建设的法律适用

依据前述对"法不溯及既往"原则的释义可知，实践中作为新法的《城乡规划法》不能约束2008年之前的建设行为，即政府机关不能依据《城乡规划法》的相关规定来认定当事人

2008年之前建设的建筑物、构筑物为违法建设。因为违法建设行为，即建房行为早已实施完毕，不再具有现行可处罚性。

第四节　违法建设立法过程及司法实践中存在的问题

一、立法有待完善

1. 现行的法律法规对违法建设没有明确的定义

众所周知，法律的构成要素为概念、规则和原则，而规则和原则说到底就是若干概念的联结。不止在法律领域，理解任何知识都要从概念入手，因而有"概念先行"的说法。近几年我国存在大量针对"违法建设"的行政执法，但却没有法律法规对"违法建设"作出一个关于内涵与外延相对明确的定义，究竟哪些行为属于违法建设，处罚违法建设项目保护的是什么法益？哪些历史原因导致的证照不齐全不应作为违法建设？立法方面并没有一个明确的界线，这就导致在近年来实务中对于违法建设的行政处罚存在任意扩大化的风险。

2. 违法建设认定标准单一

因为立法没有关于"违法建设"概念的明确定义，目前司法实践中认定违法建设是以2008年生效的《城乡规划法》中规定的是否取得"建设工程规划许可证"作为规划合法的主要标准。

但是并非现实中所有没有取得"建设工程规划许可证"的建筑都是违法建设，比如中华人民共和国成立前以及中华人民共和国成立初期建设的多数房屋都因为历史原因没有取得"建设工程规划许可证"，故宫和人民大会堂就是很好的例子，这些有历史年头的古建筑虽然没有取得我们现行法律要求的建房审批和物权凭证，但是其毫无疑问是合法的，是祖先留给我们全国人民的宝贵财富。

当然故宫和人民大会堂这个例子有点极端，现实中也很少出现历史古建筑作为违法建设被拆除的案例，但是对于2008年《城乡规划法》颁布之前十几二十几年间建设起来的房屋，如果仅有是否取得"建设工程规划许可证"这一简单的标准，不区分建筑年限及建筑行为时的法律规定，实务中的违法建设的认定和执法就很容易出现混乱。

没有取得"建设工程规划许可证"是一种客观状态，这个客观状态本来就包含违法和合法两种情况。第一种情况是因不符合办证条件从根本上无法取得建设工程规划许可证，这种建筑，当然要考虑通过行政处罚加以监管。但是还有一种情况是符合办证的要求，因为各种历史原因证照正在办理过程中或者依照当时的法律不需要办理"建设工程规划许可证"的，这种情况下显然不能单纯地以没有取得"建设工程规划许可证"定为违法建设。

具体的案例可参考上海市松江区九亭镇的九富开发区。这个开发区是2002年经上海市松江区政府批准成立的，几百家企业经政府招商引资陆续入驻开发区。受当时"先发展经济、后补办手续"的政策及集体建设用地指标逐年发放的影响，该开发区大部分企业都是入驻后先建设生产，后补办手续。在入驻企业实际生产经营的十多年中，有1/3的企业经过补办手续，取得了国有土地使用权证和房产证，但是有2/3的企业因为集体建设用地指标紧缺的问题，相关证照在陆续办理过程中，这些企业中有的已经取得了"建设用地规划许可证"，就等着下一年度有建设用地指标批准就可以办理土地使用权证和房产证。2016年，执法部门对于开发区范围内证照尚在办证过程中，没有最终取得土地使用权证和房产证的企业，全部认定为违法建设予以行政处罚并且强制拆除，这些企业有的已经取得了"建设用地规划许可证"，大部分都向税务部门缴纳了土地使用税和房产税，这样合法存在并且经营了十几年的企业厂房仅仅因为没有"建设工程规划许可证"就被强拆拆除。

笔者认为，这里有几个问题是值得考虑的：

第一，开发区由松江区政府批准成立，在开发区范围内有部分企业已经取得了土地使用权证和房产证，说明这个开发区的用地手续和规划手续是合法的，是可以办理相关证照的。

第二，部分企业至今不能办理证照，如果执法部门不考虑事情经过，不考虑整个招商引资的背景，简单以是否具备"建设工程规划许可证"作为认定违法的标准，对企业很不公平。

第三，如果开发区内没有证照的企业厂房都是违法建设，那么这些所谓的违法建设为什么得以在十几二十几年的时间内长期存在，政府不仅没有在一开始制止他们的违法建设行为，而且为其颁发营业执照，为其接通市政用水用电，允许其长期经营，还对其进行环保、税收、消防等各项行政管理。

3. 对是否可以采取改正措施消除影响的标准没有详细规定

《城乡规划法》对于已经被认定为违法建设的房屋，处理方式除了强制拆除以外，还有一种就是如果可以采取改正措施消除影响的，可以罚款保留。《城乡规划法》中认定属于尚可采取改正措施消除对规划实施影响的情形包括两种：①取得建设工程规划许可证，但未按建设工程规划许可证的规定进行建设，在限期内采取局部拆除等整改措施，能够使建设工程符合建设工程规划许可证要求的；②未取得建设工程规划许可证即开工建设，但已取得城乡规划主管部门的建设工程设计方案审查文件，且建设内容符合或采取局部拆除等整改措施后能够符合审查文件要求的。

二、司法实务中存在的问题

1.《城乡规划法》及司法解释的滥用

《城乡规划法》是在2008年颁布的,在2008年之前,在规划管理方面只有《城市规划法》《村庄和集镇规划建设管理条例》。

在2008年以前,首先,只有城市规划范围内的土地上建设房屋需要取得规划方面的审批文件,如"建设用地规划许可证",因为早些年规划方面的管理要求并没有那么高,一些地方规定只有重大工程才需要取得"建设工程规划许可证"。其次,在农村土地上建房手续就会简单得多,原则上只要取得了集体建设用地使用权,经相关乡镇的建设主管部门批准,就可以建设房屋,因为没有全国统一的标准,具体实践中农村宅基地的建设大部分地区是取得了宅基地批单就可以建房的。但乡镇企业的建设手续复杂一点,一般需要取得建设主管部门的批准,按照《村庄和集镇规划建设管理条例》的规定,是需要取得"选址意见书"后就可以建设房屋。

在2008年以前,没有任何一个法律要求集体建设用地上建房需要办理"建设工程规划许可证",但是在目前的司法实践中,存在大量的案例是以2008年生效的《城乡规划法》来认定2008年之前在集体建设用地上的建设行为是违法的。这样的法律适用违反了法不溯及既往的基本法律适用原则。

一个很简单的道理,作为一个普通百姓,我们只能根据目前的法律来规范自己的行为,没有人能准确预知未来会怎样立法,而根据一个未来的立法来规范自己的行为。所以用一个后生效的法律来认定之前的行为,违反了法不溯及既往的原则。

但是明显违反法不溯及既往的原则,为什么会在现实的司法实践中被大量应用呢？这里面有一个司法解释是被扩大解释的，表现为：

第一，2011年12月29日，住房和城乡建设部向全国人大常委会法工委发函《关于违反规划许可、工程建设强制性标准建设、设计违法行为追诉时效有关问题的请示》（建法函［2011］316号，以下简称《诉讼时效请示》）中提出，违反规划许可、工程建设强制性标准进行建设、设计、施工，因其带来的建设工程质量安全隐患和违反城乡规划的事实始终存在，应当认定其行为有继续状态。

第二，根据《行政处罚法》第29条的规定，行政处罚追诉时效应当自行为终了之日起计算。

第三，全国人民代表大会常务委员会法制工作委员会以法工办发［2012］20号文答复"同意你部意见"。

综上，很多政府部门及司法部门均认为应当将证照不齐全房屋认定为违法建筑，因其"违法状态、违法结果一直处于持续状态"。

这个司法解释的本意是一个建筑，如果其建筑且建成时就违反了当时法律关于规划及建筑方面的强制性规定，则该建筑从一开始就是一个不符合规划及建筑安全的违法行为，其行为产生的社会危害性结果自始存在，所以行政机关有权追溯。这个司法解释本身是没有问题的，问题在于如何解释和运用。

这个司法解释的适用有一个关键点：建设行为是否合法应当以当时的法律进行认定，而非建设行为结束后颁布的各项规定更为严格的《城乡规划法》，如果以当时的法律来认定不属于违法建设项目，就不存在所谓的违法行为，更不存在"违法行为、违法结果处于持续状态"这个认定。这个逻辑关系处理好，就不会出现用新法约束旧行为的怪现象。如果结合物权法关于建筑物权的规定，即认定建筑物的合法性应当以建筑时的法律规定，这样的法律适用就更不会存在歧义了。

上海市青浦区朱家角镇的大江养鸡场就是个典型的例子。原大江养鸡场因为禽流感倒闭以后，为了处置闲置的集体建设用地和厂房，2006年对外进行招商引资，14家企业共同委托一家公司买下该养鸡场的地上物，当时镇政府在协议书作为见证方予以盖章确认，同时该公司和村委会签订了长期集体土地租赁协议，且村委会将该地块上的集体建设用地使用权证原件交付给该公司。

但是，这14家企业在此经营十年之后，其原来由镇政府见证下购买的厂房和后来自建的部分全部被认定为违法建设。本案中，原大江养鸡场在其转让之前取得了集体建设用地使用权证，在该地上建设起来的房屋符合当时的法律规定，其建房时间距离2008年颁布的《城乡规划法》已有几十年之久，因此不能用2008年颁布的《城乡规划法》来评价当年建造的房屋是否合法，这违反了法不溯及既往的原则，也违反了物权法关于建筑物权的相关规定。

如果按照当时的法律不属于违法建设，当年大江养鸡场的厂房就不属于违法建设项目，那就不存在违法结果，更不存在违法结果存续至今的状态。如果能始终坚持以行为时的法律来判断当时行为的合法性，就不会出现司法执法过程的种种混乱。

2. 违法建设处罚程序严重违法，但是追责不能落实到责任人，而是由政府执法部门承担部分经济赔偿责任

《行政处罚法》和《行政强制法》及各省市的条例对于拆除违法建设的程序有着明确的规定，比如不能剥夺当事人陈述、申辩的权利，在行政复议、诉讼期限内不得强拆房屋，不得以断水断电的方式进行强制执法，不得在夜间、节假日进行强制

执法。但是在实践中，个别程序违法的执法行为尤其是违法强拆行为仍存在，在社会稳定方面造成不利的影响，笔者认为，除了土地财政的利益驱使外，执法部门的违法成本太低，没有落实到负责人，也是非常重要的原因。

目前对于强制拆除违法建设项目被法院确认违法的案子，因为相关法律规定违法建设不予补偿，所以即使违法建设的强拆程序严重违法，但是执法部门不需要对建筑本身作出赔偿，仅需要对建筑材料和因为强拆导致的财物损失进行赔偿，而财物的损失因为强拆过程突然发生及执法部门本身没有进行公证保存，大量财物的损失最后在诉讼阶段获得赔偿的情况也不是很好，同时，如果不是当事人主动要求追究决策领导的责任，几乎没有政府执法部门内部的追责。

综上，强制拆除违法建设的违法成本太低，同时没有有效针对决策人的追责机制，因此，近两年来全国范围内程序违法的强制拆除行为时有发生。

3. 没有建立起对违法建设监管失职的有力追责机制

除了招商引资背景下导致的证照不齐全房屋外，现实中有大量的类似商品房的房屋是在城管监管不利的情况下由开发商违法建设起来并长期对外销售的，此类房屋虽然手续缺乏，存在比较严重的违法行为，但是往往涉案面积大，开发商建设及销售的周期都很长，如果此类房屋，不考虑监管部门的失职，不追究违法建设的责仟者，仅仅把处罚手段限制在强制拆除房屋上，不仅是购房人的巨大损失，也是社会的巨大损失。

这种情况典型的案例是海南省三亚市警备区师部农场海屿花园小区案。2007年，开发商三亚海屿土石方工程有限公司及其法定代表人胡某山（原农场场长）对外宣传该小区属于三亚市警备区（师部）农场职工的集资建房，土地是部队的，职工分房以外的部分剩余房屋可以对外进行销售，基于对胡某山是原农场场长身份的信任，业主陆续从开发商及胡某山处购置该花园小区房屋，进行装修后居住至今。

自2007年至今，开发商已经在海屿花园小区附近陆续建起将近80栋，共计上千套房屋。这些建筑不仅没有在建设之初被城管部门要求责令停止建设，还在建设长达8年的时间里接通了市政用水、用电，且正常对外销售，没有受到任何行政处罚。

这么大的一个小区，这么大一片范围的违法建设，当地的城管执法部门不可能在长达8年的时间里一点都不知情。业主认为，吉阳区城管局在长达8年的时间里不作为，而是选择在开发商将全部房屋都出售且业主实际装修入住以后进行强拆，无异于帮着开发商对广大老百姓进行敛财，最后再通过强拆来让老百姓承担全部的经济损失。

在上述案例中，当地城管执法部门显然是存在长期不作为的，因为任何一个行政部门不可能在长达8年的时间里对自己监管范围内多达80多栋，上千套商品房，近十万平方米的建筑毫不知情，即使真的是不知情，那么违法建设也不可能接通市政用水、用电。因此，如果没有相关部门的默许、配合，一个纯粹的违法建设是做不到这些的。

但是根据目前的关于行政不作为的相关法律法规，公民想要提起行政机关行政不作为违法的诉讼，必须以申请人曾经向该行政机关提出过申请且两个月内行政机关不予作为为前提，如此条件之下，本案相关利害关系人就不可能提起针对城管部门的行政不作为诉讼。

第五节　违法建设处罚在拆迁过程中的变形：以拆违促拆迁

虽然我们国家地域辽阔，执法部门对于偏远地区的每一处违法建设不能及时制止，但是随着国家立法的完善，执法手段和水平的提高，通过国土部门不定期的航拍检测监控，及时对新建的违法建设进行制止，现实中的违法建设会越来越少。

此外如果执法手段能够注重从源头上，比如责令供电、供水部门不得给违法建设通水通电，不得为没有产权证明的房屋颁发营业执照，违法建设的环评及消防验收均不得通过等方面去制约违法建设的话，那么正常履行监管职责其实是可以有效制止个人贪图利益的私搭乱建行为的。事实上，近几年在拆迁过程中，新建的违法建设正在逐步减少，但是为什么现实中还会出现以拆违促拆迁呢？

一、以拆违促拆迁现象存在的原因

拆除违建和正常征收是两个完全不同的法律程序，拆除违法建设是国土、规划、城管等部门在行使城市用地、规划管理职能的过程中，对违法建设行为进行的行政处罚。征收是指有权进行征收的行政主体基于公共利益需要，以行政权对单位、个人的土地使用权及地上房屋进行征收并按市场价值给予补偿的行政征收行为。

两者由不同的行政机关进行管辖，执法目的不同，适用法律依据不同，在法律程序上也没有必然的交叉。也就是说，征收并不以拆除违法建设为前提，拆除违法建设也不是必须和拆迁征收同时进行，拆除违法建设也不会导致其他有合法手续的房屋同时被拆除的法律后果。

但是2011年《国有土地上房屋征收与补偿条例》（以下简称《征补条例》）出台后，拆除违法建设和征收之间的关系变得越来越紧密，毫不夸张地说，拆除违法建设已经成为征收一个有力的辅助手段。

笔者经过几年总结，认为导致以拆违促拆迁大量存在的主要原因有以下几个：

1. 拆迁主体发生变化，区县级以上人民政府比开发商有着更多可以调配的行政职能

2011年《征补条例》出台后，征收拆迁主体从房地产开发商变为区、县级以上的地方政府，部分地方财政收入大部分依赖于土地收入。

为了控制拆迁成本，实现土地利益最大化，地方政府必然利用其手中的行政职能部门对被拆迁人施加压力，工商税务消防环保安检等部门在拆迁过程中联合执法是地方政府在拆迁中常用的手段，因为拆除违法建设可以直接威胁到房屋的合法性及产生强制拆除的法律后果，所以成了各种行政施压手段里用得最多也是最有力度的一种。

2. 土地财政不具有可持续发展性，部分地方政府处于收支不平衡的财政状态

因为土地是稀缺资源，所以土地财政不具有可持续发展性，随着各个地方政府手中可卖的土地越来越少，以及前期贷款陆续进入还款高峰的各种矛盾的集中爆发，部分地方政府财政呈现收支不平衡的财务状况，为了维持地方财政的收支平衡，地方政府必须控制单块土地的拆迁补偿成本。

3. 以拆违促拆迁可以给当事人施加心理压力，促进征收的签约率

拆迁范围内以拆违促拆迁被大范围使用，但并不是每一个拆除违建都是进入到最后的强制拆除环节的，很多违建都是在前期阶段就实现了目的。大部分的民众都认为在自身房屋确实存在手续欠缺的情况下，如果不接受政府给出的补偿价格，房屋就会被当作违法建设强拆掉，被征收主体就会认为即使通过

诉讼维权也不可能取得理想的效果，从而被迫无奈签约。

4. 以拆违促拆迁可以最大限度地降低拆迁成本

在征收中，如果房屋一旦被认定为违法建设，按照相关法律规定，违法建设不予补偿。因此，以拆违促拆迁可以大幅度地降低拆迁成本。近几年突击抢建起来的违法建设是没有任何补偿的，但是对于这些历史原因形成的违法建设，政府一般会给予几百元一平方米的补偿。

综合以上几点原因，2012年以后，以拆违促拆迁这个经验迅速在全国推广开来，以拆违促拆迁不再以某个项目的个案形式出现，而是发展为一个城市的拆违运动。从最早郑州市开始的全市大范围拆除违法建设，到三亚市的拆违铁锤行动，到浙江省的"三改一拆"，到上海市的"198区域"工业用地减量化、"五违四必"拆违运动。这些违法建设拆除运动主要针对的是由于历史原因存在了一定年限的旧社区旧厂房工业区。

二、以拆违促拆迁现象存在的不妥之处

如果不考虑特定历史背景，对不同情况造成的证照不齐全房屋进行区别对待，而是把拆除违法建设作为一个谈判的手段，只要不同意评估价格就把手续不齐全的房屋简单认定为违法建设并予以拆除，不仅侵害了房屋权利人的合法利益，更会加深、激化社会矛盾，导致因拆迁而引起的上访比例居高不下。这样的违法建设运动大多违反法律规定，涉嫌严重违法，具体如下：

1. 执法目的违法。这些所谓的违法建设，在建设之初，在合法存在经营的十几年间没有遇到执法，而是在政府需要或即将需要用地的时候当作违法建设来拆除，笔者认为，这种情况下行政部门本身的执法目的有待商榷。

2. 选择性执法。行政执法要有公平性，对于同一类型的违

法行为要一视同仁地统一进行执法，不能区别对待，有的被处罚，有的不被处罚。但是现在面临的情况是有的政府需要用地时，只对用地范围内的违法建设进行执法，不需要用地时处于放任违法建设自行发展的状态。

3. 执法主体不清晰。按照相关法律法规的规定，有权对违法建设进行执法的部门是城市综合管理执法局和乡镇政府。其中，城市综合执法管理局对城市规划范围内的违法建设有执法管辖权，乡镇政府对乡、村规划范围内的违法建设有执法管辖权，但是实践中执法主体的划分经常出现混乱，比如，有执法权限的按照行政区域范围而不是城、乡规划区域范围来划定管辖权，没有执法权限的如街道办事处、区政府越权进行违法建设的处罚。

4. 适用法律错误，违反法不溯及既往的原则。《物权法》的颁布确定了建筑物权原则，也就是认定违法建设要根据该建筑建造时的法律规定作为依据，但是司法实践中很多关于违法建设的认定是用建造时尚未颁布的城乡规划法，也就是用生效的法律来认定以前行为的合法性，这违反了法不溯及既往的原则。

5. 程序违法。行政强制法规定拆除违法建设的，复议和诉讼期限内不能强拆，但是很多政府部门在拆除违法建设的处罚告知书中就明确告知：复议和诉讼期限内不停止执行。此外还有就是不严格按照违法建设认定、限期拆除、强制拆除的程序规定。

这样做的社会危害性是很大的，首先《行政处罚法》《行政强制法》是规范、约束政府公权力的，如果行使政府公权力的职能部门可以不遵守法律的规定，会使民众对法律、对政府失去信心；同时这样不顾历史原因，不兼顾公平的执法措施也会导致当事人的经济损失,给一个企业造成致命的打击。

三、对所有证照不全的建设不能都以"拆违"论处

关于规划、城市管理的立法是逐渐完善的,很长一段时间,在农村集体土地上关于规划的审批是空白的状态,国有土地上房屋的建设并非严格要求用地规划、工程规划、施工许可,只有重大工程才需要,2008年才出台《城乡规划法》,因此历史遗留了大量证照不齐全,但是实际使用、经营多年的房屋。这类房屋,不能在拆迁过程中简单定为违法建设,理由如下:

第一,建造时的法律规定是认定是否属于违法建设的依据。《物权法》第30条规定,"因合法建造、拆除房屋等事实行为设立或者消灭物权的,自事实行为成就时发生效力",这一规定明确规定了建筑物权,确立了只有违反了建筑时的法律依据,才能确定为违法建设。我们国家的规划部门,从1974年才开始设立,90年代才逐渐完善,2008年1月1日实施《城乡规划法》以前,只有城市房屋才需要规划审批,农村房屋建设根本不需要经规划部门审批,只要取得村委会的批单就可以。所以,几十年前建造的房屋,要看是否符合当时的法律规定,而不能简单地以现在法律法规的标准来认定是否属于违法建设。

第二,根据《国务院办公厅关于认真做好城镇房屋拆迁工作维护社会稳定的紧急通知》(国办发明电〔2003〕42号)文规定:对拆迁范围内由于历史原因造成的手续不全房屋,应依据现行有关法律法规补办手续。对政策不明确但确属合理要求的,要抓紧制订相应的政策,限期处理解决;一时难以解决的,要耐心细致地做好解释工作,并积极创造条件,争取早日解决。所以,无证房、证件不齐全的房屋不等于违章建筑,不等于可以无偿强制拆除。

第三，违法建设要考虑建设的历史背景、年限、实际使用情况，区分不同类型，分别对待。

第六节 什么样的违法建设不应当放弃维权

这一节标题中所讲的违法建设是指涉嫌违法将要被行政机关进行行政处罚的建筑，并不是指最后司法裁判确定的违法建设。有几类所谓"违法建筑"，是可以拿起法律的武器进行维权的。

从实践中的维权情况来看，复议和诉讼往往会使最终的违法认定产生很大的变动，尤其是在以"以拆违促拆迁"的大背景下，可以看到不少的所谓违法建设行政处罚都是为了配合拆迁作出的，真正诉到法院之后，我们就会看到，这些行政机关错漏百出。

我们根据近十年的办案经验，将"涉嫌违法建设"总结为7种情形，您如果是因为这7种情形被涉嫌认定为违法建设，一定要理清思路，认真对待，梳理一下自己到底属不属于所谓的"违法建设"？

一、2008 年以前集体建设用地上建造的房屋

在 2008 年颁布实施《城乡规划法》之前，规范集体土地上建设房屋的规划方面的法规是国务院颁布的《村庄和集镇规划建设管理条例》，该条例并不要求农村集体土地建房需要办理规划许可证。

实际上在 2008 年以前，在农村集体土地宅基地上建房，只需要取得宅基地批单和宅基地使用权证即可，对于乡镇集体企业在集体建设用地上建设厂房，一般也不需要太严格的审批手续，主要需乡镇的建设规划部门同意即可，一般手续完善一些

的地区均要求企业办理选址意见书。

因此，在2008年以前建造、翻建、扩建的房屋，只要拥有合法的土地使用权，不是在耕地、农用地上建设起来的房屋，符合当时的土地利用总体规划，就不能用后生效的《城乡规划法》来认定为违法建设，因为法不溯及既往，我们老百姓只能根据行为当时的法律来规范自己的行为，谁也不可能准确预知未来会如何立法，因此不能用后生效的法律来规范之前的行为。

二、经政府招商引资，基于政府信赖利益而建设起来的企业厂房

20世纪90年代初开始，各地方为了大力发展经济，盘活当地市场，积极对外招商引资。为了吸引资金，地方政府常常给予一定的政策优惠，包括税费减免，协助办理用地手续，开辟绿色通道，以便企业投资项目可以尽快落地。所以在当时的历史背景下，经济先行，大多地方都存在"先上车后补票"的情况。

同时，当年招商引资时因为经济发展水平不高等原因，地方政府未能综合考虑城市及城乡接合部长远规划，为吸引投资，全国范围内存在大量将城乡接合部的集体土地以比较低的价格或租赁或转让给招商企业使用的情况。

对于按照法律规定可以拍卖转让的集体土地建设用地，大多数企业都能办理相关的土地使用权证，但是当时以耕地、基本农田等农用地进行招商引资的，因为违反国家关于18亿亩耕地红线的保护原则，必须在取得集体土地建设用地指标后方可合法取得土地使用权证。因此，当时利用农用地进行招商引资的，国土部门为了应付上级督查，通常采取以罚代认、罚款保留的方式保留土地使用及地上物，让经政府招商引资进来的企业可以继续使用土地和厂房。

这种类型的企业在后续的经营中部分因为取得了建设用地指标，变更为国有用地，但是全国范围内大部分企业因为没有建设用地指标而没有办理后续的相关证照，所以就出现了大量合法经营十几二十几年的企业依然在土地及房屋方面手续欠缺的情形。

政府招商引资、基于对政府的信赖利益建设起来的企业厂房，因为最初就是经过政府同意才建设的项目，所以即使手续不齐全，也不能简单地认定为违法建设。在实践中，笔者发现，这些企业大多合法经营了十几二十几年，存续的时间比较长。这些企业被认定为违法建设前合法交纳税收，部分甚至交纳土地税和房产税，同时政府也对其进行着工商、税务、消防、安监等各项行政管理。

此外，我们发现，这些企业的土地及房屋证照不齐全，大多数是由于政府没有积极履行协助办证的义务造成的，笔者在办案过程中看到，很多企业甚至都已经向政府部门缴纳了相关办证的费用，但是证照因为土地指标的问题迟迟办不下来。

在司法实践中，特别在江苏、浙江等省已经有相关的司法判例认定，经招商引资进来的企业，即使证照不齐全，也不应该随便确认是违法建设而不给予任何补偿。对于这种类型的企业，笔者认为，在面临违法建设处罚的时候，必须拿起法律的武器来保护自己。

三、因经营不善倒闭的国有企业及乡镇集体所有制企业通过企业改制的方式转移土地使用权或房屋的

招商引资一般是政府以土地为条件，吸引资金进来投资建设，由投资者在空地上兴建厂房。而企业改制不同，通常是对改制企业原有的土地及地上厂房设备等同时进行处置而发生的

权属变动。

在发展经济的大背景下,一大批中小企业通过竞争越来越有生命力,同时,也有一批不能适应时代需求的国有企业及乡镇集体所有制企业因经营不善面临倒闭。地方政府为了解决这些倒闭的国有或集体所有企业的债务及下岗职工的安置问题,通过改制或者对外招拍挂的形式一并转让企业的债务及资产,因为涉及国有资产的处置,所以涉及债务及资产转移的企业改制一般都需要经过区县以上政府的批准。

因此,即使经过改制以后的企业也面临土地及房屋手续不齐全的情况,这种类型的房屋也不能认定为违法建设。因为:①改制前企业合法存在、合法经营,并不因为土地房产证照问题被政府部门处罚。②企业改制经政府同意及批准;如果是经过招拍挂的企业,因为可以放到市场上进行招拍挂的一个必要前提就是具有合法性,因此招拍挂程序本身就意味着招拍挂标的的合法性。③改制后获得土地及厂房的企业合法存续并经营多年。

以上这些情况都是涉及政府的信赖利益问题,2016年年底颁布的《关于完善产权保护制度依法保护产权的意见》当中,对这个问题也有明确的表述。因为政府应当是令人信赖的政府,所以通过改制或者招拍挂的方式买断土地使用权以及地上建筑,即便没有相关的土地证照和房产证照,也不能随便认定为违法建设。

四、1986年《土地管理法》实施之前建造起来的农村集体土地上的房屋不能认定为违法建设

我国的《土地管理法》是在1986年6月25日实施的,1982年生效的《村镇建房用地管理条例》在《土地管理法》实施后废止。如果是本村集体土地组织成员在农村土地上建设房

屋，则有申请宅基地、获得宅基地的权利，房屋是在1986年之前建造的，但是对建房的行为首次进行规定是在1986年实施的《土地管理法》中，所以这种行为在法律上并不能确定为违法建设，甚至不能确定是违法用地或违法占地。

五、按照《城乡规划法》取得了一定手续的，可以通过补办手续来解决

按照我国《城乡规划法》第65、68条相关规定，取得了《建筑用地规划许可证》《选址意见书》以及前期土地相关的手续，并且可以通过改正或者补办一定的手续来获得最后的《房屋建设许可证》或者不动产权证书的，完全可以补办手续，不能随便拟定为违法建设，应该给其改正或者限期改正的机会。这种情况在实践当中比比皆是。

六、用于农业生产的农村土地承包地，或者利用荒山荒地自由复垦或用于基本农田生产建设的土地

农村土地承包地是指本村集体土地建设成员，具有完备的土地承包经营权，或者经过完备的流转手续获得土地生产经营权后，承包集体土地用于农业生产经营，或者进行荒山荒地复垦，然后又用于基本农田建设用地或建设用房的情况，也不能随便认定为违法建设。

七、经过备案的养殖用地

养殖用地属于设施农用地，而兴建农业设施占用农用地的，不需办理农用地转用审批手续，仅需履行备案程序即可。根据《关于进一步支持设施农业健康发展的通知》（国土资发〔2014〕127号）的规定，养殖户在农用地上建设养殖设施需要两步走，

即"签订用地协议+用地协议备案"。

第一步,由乡镇政府、村委会和养殖户三方签订用地协议,内容包括:项目名称、建设地点、设施类型和用途、数量、标准和用地规模、土地使用年限、土地用途、土地复垦要求及时限、土地交还和违约责任等有关土地使用条件。

第二步,用地协议签订后,乡镇政府及时将用地协议与设施建设方案报县国土资源局和县畜牧局或农委备案。

第二章 强制拆除违法建设项目的程序

第一节 立案阶段

一、立案阶段概述

违法建设的立案阶段是违法建设处罚程序的第一个阶段，执法部门在接到违法行为的线索后，先要针对这些线索做一个甄别，如果符合立案的条件，则需要履行一个内部审批的手续，通常都是部门负责人签字同意。

只有内部审批手续完成以后，这个案子才可以正式进入到查处的环节，才正式启动调查程序。一般立案线索来源于三个方面：①来源于城管执法部门在进行日常巡查、检查。②来源于相关群众的投诉、举报。③来源于其他部门移送和上级部门交办等途径发现。

二、立案程序要点

1. 限期立案：执法部门如果发现公民、法人或者其他组织有依法应当查处的违法行为，应当在两个工作日立案。

2. 立案条件：①有明确的被处罚主体：建房人，房屋使用人，管理人；②有初步的违法事实以及证据；③属于本机关的执法管辖范围。

3. 填表签字：立案时执法人员应填写《立案审批表》，还应有相关负责人的签字。

街道城管执法中队查处的案件，由中队负责人审核，报区、县城管执法部门负责人批准；乡、镇城管执法中队查处的案件，由中队负责人审核，报乡、镇人民政府负责人批准；市或者区、县城管执法部门查处的案件，由支队（中队）负责人审核，报市或者区、县城管执法部门负责人批准。

三、法律依据

1.《上海市城市管理行政执法程序规定》。第17条："城管执法部门和乡、镇人民政府依据城管执法职权进行日常巡察、检查，或者通过投诉、举报、其他部门移送、上级部门交办等途径发现、查处违法行为"。第18条："城管执法部门和乡、镇人民政府发现公民、法人或者其他组织有依法应予查处的违法行为的，应当在二个工作日内立案。"第19条："立案时，城管执法人员应当填写《立案审批表》，同时附相关材料，按照下列规定办理立案审批手续：（一）街道城管执法中队查处的案件，由中队负责人审核，报区、县城管执法部门负责人批准；（二）乡、镇城管执法中队查处的案件，由中队负责人审核，报乡、镇人民政府负责人批准；（三）市或者区、县城管执法部门查处的案件，由支队（中队）负责人审核，报市或者区、县城管执法部门负责人批准。"

2.《北京市禁止违法建设若干规定》。第6条："任何单位和个人都有权举报违法建设行为。规划行政主管部门、城市管理综合行政执法机关和乡镇人民政府（以下统称负有查处职责的机关）应当建立举报制度，对举报及时调查、处理，并为举报人保密。违法建设经查证属实的，对举报人予以表彰、奖励。"第10条："首先发现违法建设或者接到举报的行政机关为首查责任机关，不属于其管辖的，应当在2个工作日内将案件材料移送负有查处职责的机关；发现同时有违反其他法律规定情况的，应当在2个工作日内通报其他行政机关。受移送的行政机关应当依法及时查处，并在处理决定做出后2个工作日内书面通报首查责任机关。"

第二节　调查阶段

一、调查阶段概述

拆除违法建设的第二个阶段就是调查阶段。《行政处罚法》要求执法部门在作出处罚前必须把案件涉及的所有事实调查清楚，并且完成对相关的证据收集，在作出行政处罚后再收集的证据不能作为证明行政行为合法的证据，因此，调查取证阶段，是涉及违法建设处罚是否合法的一个很重要的阶段。

该阶段执法部门需要查明的基本客观事实主要包括：违法建设的地点、建筑面积、建筑结构、建设时间、由谁进行建设、目前由谁来使用等事实。除了建筑的客观事实以外，执法部门还要就涉案房屋土地及规划方面是否办理审批手续，是否属于用地违法、规划违法等问题，向国土部门和规划部门去函进行调查取证。

二、调查程序要点

1. 现场调查。执法人员应当到现场查明客观情况：违法建设是否存在；违法建设由谁使用；违法建设由谁而建；违法建筑的地点、面积、结构、建设时间。

2. 制作现场勘验笔录。执法人员查处违法行为时，可以依法对发生违法性的场所实施现场检查,以勘验、拍照、录音、摄像等方式进行现场取证;并对现场取证制作现场检查笔录,该笔录由执法人员、当事人、证人签章。当事人拒绝签名、盖章或者不在现场的,应当由无利害关系的见证人签名或者盖章;无见证人的,城管执法人员应当注明情况。

3. 制作调查笔录。执法人员可以询问当事人或者证人。询问时,应当制作笔录,《询问笔录》应当交被询问人核对,对没有阅读能力的,应当向其宣读。记录有误或者遗漏的,应当允许被询问人更正或者补充,并要求其在修改处签名或者盖章。被询问人确认笔录无误后,应当要求被询问人在笔录上逐页签名或者盖章。对拒绝签名或者盖章的,执法人员应当在笔录中注明。

4. 对调查人员的要求。执法人员到现场调查取证时不得少于2人,并应当向调查对象出示执法身份证件,表明执法身份。

5. 部门调函。关于用地违法和规划违法的事实认定,相关执法人员应向当地国土规划局调函,由国土规划局来认定违法建设的用地违法事实,由规划局来认定违法建设的违规事实。

三、法律依据

1. 《行政处罚法》。第36条:"除本法第三十三条规定的可以当场作出的行政处罚外,行政机关发现公民、法人或者其他组织有依法应当给予行政处罚的行为的,必须全面、客观、公正地调查,收集有关证据;必要时,依照法律、法规的规定,可以进行检查。"第37条:"行政机关在调查或者进行检查时,执法人员不得少于两人,并应当向当事人或者有关人员出示证件。当事人或者有关人员应当如实回答询问,并协助调查或者检查,不得阻挠。询问或者检查应当制作笔录。行政机关在收集证据时，可以采取抽样取证的方法；在证据可能灭失或者以后难以取得的情况下，经行政机关负责人批准，可以先行登记保存，并应当在七日内及时作出处理决定，在此期间，当事人或者有关人员不得销毁或者转移证据。执法人员与当事人有直接利害关系的，应当回避。"

2.《上海市城市管理行政执法程序规定》。第20条："立案后，城管执法人员应当及时开展调查取证。需要调查的案件事实包括以下内容：（一）当事人的基本情况；（二）违法行为是否存在；（三）违法行为是否为当事人实施；（四）实施违法行为的时间、地点、手段、后果以及其他情节；（五）当事人有无法定从重、从轻、减轻以及不予行政处罚的情形；（六）与案件有关的其他事实。"第22条："城管执法人员查处违法行为时，可以依法对发生违法行为的场所实施现场检查，以勘验、拍照、录音、摄像等方式进行现场取证，并制作《现场检查笔录》。城管执法人员、当事人、证人应当在笔录上签名或者盖章。当事人拒绝签名、盖章或者不在现场的，应当由无利害关系的见证人签名或者盖章；无见证人的，城管执法人员应当注明情况。"第23条："城管执法人员可以询问当事人或者证人。询问应当个别进行。询问时，应当制作笔录，《询问笔录》应当交被询问人核对，对没有阅读能力的，应当向其宣读。记录有误或者遗漏的，应当允许被询问人更正或者补充，并要求其在修改处签名或者盖章。被询问人确认笔录无误后，应当要求被询问人在笔录上逐页签名或者盖章。对拒绝签名或者盖章的，城管执法人员应当在笔录中注明。询问时，可以全程录音、摄像，并保持录音、摄像资料的完整性。"

第三节 限期拆除处罚阶段

一、限期拆除处罚阶段概述

执法部门经过了立案和调查阶段,如果最终认定涉案房屋属于违法建设的,就会依法作出书面责令限期拆除的决定书,并送达当事人。这就进入了违法建设拆违的第三个阶段:行政处罚阶段。

责令限期拆除决定是违法建设处罚程序的并经阶段,该阶段设置的立法本意是最大限度地减少当事人的损失,因为拆除建筑物是个财产损失巨大的行为,所以在面临不得不拆除的违法建设时,法律设置一个程序,让当事人自己搬迁,自己拆除,这样能够最大限度减少损失。限期拆除的处罚决定是具体行政行为,如果当事人不服可以对此提起复议、诉讼,且在复议和诉讼期间,执法部门不得强制执行。

二、限期拆除处罚程序要点

1. 事先告知程序。执法部门在作出行政处罚决定之前,应当告知当事人作出行政处罚决定的事实、理由及依据,并且告知当事人享有陈述、申辩的权利,如果执法部门没有告知当事人享受陈述、申辩的权利,属于程序违法,该程序违法可以导致行政处罚行为被确认违法或者撤销。对当事人提出的事实、理由及其证据,执法部门应当在20日内进行复核,如果当事人提出的事实、理由成立的,执法部门应当予以采纳;不予采纳的,也应当说明理由。

2. 听证程序。行政机关作出责令停产停业、吊销许可证或者执照、较大数额罚款等行政处罚决定之前,应当告知当事人有要求举行听证的权利；当事人要求听证的，行政机关应当组织听证。

3. 处罚决定。由执法部门作出责令限期拆除的决定书。该决定书应载明的内容有：拆除的法律依据、违法建设的基本情况、拆除期限等内容。

4. 告知义务。行政处罚应当告知当事人该处罚所依据的法律，并告知当事人对此有提起复议和诉讼的权利，如果执法部门制作的行政处罚决定书没有告知当事人复议和诉讼的权利，属于程序违法，且当事人提起诉讼的权利延长至两年。

5. 送达。限期拆除决定书应当在宣告后当场交付当事人，并由当事人在送达回证上签字；当事人如果不在场或者拒绝签收的，执法部门可以视不同情况留置送达，邮寄送达或者公告送达。

三、法律依据

1.《行政处罚法》。第30条："公民、法人或者其他组织违反行政管理秩序的行为，依法应当给予行政处罚的，行政机关必须查明事实；违法事实不清的，不得给予行政处罚。"第31条："行政机关在作出行政处罚决定之前，应当告知当事人作出行政处罚决定的事实、理由及依据，并告知当事人依法享有的权利。"第32条："当事人有权进行陈述和申辩。行政机关必须充分听取当事人的意见，对当事人提出的事实、理由和证据，应当进行复核；当事人提出的事实、理由或者证据成立的，行政机关应当采纳。"第38条第1、2款："调查终结，行政机关负责人应当对调查结果进行审查，根据不同情况，分别作出如下决定：（一）确有应受行政处罚的违法行为的，根据情节轻重及具体情况，作出行政处罚决定；（二）违法行为轻微，依法可以不予行政处罚的，不予行政处罚；（三）违法事实不能成立的，不得给予行政处罚；（四）违法行为已构成犯罪的，移送司法机关。对情节复杂或者重大违法行为给予较重的行政处罚，行政机关的负责人应当集体讨论决定。"第39条："行政机关依照本法第三十八条的规定给予行政处罚，应当制作行政处罚决定书。行政处罚决定书应当载明下列事项：（一）当事人的姓名或者名称、地址；（二）违反法律、法规或者规章的事实和证据；（三）行政处罚的种类和依据；（四）行政处罚的履行方式和期限；（五）不服行政处罚决定，申请行政复议或者提起行政诉讼的途径和期限；（六）作出行政处罚决定的行政机关名称和作出决定的日期。行政处罚决定书必须盖有作出行政处罚决定的行政机关的印章。"第40条："行政处罚决定书应当在宣告后当场交付当事人；当事人不在场的，行政机关应当在七日内依照民事诉讼法的有关规定，将行政处罚决定书送达当事人。"第41条："行政机关及其执法人员在作出行政处罚决定之前，不依照本法第三十一条、第三十二条的规定向当事人告知给予行政处罚的事实、理由和依据，或者拒绝听取当事人的陈述、申辩，行政处罚决定不能成立；当事人放弃陈述或者申辩权利的除外。"

2.《上海市拆除违法建筑若干规定》。第8条："对经查证确属违法建筑需要拆除的，拆违实施部门应当作出责令限期拆除的书面决定。"第9条："拆违实施部门应当依法将责令限期拆除决定送达当事人，并予以公告。当事人难以确定或者难以送达的，可以采用通告形式，告示期限自通告发布之日起不少于十日。"第10条第2、3款："当事人在责令限期拆除决定规定的期限内拒不拆除违法建筑的，市或者区人民政府应当催告当事人履行义务。催告应当以书面形式作出，并载明拆除违法建筑的期限、当事人依法享有的陈述和申辩权利等事项。当事人收到催告书后，有权进行陈述和申辩。拆违实施部门应当充分听取当事人意见，并对当事人提出的事实、理由和证据进行记录、复核。当事人提出的事实、理由或者证据成立的，拆违实施部门应当采纳。"

3.《北京市禁止违法建设若干规定》。第12条："规划行政主管部门责令停止建设或者发现已经建成的城镇违法建设，对尚可采取改正措施消除对规划实施影响的，应当在20日内书面责令限期改正；改正后处该建设工程总造价5%以上10%以下罚款。对逾期不改正或者无法采取改正措施消除对规划实施影响的城镇违法建设，能够拆除的，应当责令限期拆除，不能拆除的，没收实物或者违法收入，可以并处该建设工程总造价10%以下罚款。城市管理综合行政执法机关责令停止建设或者发现已经建成的城镇违法建设，应当在20日内责令限期拆除，不能拆除的，没收实物或者违法收入，可以并处该建设工程总造价10%以下罚款。责令限期改正和限期拆除的期限一般不超过15日。"

第四节 行政强制拆除决定阶段

一、行政强制拆除决定阶段概述

执法部门作出限期拆除决定书以后，经催告当事人不自行拆除违法建设，也不提起行政复议、行政诉讼的，执法部门的执法程序就会进入到下一个环节：制作并送达行政强制拆除决定书的环节。这个阶段被称为：行政强制拆除决定阶段。

之所以把行政强制拆除决定和行政强制拆除实施分为两个阶段，那是因为在实务中执法部门针对两个行为需要作出不同的法律文书，且司法实践中也认为这两个行为是独立可诉的具体行政行为，如果当事人对该行政强制决定和行政强制实施不服，均可以独立提起复议和诉讼。

二、行政强制拆除决定程序要点

1. 先行催告。行政机关在作出行政强制拆除决定前，应当事先催告当事人履行义务，该催告应当以书面形式作出。

2. 听取陈述。当事人收到催告书后有权进行陈述和申辩，行政机关应当充分听取当事人的意见，对当事人提出的事实、理由和证据，应当进行记录、复核。

3. 强拆决定。经催告，当事人逾期仍不履行行政决定，且无正当理由的，行政机关可以作出强制拆除决定。

4. 载明内容。强制执行决定应当以书面形式作出，并载明下列事项：①当事人的姓名或者名称、地址；②强制执行的理由和依据；③强制执行的方式和时间；④申请行政复议或者提起行政诉讼的途径和期限；⑤行政机关的名称、印章和日期。

5. 直接送达，行政强制执行决定书应当直接送达当事人。

6. 复议和诉讼期间内不得强拆。如果当事人在法定的期限内对行政强制拆除决定书提起了行政复议或诉讼，在复议和诉讼期限内执法部门不得实施强制拆除行为。《行政强制法》第44条的立法本意在于：拆除违法建设会带来重大的经济损失，一旦拆除错误，则损失不可挽回，所以如果当事人对拆除违法建设有不同意见，并就此提起复议和诉讼，那么执法机关在法院最终的判决结果没有出来之前，得实施强制拆除行为，这是为了最大限度保护老百姓的权利，限制公权力的滥用。

三、法律依据

1.《行政强制法》。第34条："行政机关依法作出行政决定后，当事人在行政机关决定的期限内不履行义务的，具有行政强制执行权的行政机关依照本章规定强制执行。"第35条："行政机关作出强制执行决定前，应当事先催告当事人履行义务。催告应当以书面形式作出，并载明下列事项：（一）履行义务的期限；（二）履行义务的方式；（三）涉及金钱给付的，应当有明确的金额和给付方式；（四）当事人依法享有的陈述权和申辩权。"第36条："当事人收到催告书后有权进行陈述和申辩。行政机关应当充分听取当事人的意见，对当事人提出的事实、理由和证据，应当进行记录、复核。当事人提出的事实、理由或者证据成立的，行政机关应当采纳。"第37条："经催告，当事人逾期仍不履行行政决定，且无正当理由的，行政机关可以作出强制执行决定。强制执行决定应当以书面形式作出，并载明下列事项：（一）当事人的姓名或者名称、地址；（二）强制执行的理由和依据；（三）强制执行的方式和时间；（四）申请行政复议或者提起行政诉讼的途径和期限；（五）行政机关的名称、印章和日期。在催告期间，对有证据证明有转移或者隐匿财物迹象的，行政机关可以作出立即强制执行决定。"第38条："催告书、行政强制执行决定书应当直接送达当事人。当事人拒绝接收或者无法直接送达当事人的，应当依照《中华人民共和国民事诉讼法》的有关规定送达。"第44条："对违法的建筑物、构筑物、设施等需要强制拆除的，应当由行政机关予以公告，限期当事人自行拆除。当事人在法定期限内不申请行政复议或者提起行政诉讼，又不拆除的，行政机关可以依法强制拆除。"

2.《北京市禁止违法建设若干规定》。第17条第1款："强制拆除违法建设，应当提前5日在现场公告强制拆除决定，告知实施强制拆除的时间、相关依据、当事人的权利和义务等。

当事人是公民的，通知本人或者其成年家属到场；当事人是法人或者其他组织的，通知其法定代表人、主要负责人或者其上级单位负责人到场。拒不到场的，不影响实施强制拆除。"

第五节　行政强拆实施阶段

一、行政强拆实施阶段概述

如果强制拆除决定到期后，当事人仍然不自行拆除违法建设，也不申请行政复议、不提起行政诉讼的，执法部门就可以组织相关部门对违法建设实施强制拆除。这个阶段就是行政强制拆除实施阶段。当事人可独立对强制拆除行为申请行政复议或提起行政诉讼。

二、行政强拆实施程序要点

1. 强拆前提。当事人在行政强制拆除决定做出后的合理期限内仍然不拆除违法建设、不申请行政复议、不提起行政诉讼。执法部门可以依法强制拆除。

2. 强拆公告。强制拆除违法建设，应当提前 5 日在现场公告强制拆除决定，告知实施强制拆除的时间、相关依据、当事人的权利和义务等。

3. 人员到场。当事人是公民的，通知本人或者其成年家属到场；当事人是法人或者其他组织的，通知其法定代表人、主要负责人或者其上级单位负责人到场。拒不到场的，不影响实施强制拆除。

4. 证据保全。强拆时对屋内物品要搬离后登记造册，妥善保管并通知当事人领取。实施强制拆除的行政机关应当通知当事人清理有关物品，当事人拒不清理的，应当制作财物清单并由当事人签字确认。当事人不签字的，可以由违法建设所在地居民委员会、村民委员会确认。实施强制拆除的行政机关应当将财物运送到指定场所，交还当事人，当事人拒绝接收的，依法办理提存。

5. 文明执法。行政机关不得对居民生活采取停止供水、供电、供热、供燃气等方式迫使当事人履行相关行政决定。行政机关不得在夜间或者法定节假日实施行政强制执行。

6. 客观记录。实施强制拆除应当制作笔录并摄制录像。

7. 保管财物。违法建筑强制拆除时，执法部门应当通知当事人取走违法建筑内的财物，当事人未取走的，拆违实施部门应当妥善保管，并通知当事人在限定的期限内领取。当事人逾期未领取的，拆违实施部门可以在留存证据后根据实际情况妥善处置。

8. 建筑垃圾清理。违法建筑拆除后，当事人应当在清理通知书规定的期限内清理建筑垃圾；自行处理建筑残留物，逾期未清理的，执法部门可以予以清理。

三、法律依据

1.《行政强制法》。第39条："有下列情形之一的，中止执行：（一）当事人履行行政决定确有困难或者暂无履行能力的；（二）第三人对执行标的主张权利，确有理由的；（三）执行可能造成难以弥补的损失，且中止执行不损害公共利益的；（四）行政机关认为需要中止执行的其他情形。中止执行的情形消失后，行政机关应当恢复执行。对没有明显社会危害，当事人确无能力履行，中止执行满三年未恢复执行的，行政机关不再执行。"第40条："有下列情形之一的，终结执行：（一）公民死亡，无遗产可供执行，又无义务承受人的；（二）法人或者其他组织终止,无财产可供执行,又无义务承受人的;(三)执行标的灭失的;(四)据以执行的行政决定被撤销的;(五)行政机关认为需要终结执行的其他情形。"第41条:"在执行中或者执行完毕后,据以执行的行政决定被撤销、变更,或者执行错误的,应当恢复原状或者退还财物;不能恢复原状或者退还财物的,依法给予赔偿。"第42条:"实施行政强制执行,行政机关可以在不损害公共利益和他人合法权益的情况下,与当事人达成执行协议。执行协议可以约定分阶段履行;当事人采取补救措施的,可以减免加处的罚款或者滞纳金。执行协议应当履行。当事人不履行执行协议的,行政机关应当恢复强制执行。"第43条:"行政机关不得在夜间或者法定节假日实施行政强制执行。但是,情况紧急的除外。行政机关不得对居民生活采取停止供水、供电、供热、供燃气等方式迫使当事人履行相关行政决定。"第44条:"对违法的建筑物、构筑物、设施等需要强制拆除的,应当由行政机关予以公告,限期当事人自行拆除。当事人在法定期限内不申请行政复议或者提起行政诉讼,又不拆除的,行政机关可以依法强制拆除。"

2.《上海市拆除违法建筑若干规定》。第10条第4款:"当事人在法定期限内不申请行政复议或者提起行政诉讼,又不拆除违法建筑的,拆违实施部门应当向市或者区人民政府报告,由市或者区人民政府作出强制拆除决定,责成拆违实施部门等有关部门依法强制拆除,并可以依法予以罚款。"第12条第1款:"违法建筑强制拆除时,拆违实施部门应当通知当事人取走违法建筑内的财物,当事人未取走的,拆违实施部门应当妥善保管,并通知当事人在限定的期限内领取。当事人逾期未领取的,拆违实施部门可以在留存证据后根据实际情况妥善处置。"

3.《北京市禁止违法建设若干规定》。第17条:"强制拆除违法建设，应当提前 5 日在现场公告强制拆除决定，告知实施强制拆除的时间、相关依据、当事人的权利和义务等。当事人是公民的，通知本人或者其成年家属到场；当事人是法人或者其他组织的，通知其法定代表人、主要负责人或者其上级单位负责人到场。拒不到场的，不影响实施强制拆除。实施强制拆除的行政机关应当通知当事人清理有关物品，当事人拒不清理的，应当制作财物清单并由当事人签字确认。当事人不签字的，可以由违法建设所在地居民委员会、村民委员会确认。实施强制拆除的行政机关应当将财物运送到指定场所，交还当事人，当事人拒绝接收的，依法办理提存。实施强制拆除应当制作笔录并摄制录像。"

第三章 违法建设处罚的执法主体

违法建设从违法的角度不同可以分为用地违法和规划违法两种不同情形，针对不同情形法律规定了不同的执法主体，下面我们就来看一下法律的具体规定。

第一节 用地违法的执法主体

一、用地违法的执法主体是国土部门

根据《土地管理法》第 67 条："县级以上人民政府自然资源主管部门对违反土地管理法律、法规的行为进行监督检查"，以及第 75 条："违反本法规定，占用耕地建窑、建坟或者擅自在耕地上建房、挖砂、采石、采矿、取土等，破坏种植条件的，或者因开发土地造成土地荒漠化、盐渍化的，由县级以上人民政府自然资源主管部门、农业农村主管部门按照职责责令限期改正或者治理，可以并处罚款；构成犯罪的，依法追究刑事责任"的规定，出现涉及例如占用耕地、基本农田等用地违法进行建设房屋的情形时，应当由县级以上人民政府土地行政主管部门作为查处用地违法职权的执法主体。

1. 国土部门只有行政处罚权，没有行政强制执行权

根据《土地管理法》第 83 条："……建设单位或者个人对责令限期拆除的行政处罚决定不服的，可以在接到责令期限拆

除决定之日起十五日内，向人民法院起诉；期满不起诉又不自行拆除的，由作出处罚决定的机关依法申请人民法院强制执行，费用由违法者承担"的规定可知，国土部门对于用地违法进行建设而需要拆除涉案建筑的，没有强制执行权，需要强制拆除的应当向人民法院申请强制执行。

这就导致在查处用地违法案件中，认定用地是否违法及进行查处的行政处罚权归于国土部门，而在作出强制拆除的处罚决定后实施拆除的强制执行权却归于人民法院。

为什么将权力如此分离？全国人大常委会法制工作委员会对《行政强制法》第44条关于强制拆除规定的解释指出："建筑物、构筑物、设施是重要财产，涉及价值较大，多数还关系到当事人的基本生活生产，影响到社会特别是城市的有序发展和建筑物周围多数人的权益，涉及面宽，社会影响大，社会关注度高"，"且建筑物、构筑物和设施一旦拆除很难恢复，因此设定和实施强制拆除必须谨慎，在法制轨道上依法实施。"所以"如果法律没有明确规定由行政机关自行强制拆除的，行政机关应当申请法院强制拆除"。

2. 国土部门申请法院非诉执行的期限

根据《最高人民法院关于适用〈中华人民共和国行政诉讼法〉的解释》（法释［2018］1号）第156条，"没有强制执行权的行政机关申请人民法院强制执行其行政行为，应当自被执行人的法定起诉期限届满之日起三个月内提出。逾期申请的，除有正当理由外，人民法院不予受理"的规定，国土部门在作出行政处罚的起诉期满后的3个月内，可以申请法院强制执行，如果3个月内没有提出申请，没有正当理由的，法院将不予受理。法院受理申请以后应该在7日内作出是否执行的裁定，发现处罚有问题的，应当听取双方意见，30日内作出是否执行的裁定。

同时，如果人民法院经审理后发现有以下情形的：①实施主体不具有行政主体资格的；②明显缺乏事实根据的；③明显缺乏法律、法规依据的；④其他明显违法并损害被执行人合法权益的情形；应当裁定不准予执行。行政机关对不准予执行的裁定有异议，在15日内向上一级人民法院申请复议的，上一级人民法院应当在收到复议申请之日起30日内作出裁定。

二、招商引资项目涉及违法用地时，法院通常并不支持国土部门的非诉执行申请

实践中，法院未执行完毕的土地违法案件，其中大部分是由于特定的历史背景造成的。改革开放以来，也就是20世纪的90年代前后，我国大量城乡接合部的集体土地被作为招商引资的条件吸引中小型企业进行投资建设，在那个"一切以发展经济为中心"，允许"先发展，后补办手续"的特定历史背景下，很多政府成立的工业园区或者政府直接招商引资的项目，土地都是不完全合规出租或者出卖的，这些项目实践中在土地操作环节通常都是由国土局履行处罚程序，处罚的内容一般都是罚款和强制拆除，但是因为当时的特殊背景，这类型的处罚通常只执行罚款，对强制拆除，国土部门虽然向法院提出了申请，但是法院并不实际执行强制拆除。

这类型的土地违法案件，由于政府招商引资的关系，部分通过补办手续获得了合法的用地手续，部分在缴纳罚款后通过对违法建筑实施回购的方式，也取得了建筑的合法权益，但是其中一部分，至今未办理任何土地手续，在法律上属于违法状态，但是事实上又在政府的支持和认可下合法经营了十多年。

笔者认为，这种类型的建筑显然不能简单定性为违法建筑，

更不能在法院十几年都没有执行的情况下，因为政府需要用地而再次启动执行程序，直接把企业的厂房按照违法建筑进行强制拆除。

对于这种法院积压多年未予执行，执法部门也未督促跟进，突然又因政府需要用地而提出要求法院执行的，其实是缺乏法律依据的。

根据《最高人民法院关于人民法院办理执行案件若干期限的规定》第1条，非诉执行案件一般应当在立案之日起3个月内执结，各地虽然往往出台当地规定可以通过申请批准延长，但一般也仅可再延长3个月，与实践中往往积压数年不予执行的情况相去甚远。

而对于此类案件，法院一般会裁定终结或裁定执行程序中止，对于前者，意味着执行案件已经彻底结案，如法院以"国土部门与当事人协商解决"的理由裁定终结，政府就不能事后再以原案件再申请执行。对于后者，其实是法院为了提高结案率的一种表述，真实含义是案件执行的中止，待有条件执行时再予执行。

但是对于这种情况，也不意味着政府再次申请执行就一定能得到支持，因为此类案件一般伴随着罚款，国土部门当年往往是执行了罚款，但放任了建筑的存在，这代表着政府部门对建筑物的合法性有所认可，之后长时间不积极推动非诉执行，使当事人产生了对自身建筑合法性的相应信赖，对于这种情况，地方政府因为土地财政简单粗暴地认定建筑违法显然不妥当。

三、招商引资项目涉及违法用地时，企业因履行国土部门的处罚及回购程序而取得合法权益的例外情形

《土地管理法》第74条："买卖或者以其他形式非法转让土

地的，由县级以上人民政府自然资源主管部门没收违法所得；对违反土地利用总体规划擅自将农用地改为建设用地的，限期拆除在非法转让的土地上新建的建筑物和其他设施，恢复土地原状，对符合土地利用总体规划的，没收在非法转让的土地上新建的建筑物和其他设施；可以并处罚款；对直接负责的主管人员和其他直接责任人员，依法给予处分；构成犯罪的，依法追究刑事责任。"第77条："未经批准或者采取欺骗手段骗取批准，非法占用土地的，由县级以上人民政府自然资源主管部门责令退还非法占用的土地，对违反土地利用总体规划擅自将农用地改为建设用地的，限期拆除在非法占用的土地上新建的建筑物和其他设施，恢复土地原状，对符合土地利用总体规划的，没收在非法占用的土地上新建的建筑物和其他设施，可以并处罚款；对非法占用土地单位的直接负责的主管人员和其他直接责任人员，依法给予处分；构成犯罪的，依法追究刑事责任。超过批准的数量占用土地，多占的土地以非法占用土地论处。"

  土地违法分为违反土地利用总体规划和符合土地利用总体规划两种情形，对于符合土地利用总体规划的非法占地行为，应当没收违法建筑并处罚款。注意，这里的法条规定是没收而非限期拆除，也就是说对于符合土地利用总体规划的这种情形，国土部门不能一拆了之，而是没收违法建筑。因为很多招商引资的项目都有政府的背景，因此实践中此类问题的操作是针对被没收的违法建筑，允许当事人申请作价回购，并补办相关土地手续。

  由于国家层面对这方面的法律规定较少，仅见于《国土资源行政处罚办法》第35条："国土资源主管部门作出没收矿产品、建筑物或者其他设施的行政处罚决定后，应当在行政处罚决定生效后90日内移交同级财政部门处理，或者拟订处置方案报本级人民政府批准后实施。法律法规另有规定的，从其规定"。该条缺乏对细节层面的规定，因而有些地方自行出台了没收违法建筑物的相关处置办法，一般是认为没收建筑物后，当事人可以以建筑成本价或评估机构评估后的价格予以回购，回购后可申请补办手续，符合补办条件的，相关部门予以补办。涉及办理用地审批的，可能还要按照招、拍、挂的方式取得土地使用权。

这就产生一个新的问题，由于不动产的特殊性，被没收的建筑物不能脱离占用的土地独自存在，即房地不可分离，所以国土部门虽然实践中往往会同时处以没收建筑与退还土地，但是实际上无法同时执行，因为退还土地就意味着必须要先拆除建筑物，不然退还的土地也没有使用意义。

因此如果申请回购，就应当同时允许补办相关用地审批手续，不然就会出现回购后建筑应当视为合法，但用地却仍然非法的矛盾境地。反过来说，如果已经申请了回购并缴纳了相关款项，国土部门也就不能以未执行退还土地仅执行没收建筑的理由再次作出处罚，而应当配合办理相关用地手续，使建筑合法，否则回购这一措施也就失去实际意义。

案例3-1

张某华与湖州市南浔区南浔镇人民政府行政处罚案一审行政判决书

[2016] 浙0523行初120号

原告张某华，男，1970年12月3日出生，汉族，住浙江省湖州市南浔区。

委托代理人石某、李某宁，北京吴少博律师事务所律师。

被告湖州市南浔区南浔镇人民政府，住所地湖州市南浔区人瑞路388号。

法定代表人吴某宇，该镇镇长。

出庭应诉负责人吴某宇，该镇镇长。

委托代理人莫某婷，浙江万新律师事务所律师。

被告湖州市南浔区人民政府，住所地湖州市南浔区南浔镇向阳路601号。

法定代表人杨某东，该区区长。

出庭应诉负责人姚某喜，该区副区长。

委托代理人周某珠、王某，浙江万新律师事务所律师。

原告张某华诉被告湖州市南浔区南浔镇人民政府（以下简称"南浔镇政府"）、被告湖州市南浔区人民政府（以下简称"南浔区政府"）规划行政处罚一案，于2016年11月25日向本院提起诉讼。本院于11月25日受理后，于同日向两被告发送起诉状副本及应诉通知书。被告南浔镇政府、被告南浔区政府在答辩期内向本院提交了答辩状及相关证据、依据。本院依法组成合议庭，于2017年1月5日公开开庭进行了审理。原告张某华及委托代理人石某、李某宁，被告南浔镇政府出庭应诉负责人吴某宇及委托代理人莫某婷，被告南浔区政府出庭应诉负责人姚某喜及委托代理人周某珠、王某到庭参加诉讼。本案现已审理终结。

原告张某华诉称，原告于2002年4月与南浔镇联谊村签订《土地租赁协议》，租赁联谊村土地13.81亩建造厂房，用于经营湖州市南浔华纳家私厂。2016年7月5日，被告南浔镇政府下设的"三改一拆"领导小组办公室作出《违章建筑限期拆除通知》，认定原告建造的位于南浔镇联谊村的建筑物属于违章建筑，要求原告限期拆除。

原告于 2016 年 8 月 1 日向被告南浔区政府提起行政复议申请，请求撤销被告南浔镇政府作出的具体行政行为。被告南浔区政府于 2016 年 11 月 2 日作出浔复决字［2016］13 号《行政复议决定书》，维持了被告南浔镇政府作出的涉案行政行为。

原告认为被告南浔镇政府作出涉案行政行为认定事实不清，证据不足，程序违法，适用法律错误，依法应予撤销；被告南浔区政府作出的《行政复议决定书》认定事实不清，证据不足，适用法律错误，依法应予撤销。理由如下：

第一，原告租赁联谊村土地建造涉案建筑的行为经湖州市国土资源局行政处罚后修正为合法占用土地行为，涉案建筑不属于违法建筑。

其一，原告占用涉案地块属于合法行为。原告租赁联谊村土地建造涉案建筑的行为已经由湖州市国土资源局作出责令退还、没收土地上新建建筑物和其他设施，并处罚款的行政处罚。后原告向湖州市国土资源局提出折价购回涉案建筑的申请，湖州市国土资源局于 2004 年 4 月 25 日作出了《关于同意折价购回在非法占用土地上新建建筑的决定》，同意原告购回涉案建筑，并依法补办用地手续。湖州市国土资源局既然作出同意原告回购的决定，即是同意原告继续使用涉案建筑所占用的土地，那么湖州市国土资源局的许可行为是对其行政处罚中责令退还土地的一种修改，而不再是对原告执行责令退还土地的处罚措施。湖州市国土资源局要求原告依法补办用地手续由形式要件和实质要件构成。形式要件是政府土地管理部门在收到原告交纳的各项费用后为原告办理书面的审批文件；实质要件是原告缴纳补办用地的手续费、土地费和土地使用税。原告按照湖州市国土资源局的要求缴纳了相应的税费，履行了自己的义务，且湖州市国土资源局对原告往后的土地使用未再提出任何质疑，所以原告已实际取得涉案建筑所占土地的合法权益，原告对承租土地的使用属于合法行为。

其二，涉案建筑不属于违法建筑。原告是在被告南浔镇政府"招商引资、发展经济、先发展、后规范"的政策引导下入驻联谊村投资建厂，并成立了南浔华纳家私厂。被告南浔镇政府同意在集体土地上招商引资，其潜在意思就是允许投资者在集体土地上建造厂房。如果投资建厂行为没有经过被告南浔镇政府的默许和许可，那么投资者租赁集体土地就没有任何实际的价值和意义。湖州市国土资源局对原告涉案建筑作出的是没收处罚，而不是限期拆除，说明原告涉案建筑符合当时的土地利用总体规划。湖州市南浔区经济发展和统计局作出的浔经技[2005] 141号《湖州市南浔区经济发展与统计局关于南浔镇联谊村南浔南华家私厂等四家企业立项的批复》中同意原告建造涉案建筑及辅助用房，该批复也抄送了被告南浔镇政府及其城建办。被告南浔镇政府作为集体土地主管部门，应当知晓原告所建厂房已经过立项批复，并且在其处备案。被告南浔镇政府并未依职权进行查处，而是默许了原告的建造行为，所以涉案建筑不属于违法建筑。

第二，被告南浔镇政府作出的涉案行政行为违法。

其一，被告南浔镇政府作出的行政行为是对涉案建筑的行政处罚。被告南浔镇政府在涉案行政行为中认定涉案建筑为违章建筑，是对涉案建筑的负面评价，使得原告存续10多年的建筑处于不受法律保护的状态。被告南浔镇政府要求原告限期自行拆除，如果不拆除将组织强拆，这是对原告财产权利的限制和剥夺，是对原告财产权的一种惩罚。

其二，被告南浔镇政府作出的涉案行政行为认定事实不清。

就书面内容来看，涉案限期拆除通知书在没有对涉案建筑建造时间、建筑结构和建筑面积等进行核查的情况下，就认定涉案建筑属于违法建筑，属于认定事实不清。

其三，被告南浔镇政府作出涉案行政行为程序违法。该限期拆除通知书并没有明确告知原告涉案建筑违反的具体法律条文，以及侵犯的具体权益。此外，现行法律法规虽然没有明确规定"限期拆除"这种带有处罚性质的行政行为需要听证，但按照《中华人民共和国行政处罚法》的立法精神，对涉及标的比较重大、与生活密切相关的房屋实施行政处罚，应以举行听证为原则，以不举行听证为例外，具体根据案情实际确定，比如涉及房屋拆除应当举行听证。涉案建筑属于原告投资企业的经营场所，如果被拆除将对原告产生重大影响，使原告的企业面临倒闭的风险，被告南浔镇政府作出的涉案行政行为会对原告权益产生重大影响，所以应当告知原告听证、陈述和申辩的权利，但是被告南浔镇政府不仅口头未告知，在限期拆除通知中亦未书面告知，这导致原告未能进行陈述和申辩。同时，根据《中华人民共和国行政诉讼法》《中华人民共和国行政复议法实施条例》的规定，由于被告南浔镇政府作出强制拆除行为会对原告的权利义务产生不利影响，所以应当告知原告复议、诉讼的途径和期限，但被告南浔镇政府并未告知原告相应的权利救济程序，违反法律规定。

其四，被告南浔镇政府作出涉案行政行为适用法律错误。涉案建筑既不违反土地利用规划，也不影响城乡规划，仅在形式上未取得书面审批文件，这不影响涉案建筑实质上的合法性。此外，涉案建筑未取得审批文件可以通过其他方式进行补正，而不适用限期拆除措施。

第三，被告南浔区政府作出的《行政复议决定书》认定事实不清，证据不足，适用法律错误。

被告南浔区政府作为复议机关，应当全面审查被告南浔镇政府作出的涉案行政行为的合法性和合理性。被告南浔区政府认定被告南浔镇政府作出的涉案行政行为系督促原告履行湖土资（治整）监罚字［2003］第313号《土地行政处罚告知书》中其尚未完全履行的"退还非法占用的13 930平方米土地"义务，而不是新的行政处罚决定，故属于认定事实不清。同时，被告南浔区政府未查明被告南浔镇政府是否履行了告知义务，就认可被告南浔镇政府对涉案建筑的定性并认为被告南浔镇政府履行了义务，属于认定事实不清。另，被告南浔镇政府并未向被告南浔区政府提交充足的证据证明其作出涉案行政行为符合程序法定原则。被告南浔镇政府未向被告南浔区政府提交对涉案建筑立案查处的证据以及足以认定涉案建筑属于违法建筑的证据，而被告南浔区政府却为被告南浔镇政府主动补强涉案行政行为合法性的证据，这违反了法律规定。被告南浔区政府在认定事实不清，证据不足的情况下仍作出了维持被告南浔镇政府具体行政行为的复议决定，属于适用法律错误。

综上，原告认为被告南浔镇政府作出涉案行政行为认定事实不清，证据不足，程序违法，适用法律错误，依法应予撤销；被告南浔区政府作出的《行政复议决定书》认定事实不清，证据不足，适用法律错误，依法应予撤销，故原告诉请判令：①撤销被告南浔镇政府作出的《违章建筑限期拆除通知》；②撤销被告南浔区政府作出的浔复决字［2016］13号《行政复议决定书》；③本案的诉讼费用由两被告承担。

原告为证明其诉请，向本院提交如下证据：

第一组证据：①土地租赁协议；②土地使用协议书，用以证明原告于2002年4月4日与南浔镇新荡村村委会签署土地租赁协议，涉案地块由原告使用的事实。

第二组证据：①暂收条2份；②浙江省行政事业单位（社会团体）往来款票据1份；③土地行政处罚告知书1份；④土地行政处罚决定书1份；⑤浙江省代收罚没款收据2份；⑥关于同意折价购回在非法占用土地上新建建筑物的决定，用以证明湖州市国土资源局作出同意回购的决定，原告在履行完毕相应义务之后即享有涉案建筑的所有权；⑦证明1份；⑧湖州市南浔区经济发展与统计局关于南浔镇联谊村南浔南华家私厂等四家企业立项的批复及附表各1份，用以证明涉案建筑经有关部门立项批复，不属于违法建筑的事实。

第三组证据：①违章建筑限期拆除通知1份，用以证明被告南浔镇政府未依法告知原告陈述、申辩等权利，程序违法。

第四组证据：②行政复议申请书及申请材料；③行政复议决定书及送达凭证（快递单、查询单）各1份，用以证明被告南浔区政府作出复议决定认定事实不清，适用法律错误；④听证申请书1份及送达凭证（快递单、查询单）各1份；⑤行政复议决定延期通知书1份，用以证明被告南浔区政府未依法组织听证，程序违法。

被告南浔镇政府辩称：

第一，被告作出《违章建筑限期拆除通知》的行为于法有据，该行为实属行政命令，而不是行政处罚。其一，被告行为于法有据。根据《中华人民共和国城乡规划法》第65条"在乡、村庄规划区内未依法取得乡村建设规划许可证或者未按照乡村建设规划许可证的规定进行建设的，由乡、镇人民政府责令停止建设、限期改正；逾期不改正的，可以拆除"，《浙江省城乡规划条例》第60条"未取得乡村建设规划许可证或者未按照乡村建设规划许可证的规定进行建设的，由乡（镇）人民政府责令停止建设、限期改正;占用乡村公共设施用地、公益事业用地等情节严重的,应当予以拆除",以及《浙江省"三改一拆"行动违法建筑处理实施意见》第3条第2项"(二)乡、村庄规划区内的违法建筑,由乡镇责令限期改正,逾期不改正的予以拆除"之相关规定,被告认为,被告作为乡镇人民政府,具备作出《违章建筑限期拆除通知》的行政主体资格。同时,由于原告在未取得乡村建设规划许可及土地使用许可的情况下,擅自利用南浔镇联谊村村集体所有的集体土地进行厂房建设的行为显属违法行为。因而,被告按照上述法律依据作出《违章建筑限期拆除通知》是完全合法的。其二,被告作出的《违章建筑限期拆除通知》不是行政处罚,而是行政命令。①根据国务院法制办在对四川省法制办《关于"责令限期拆除"是否是行政处罚行为的请示》(川府法[2000]68号)所作出的《国务院法制办公室关于"责令限期拆除"是否是行政处罚行政行为的答复》(国法秘函[2000]13号)中明确的"根据《行政处罚法》第23条关于'行政机关实施行政处罚时,应当责令改正或者限期改正违法行为'的规定,《城市规划法》第40条规定的'责令限期拆除',不应当理解为行政处罚行为、《行政处罚法》第8条对行政处罚种类的规定中并不包括限期拆除"。由此可见,限期拆除应当属于责令改正范畴,它与其他因各种具体违法行为如停止违法行为、责令退还等改正形式是一样的,本身不具有惩罚性。②根据《中华人民共和国行政处罚法》第23条"行政机关实施行政处罚时,应当责令当事人改正或者限期改正违法行为"之规定,如果责令当事人改正或者限期改正违法行为是行政处罚,则行政机关实施行政处罚时,应已包含了责令当事人改正或者限期改正违法行为,无须再责令当事人改正或者限期改正违法行为,再责令当事人改正或者限期改正违法行为属于同义反复,存在逻辑上的矛盾。因而,责令当事人改正或者限期改正违法行为不属于行政处罚,故本案所涉的《违章建筑限期拆除通知》不是行政处罚行为。③行政处罚的目的之一是制裁与惩罚。本案中,由于原告擅自利用南浔镇联谊村村集体所有的集体土地进行厂房建设的行为及行为产生的违法后果一直存在,因而原告的行为及涉案建筑物、构筑物处于持续违法状态,即违法行为及违法建筑自始至终违法,不能取得合法权利,拆除违法建筑系属恢复合法状态,不具备制裁性、惩罚性。本案所涉的《违章建筑限期拆除通知》所载明的建筑物、构筑物系属违法建筑物,因而限期拆除不是制裁违法行为,因而不属于行政处罚。相反,被告所作出的《违章建筑限期拆除通知》仅是行政主体要求相对人作一定行为的意思表示,应属于行政命令。

第二,本案涉案地上建筑物、构筑物等本身就不具备合法性。①湖州市国土资源局虽于 2003 年 12 月 9 日已对湖州市南浔华纳家私厂的非法占用土地行为作出了[湖土资(治整)监罚字[2003]第 313 号]《土地行政处罚决定书》,责令退还非法占用的 13 930 平方米的土地,没收在非法占用的 13 930 平方米的土地上新建的建筑物和其他设施,并处每平方米 2 元的罚款(计人民币 27 860 元),但是原告仅履行了缴纳每平方米 2 元的罚款(计人民币 27 860 元)及对被没收的非法占用的 13 930 平方米的土地上新建的建设物和其他设施的购回义务,一直未履行《土地行政处罚决定书》中的"退还非法占用的 13 930 平方米的土地"的义务。②根据《湖州市国土资源局南浔区分局关于南浔镇人民政府征询〈关于张某华所建的位于南浔镇联谊村新荡的房屋是否符合土地利用总规划等方面内容的征询意见函〉的答复函》、湖州市规划局南浔区分局《关于张某华、湖州市南浔华纳家私厂房屋是否符合规划等方面内容的复函》（湖浔规函〔2016〕39号）的复函意见可知，截至2016年9月5日原告未向湖州市国土资源局南浔区分局申请办理合法用地审批手续，截至2016年10月27日原告也未向湖州市规划局南浔区分局申请办理相关审批手续，且原告及湖州市华纳厂所建房屋不具备补办规划审批的条件。因而原告的非法占用土地的违法行为一直处于继续状态，且上述违法用地行为及建设行为，由于不符合两规之规定，已不具有合法化的期待可能性。③依据《浙江省违法建筑处置规定》第3条，"本规定所称违法建筑，是指未依法取得规划许可或者未按照规划许可内容建设的建筑物和构筑物，以及超过规划许可期限未拆除的临时建筑物和构筑物，包括城市、镇规划区内的违法建筑（以下简称城镇违法建筑）和乡、村庄规划区内的违法建筑（以下简称乡村违法建筑）"之规定，原告在未申请规划审批且未获得规划许可的情况下，擅自占用坐落在联谊村的土地12 930平方米厂房的行为系违法行为。综上，本案涉案土地上建筑物、构筑物等本身就不具备合法性，原告的行为系不合法行为。

第三，复议机关认定事实清楚，证据确凿充分，适用法律正确。①原告张某华作为湖州市南浔华纳家私厂的个体工商户，于2002年4月与南浔镇新塘村签订了《土地租赁协议》1份，约定由原告承租位于新荡村西面的8.95亩土地；于2002年4月与南浔镇联谊村签订《土地使用协议书》1份，约定由原告承租2.43亩土地。2002年6月27日，湖州市国土资源局经调查发现湖州市南浔华纳家私厂未经依法批准，擅自占用南浔镇联谊村集体土地13 930平方米水田建造厂房的情况后，对上述行为进行了立案查处，并发出了《责令停止土地违法行为通知书》，责令原告立即停止施工行为，并听候处理。2003年12月

9日,湖州市国土资源局对湖州市南浔华纳家私厂的非法占用土地行为作出了《土地行政处罚决定书》,责令退还非法占用的13 930平方米的土地,没收在非法占用的13 930平方米的土地上新建的建筑物和其他设施,并处每平方米2元的罚款(计人民币27 860元)。2003年12月25日,湖州市南浔华纳家私厂向湖州市国土资源局提出《关于要求折价购回被没收的建筑物和其他设施的申请》,承认其未经依法批准取得土地使用权即擅自占用坐落在联谊村的土地13 930平方米建厂房,表示愿意接受《土地行政处罚决定书》中所作出的处罚决定,并要求折价购回被没收的建筑物和其他设施。2004年3月16日,湖州市南浔华纳家私厂缴纳了《土地行政处罚决定书》中的27 860元罚款。2004年4月25日,湖州市国土资源局作出了《关于统一折价购回在非法占用土地上新建建筑物的决定》,同意湖州市南浔华纳家私厂以13 930元的价格购回在非法占有土地上新建的建筑物和其他设施,并依法补办用地手续。2004年5月26日,湖州市南浔华纳家私厂缴纳了《关于同意折价购回在非法占用土地上新建建筑物的决定》中的13 930元购回款。2005年8月31日,湖州市南浔区经济发展与统计局作出的《关于南浔镇联谊村华纳家私厂等四家企业立项的批复》,同意湖州市南浔华纳家私厂在内的4家企业补办立项手续,但该批复仅是作为补办立项手续的项目符合当时产业发展导向的依据,与湖州市南浔华纳家私厂建造厂房所占用的土地是否合法无关。2016年7月5日,被告处"三改一拆"领导小组办公室对原告作出了《违章建筑限期拆除通知》,要求原告于2016年8月15日前自行拆除位于南浔镇联谊村的违章建筑,如到其未自行拆除,将组织相关部门代为拆除。②被告于2016年8月19日向湖州市国土资源局南浔区分局发出《关于张某华所建的位于南浔镇联谊村新荡的房屋是否符合土地利用总规划等方面内容的征询意见函》，征询原告所建造的房屋是否符合土地利用总体规划、占用土地行为是否合法、占用土地行为是否办理了用地手续、是否可补办相关手续等方面的意见。2016年9月5日，湖州市国土资源局南浔区分局复函《湖州市国土资源局南浔区分局关于南浔镇人民政府征询〈关于张某华所建的位于南浔镇联谊村新荡的房屋是否符合土地利用总规划等方面内容的征询意见函〉的答复函》，告知被告湖州市南浔华纳家私厂及原告未经批准擅自占用南浔镇联谊村集体土地13 930平方米建造厂房，占用地类为水田，性质属于非法占用土地，且湖州市南浔华纳家私厂及原告至复函之日仍未办理用地审批手续。被告于2016年8月19日向湖州市规划局南浔区分局发出《关于张某华建的位于南浔镇联谊村新荡的房屋是否符合规划等方面内容的征询意见函》，征询原告所建造的房屋是否符合规划、是否办理完毕规划审批手续、是否可补办相关手续等方面的意见。2016年10月27日，湖州市规划局南浔区分局复函《关于张某华、湖州市南浔华纳家私厂房屋是否符合规划等方面内容的复函》，告知被告位于南浔镇联谊村新荡的张某华、湖州市华纳家私厂房屋未申请办理相关审批手续，且涉案地块于湖州市城市总体规划（2003~2020年）确定的城市规划建设用地范围外，为此，原告及湖州市华纳家私厂所建的房屋不具备补办规划审批的条件。综上，行政复议机关对本案作出的认定，事实清楚，证据确凿充分。

第四，被告作出的《违章建筑限期拆除通知》程序合法，其仅是对国土处罚决定履行情况的后续监督及督促。①依据《浙江省"三改一拆"行动违法建筑处理实施意见》第2条第1项"市、县政府应当组织城管（综合）执法、城乡规划、国土资源、交通、水利等有关部门和乡镇政府、街道办事处、开发区（园区）管委会对本行政区域内的建筑进行调查"，及《湖州市"三改一拆"专项行动实施方案》第4条第2项"建设、国土、执法、环保、工商以及纪检监察、法院等部门要各司其职，主动加强与各责任主体的配合，建立有效的工作机制"之规定可知，"三改一拆"工作领导小组系由多职能部门共同组成，包括但不限于国土、建设、乡镇政府，因而"三改一拆"工作领导小组并不仅是由乡镇政府单独构成，而是由多职能部门共同成立的工作小组。②依据《浙江省实施〈中华人民共和国土地管理法〉办法》第2条"各级人民政府必须执行十分珍惜、合理利用土地和切实保护耕地的基本国策，全面规划，严格管理，保护和合理开发利用土地资源，制止非法占用土地和非法交易土地的行为"，第3条第3款"乡（镇）人民政府应当按照土地管理法律、法规的规定，做好本行政区域内土地的管理和监督工作"，及《浙江省人民政府办公厅转发省国土资源厅关于切实加强"三改一拆"行动中违法用地建筑拆除和土地利用工作指导意见的通知》第3条"明确'三改一拆'行动期间违法用地建筑拆除由城管（综合）执法部门或者乡镇人民政府（街道办事处）与国土资源部门共同组织实施，公安、城乡规划、交通运输、水利、农业等部门配合"之规定，乡镇人民政府有权对本行政区域内违法用地上的建筑物、构筑物组织拆除。本案中，结合"三改一拆"工作领导小组的性质，被告在履行负责本辖区内的"三改一拆"工作职责时，在其他职能部门的配合下对涉案建筑作出的《违章建筑限期拆除通知》，实质是督促原告履行《土地行政处罚决定书》中未履行的"退还非法占用的13930平方米的土地"的义务。该《违章建筑限期拆除通知》是基于原告的违法占用土地行为已于2003年经过了处罚的认定、告知，听取申请人的意见以及告知权利救济途径等程序，但原告仍未按要求改正而衍生的行为。综上,《违章建筑限期拆除通知》的作出并不是被告单独作出的行政行为,而是被告及其他相关职能部门在履行"三改一拆"工作职责时对历史遗留非法占用土地行为处罚决定的工作监督及督促。综上,被告南浔镇政府认为被告作出《违章建筑限期拆除通知》的行为程序合法,并且复议机关认定事实清楚,证据确凿充分,适用法律正确,故请求依法驳回原告的全部诉讼请求。

被告南浔镇政府在法定举证期限内向本院提交了作出具体行政行为的下列证据、依据:

证据:①违章建筑限期拆除通知,证明南浔镇"三改一拆"领导小组办公室仅向原告发出责令拆除的行政命令,未对其进行行政处罚的事实;②土地违法案件立案呈批表,证明原告的擅自占用土地行为已于2002年被湖州市国土资源局立案调查的事实;③土地违法案件现场勘测笔录、现场勘测图各1份,证明湖州市国土资源局已对原告擅自占用的土地进行现场勘测并形成记录的事实;④责令停止土地违法行为通知书、土地管理公文送达回证各1份,证明湖州市国土资源局于2002年6月27日明确要求原告停止施工行为,且原告已收到上述通知的事实;⑤土地违法案件询问笔录3份,证明原告未办理合法的土地使用权手续的事实;⑥土地违法案件调查报告,证明湖州市国土资源局对原告的擅自占用土地行为作出了非法占用土地行为的定性并决定进行处罚的事实;⑦土地市场"治整"项目处理意见,证明湖州市国土资源局对原告擅自占用土地并进行建设的行为作出了责令退还非法占用的土地,没收在非法占用的13 930平方米土地上建筑的建筑物和其他设施,并处每平方米2元的罚款的事实;⑧土地行政处罚告知书、土地管理公文送达回证各1份,证明湖州市国土资源局已将处罚决定告知原告,并告知原告享有陈述和申辩的权利,且原告已签收该告知的事实;⑨土地行政处罚决定书、土地管理公文送达回证各1份,证明湖州市国土资源局已对原告擅自占用土地并进行建设的行为作出了书面的处罚决定书,并告知原告享有复议或诉讼的权利,且原告已签收该决定书的事实;⑩关于要求折价购回被没收的建筑物和其他设施的申请,证明原告于2003年12月25日向湖州市国土资源局提出了要求折价购回被没收的建筑物和其他设施的申请的事实;⑪关于同意折价购回在非法占用土地上新建建筑物的决定、土地管理公文送达回证各1份,证明湖州市国土资源局于2004年4月25日对原告的购回申请作出了同意购回的决定,并要求原告依法补办用地手续,且原告已签收该同意购回决定书的事实;⑫土地违法案件结案报告,证明湖州市国土资源局仅对原告处以行政罚款的事实;⑬关于张某华所建的位于南浔镇联谊村新荡的房屋是否符合土地利用总规划等方面内容的征询意见函,证明被告已于2016年8月19日向湖州市国土资源局南浔区分局发函征询意见的事实;⑭湖州市国土资源局南浔区分局关于南浔镇人民政府征询《关于张某华所建的位于南浔镇联谊村新荡的房屋是否符合土地利用总规划等方面的征询意见函》的答复函,证明湖州市国土资源局南浔区分局于2016年9月5日复函告知湖州市南浔华纳家私厂及原告未经批准擅自占地建造厂房属于非法占用土地,且湖州市南浔华纳家私厂及原告至复函之日仍尚未办理用地审批手续的事实;⑮关于张某华所建的位于南浔镇联谊村新荡的房屋是否符合规划等方面内容的征询意见函,证明被告已于2016年8月19日向湖州市规划局南浔区分局发函征询意见的事实;⑯关于张某华、湖州市南浔华纳家私厂房屋是否符合规划等方面内容的复函,证明湖州市规划局南浔区分局于2016年9月5日复函告知原告及湖州市华纳家私厂所建的房屋不具备补办规划审批的条件的事实；⑰关于张某华所建的位于南浔镇联谊村新荡的房屋全部相关手续办理情况的征询意见函，证明被告已于2016年8月19日向湖州市南浔区发展改革和经济委员会、湖州市南浔区统计局发函征询原告所建造的房屋是否在立项后办理过其他手续的事实；⑱浔复决字〔2016〕13号《行政复议决定书》，证明复议机关认定事实清楚，证据确凿充分，适用法律正确。

依据：《中华人民共和国行政处罚法》第8条、第23条；《中华人民共和国城乡规划法》第65条；《浙江省违法建筑处置规定》第3条；《浙江省城乡规划条例》第60条；《浙江省"三改一拆"行动违法建筑处理实施意见》第2条第1项、第3条第（二）项；《关于"责令限期拆除"是否是行政处罚行为的请示》（川府法〔2000〕68号）；《国务院法制办公室关于"责令限期拆除"是否是行政处罚行为的答复》（国法秘函〔2000〕13号）；《湖州市"三改一拆"专项行动实施方案》第4条第（二）项；《浙江省实施〈中华人民共和国土地管理法〉办法》第2条、第3条第3款；《浙江省人民政府办公厅转发省国土资源厅关于切实加强"三改一拆"行动中违法用地建筑拆除和土地利用工作指导意见的通知》第3条。

被告南浔区政府辩称，被告受理原告不服南浔镇政府作出的《违章建筑限期拆除通知》提起的行政复议申请并作出行政复议决定，程序合法，认定事实清楚，适用法律正确。理由如下：

第一，被告南浔区政府作出维持涉案《违章建筑限期拆除通知》，驳回原告的行政复议请求程序合法。①被告受理程序合法。因原告行政复议申请材料不齐全、表述不清楚，被告于8月5日作出《行政复议申请材料补正通知书》并送达原告，并

第三章 违法建设处罚的执法主体

在原告进行补正后依法予以受理;②被告审理程序合法。一是被告采取书面审查方式审理,符合《中华人民共和国行政复议法》第22条的规定。二是被告于9月19日收到原告的听证申请后,认为本案不需要采取听证方式审理,符合《中华人民共和国行政复议法实施条例》第33条的规定。三是被告于8月15日将行政复议申请书副本等材料发送南浔镇政府,原告于9月9日查阅了南浔镇政府提交的行政复议答复书,被告行为符合《中华人民共和国行政复议法》第23条的规定。四是被告于8月12日受理原告行政复议申请后,在审理过程中因情况复杂,经负责人批准后复议期间延长30日,并于11月2日作出行政复议决定,被告复议期限符合《中华人民共和国行政复议法》第31条的规定。五是被告在审理过程中发现南浔镇政府已向南浔区规划、国土、发改等部门发函征询原告用地是否为合法用地,至提交行政复议答复书等材料时仍未获得答复,而原告认为规划、国土、发改等部门不作回复,应视为已经认可了其用地的合法性,故该部分事实对于原告行政复议案件的事实认定至关重要。所以,被告认为有必要调查清楚上述事实,故向湖州市国土资源局南浔分局、南浔区发展改革和经济委员会、南浔镇国土所、湖州市规划局南浔区分局调取相关证据材料予以核实,被告上述调查行为符合《中华人民共和国行政复议法》第22条、《中华人民共和国行政复议法实施条例》第33条、第34条的规定;③被告作出行政复议决定后,通过邮寄送达方式及时将《行政复议决定》送达原告的委托代理人并经签收,所以被告送达程序合法。

第二,被告作出的行政复议决定书认定事实清楚。其一,被告认定南浔镇政府有权对本行政区域内违法土地上的建筑物组织拆除,符合法律法规的规定。其二,被告认定南浔镇"三改一拆"领导小组办公室作为镇政府设立的临时机构,其对外以自己名义作出的具体行政行为应当视为南浔镇政府的行为,符合《中华人民共和国行政复议法实施条例》第14条的规定。其三,被告通过书面审查原告、南浔镇政府提供的证据材料以及被告根据案情向有关组织获取的证据材料,查实了原告占用水田建造厂房的行为已于2002年6月27日被湖州市国土资源局立案查处,并先后作出《责令停止土地违法行为通知书》和《土地行政处罚决定书》,责令原告退还非法占用的13 930平方米的土地,原告对湖州市国土资源局上述处理决定均予以签收。虽然湖州市国土资源局于2004年4月25日同意原告折价购回被没收的在非法占用土地上新建的建筑物及其他设施,但同时要求原告依法补办用地手续。但原告至今未履行上述《土地行政处罚决定书》中"退还非法占用的13 930平方米土地"义务,也未履行依法补办用地手续义务。此外,原告建造的房屋不具备补办规划审批的条件,也就不具备补办合法用地手续的条件。所以,被告认为原告非法占地行为处于继续状态,应当继续履行尚未完全履行的"退还非法占用的13 930平方米土地"的义务。其四,被告在《行政复议决定书》中认定张建华非法占用土地建造的房屋系违法建筑,适用法律正确。其五,被告认定南浔镇政府作出的《违章建筑限期拆除通知》非行政处罚行为,故不适用《中华人民共和国行政处罚法》的有关规定,而是在履行《浙江省实施〈中华人民共和国土地管理法〉办法》第2条"各级人民政府必须执行十分珍惜、合理利用土地和切实保护耕地的基本国策,全面规划,严格管理,保护和合理开发利用土地资源,制止非法占用土地和非法交易土地的行为"、第3条第3款"乡(镇)人民政府应当按照土地管理法律、法规的规定,做好本行政区域内土地的管理和监督工作",以及《浙江省人民政府办公厅转发省国土厅关于切实加强"三改一拆"行动中违法用地建筑拆除和土地利用工作指导意见的通知》第3点中"明确'三改一拆'行动期间违法用地建筑拆除由城管（综合）执法部门或者乡镇人民政府（街道办事处）与国土资源部门共同组织实施"规定的法定职责，督促原告履行上述《土地行政处罚决定书》中其尚未完全履行的"退还非法占用的13 930平方米土地"的义务，而不是另行作出一个新的行政处罚决定。国务院法制办公室2012年12月19日《对陕西省人民政府法制办公室〈关于"责令限期拆除"是否属于行政处罚行为的请示〉的答复》中明确提出："根据《中华人民共和国行政处罚法》第23条'行政机关实施行政处罚时，应当责令改正或者限期改正违法行为'的规定，责令改正或者限期改正违法行为与行政处罚是不同的行政行为。因此，《中华人民共和国城乡规划法》第64条规定的'限期拆除'、第68条规定的'责令限期拆除'不应当理解为行政处罚行为。"因此，被告作出上述认定符合法律规定。其六，被告认为南浔镇政府作出的《违章建筑限期拆除通知》依法履行了通知程序，系在告知、督促原告自觉履行退还非法占用的13 930平方米土地义务，履行的方式是自行拆除非法占用土地上的建筑物，而原告主张的陈述权、申辩权以及复议、诉讼救济途径，在上述《土地行政处罚决定书》中已经载明。所以，被告认为南浔镇政府作出的《违章建筑限期拆除通知》属于通知文书，无必要再次告知陈述权、申辩权以及复议、诉讼救济途径。

第三，被告查明南浔镇政府对原告作出的《违章建筑限期拆除通知》并不是一个新的行政处罚行为。因为根据《中华人民共和国行政处罚法》第23条"行政机关实施行政处罚时，应当责令当事人改正或者限期改正违法行为"的规定，如果责令当事人改正或者限期改正违法行为是行政处罚，那么行政机关实施行政处罚时，应已经包含责令当事人改正或者限期改正违法行为，无必要再责令当事人改正或者限期改正违法行为，再责令当事人改正或者限期改正违法行为属于同义反复，逻辑上矛盾。故被告依据《中华人民共和国行政复议法》第28条第1款第1项和《中华人民共和国行政复议法实施条例》第43条的规定，作出维持南浔镇政府通过其下设的"三改一拆"领导小组办公室作出的《违章建筑限期拆除通知》，驳回原告要求撤销该通知的行政复议请求的行政复议决定，不存在适用法律错误的情况。综上，被告南浔区政府作出的上述行政复议决定认定事实清楚，程序合法，适用法律正确，故被告请求驳回原告的全部诉讼请求。

被告南浔区政府在法定举证期限内向本院提交了作出具体行政行为的下列证据、依据：

证据：①行政复议申请材料补正通知书及送达回证；②行政复议受理通知书及送达回证；③行政复议答复通知书及送达回证；④浔复决字〔2016〕13号《行政复议决定书》及送达回证，上述证据用以证明行政复议程序合法；⑤土地使用协议；⑥土地租赁协议；⑦暂收条2份；⑧浙江省行政事业单位（社会团体）往来款票据1份；⑨土地违法案件立案呈批表；⑩土地违法案件现场勘测笔录、现场勘测图各1份；⑪责令停止土地违法行为通知书、土地管理公文送达回证各1份；⑫土地违法案件询问笔录3份；⑬土地违法案件调查报告、土地市场"治整"项目处理意见各1份；⑭土地行政处罚告知书及送达回证；⑮土地行政处罚决定书签发文件、土地行政处罚决定书各1份；⑯土地管理公文送达回证1份；⑰关于要求折价购回被没收的建筑物和其他设施的申请；⑱关于同意折价购回在非法占用土地上新建建筑物的决定、签发文件各1份；⑲收据3份及入库明细信息1份；⑳土地违法案件结案报告1份；㉑违章建筑限期拆除通知，上述证据用以证明被告南浔区政府认定事实清楚；㉒湖州市南浔区发展改革和经济委员会的情况说明；㉓关于湖州市南浔华纳家私厂所占用土地权属的认定；㉔湖州市国土资源局南浔分局的答复函；㉕湖州市南浔区经济发展与统计局的立项批复及附表；㉖湖州市规划局南浔区分局的复函，上述证据用以证明原告所占用土地不具备补办规划和用地审批手续的条件。

依据：《中华人民共和国行政复议法》《中华人民共和国行政复议法实施条例》、浙江省实施《中华人民共和国土地管理法》办法、浙江省人民政府办公厅转发省国土资源厅关于切实加强"三改一拆"行动中违法用地建筑拆除和土地利用工作指导意见的通知、浙江省"三改一拆"行动违法建筑处理实施意见。

经庭审各方质证，本院对各方证据分析如下：

对原告提交的证据，被告南浔镇政府对证据1、证据2关联性和证明目的不予认可，认为仅能证明原告与联谊村村委会存在土地租赁关系，不能证明原告用地经过审批程序；对证据3、证据4关联性和证明目的不予认可，认为土地补办手续费的收款单位并不具备办理土地审批的职责，所以不能证明原告用地经过审批而合法；对证据5~8证明目的有异议，认为仅能证明湖州市国土资源局于2003年对涉案建筑进行查处并没收，后由原告购回的事实，不能证明涉案建筑的合法性；对证据9、证据10关联性和证明目的不予认可，认为证据10仅能证明原告非法占用土地建设厂房的行为需要由政府部门统一规范；对证据11证明目的有异议，认为被告南浔镇政府作出违章建筑限期拆除通知是一种督促原告退还非法占用土地的行为，该行为在性质上是基于2003年湖州市国土资源局作出的处罚决定而衍生出的行政命令，故被告南浔镇政府不存在程序违法的情形；对证据12~15证明目的有异议，认为被告南浔区政府作出行政复议决定事实清楚，适用法律正确，其未组织听证并没有违反有关法律的强制性规定。被告南浔区政府认为证据1~4不能证明原告依法办理了土地补办手续，并认为租赁协议中的土地面积数不等于原告实际非法占地面积数，原告签订租赁协议并不当然取得土地的合法使用权；证据5~8证明原告在湖州市国土资源局作出处罚决定之后并没有退还其非法占用的土地，亦未依法补办相关合法手续，故涉案建筑仍属于违法建筑；对证据9、证据10证明目的有异议，认为该证明、立项批复不能证明原告用地的合法性；证据11即违章建筑限期拆除通知书并不是一个独立的行政处罚，未告知原告陈述、申辩的权利亦不属于程序违法；证据12~15不能证明被告区政府未组织听证违法。本院认为，证据1、证据2能够证明原告与南浔镇新塘村村委会签订土地租赁协议的事实，对该部分事实予以认定；证据3~8能够证明湖州市国土资源局同意原告折价购回被没收建筑物，以及原告对被没收建筑物进行折价购回并缴纳罚款的事实，对该部分事实予以认定；证据9、证据10虽能够证明原告于南浔镇联谊村投资建设厂房的事实，但不能由此证明原告占地建设行为的合法性；证据11能够证明被告南浔镇政府于2016年7月5日作出《违章建筑限期拆除通知》，要求原告限期拆除违法建筑的事实，对该部分事实予以认定；证据12、证据13能够证明原告向被告南浔区政府提起行政复议申请，被告南浔区政府于2016年11月2日作出《行政复议决定书》的事实，予以认定；证据14能够证明原告于2016年9月14日向被告南浔区政府就涉案限期拆除通知申请听证的事实，对该部分事实予以认定；证据 15 能够证明被告南浔区政府于 2016 年 9 月 26 日作出延期通知的事实，予以认定。

对被告南浔镇政府提交的证据，原告对证据 1 证明目的有异议，认为该限期拆除通知属于行政处罚而非行政命令；对证据 2~12 证明目的不予认可，认为能证明湖州市国土资源局已经对原告作出行政处罚，原告因此取得合法的土地使用权的事实；对证据 13~17 有异议，认为被告南浔镇政府征询时间晚于涉案行政行为作出时间；对证据 18 证明目的不予认可，认为该行政复议决定书认定事实不清、证据不足。被告南浔区政府对该组证据无异议。

本院认为，证据 1 能证明被告南浔镇政府作出《违章建筑限期拆除通知》，要求原告限期拆除违章建筑的事实，予以认定；证据 2~9、证据 12 能够证明湖州市国土资源局曾于 2003 年对原告在涉案地块上占地建设行为作出处罚的事实，对该部分事实予以认定；对证据 10、证据 11 能够证明湖州市国土资源局同意原告折价购回被没收建筑物的事实，予以认定；证据 13~17 虽能够证明被告南浔镇政府曾就原告占地性质进行调查处理，向湖州市南浔区国土、规划等部门发函征询意见的事实，但因该发函征询时间晚于其作出《违章建筑限期拆除通知》的时间，故不能作为其具体行政行为合法的依据，不予认定；对证据 18 不作重复认定。

对被告南浔区政府提交的证据，原告对证据 1~4 证明目的有异议，认为仅能证明被告南浔区政府履行了送达程序，并不能证明其审查程序和听证程序合法；对证据 5~21 不作重复质证；对证据 22~26 证明目的有异议，认为国土部门作出的答复函能够证明原告具备办理用地手续的条件。被告南浔镇政府对该组证据没有异议。本院认为，证据1~4能证明被告南浔区政府依法受理了原告的复议申请，但无法证明南浔区政府按照法定程序对原告提出的听证申请作出了相应处理，故被告南浔区政府作出行政复议决定程序违法；证据22虽然指出浔经技〔2005〕141号批复文件不能作为原告所使用土地合法性的依据，但该证据本身也无法证明原告占地行为是否合法，故不予认定；证据23能够证明原告及南浔华纳家私厂所占用的13 930平方米的土地系南浔镇联谊村村集体所有的事实，予以认定；其余各证，不作重复认定。

综上，本院认定本案事实如下：

原告于2002年4月与南浔镇新塘村签订《土地租赁协议》，约定租赁其位于新荡村西面面积为8.95亩的土地办厂，于2002年4月与南浔镇联谊村签订《土地使用协议书》，约定租用其面积为2.43亩的土地办厂。原告建设厂房所占用土地为南浔镇联谊村集体土地，土地类型为水田。2003年12月9日，湖州市国土资源局对南浔华纳家私厂（系原告个人经营）于2002年5月未经依法批准擅自占用南浔镇联谊村集体土地13 930平方米建造厂房行为作出《土地行政处罚决定书》，责令原告退还非法占用的13 930平方米土地，没收在非法占用的土地上新建的建筑物和其他设施，并处2元/平方米的罚款（计27 860元）。2003年12月25日，原告向湖州市国土资源局提出折价购回被没收建筑物和其他设施的申请。2004年3月16日，原告缴纳了《土地行政处罚决定书》中确定的27 860元罚款。2004年4月25日，湖州市国土资源局作出《关于同意折价购回在非法占用土地上新建建筑物的决定》，同意原告以13 930元价格购回相关建筑物和设施，并要求原告依法补办用地手续。2016年7月5日，被告南浔镇政府作出《违章建筑限期拆除通知》，通知如下："经核查，你户在南浔镇联谊村有违章建筑。现根据《浙江省违法建筑处置规定》及省政府办公厅浙政办发〔2013〕69号《浙江省'三改一拆'行动违法建筑处理实施意见的通知》要求，请你户于2016年8月15日前自行拆除违章建筑，如到期未自行拆除，将由南浔镇'三改一拆'办公室组织有关部门代为拆除"。原告不服，于2016年8月1日向被告南浔区政府申请行政复议，请求南浔区政府撤销该通知。被告南浔区政府初步审查后于2016年8月9日向原告送达《行政复议申请材料补正通知书》，通知原告对申请材料依法进行补正。原告依照规定提交申请及补正材料后，被告南浔区政府于2016年8月15日决定受理该申请，并于同日通知南浔镇政府书面答复。2016年9月14日，原告以案情复杂、重大为由向被告南浔区政府申请听证，被告南浔区政府未予答复。2016年9月26日，被告南浔区政府因情况复杂，决定延长期限30日。2016年11月2日，被告南浔区政府作出浔复决字〔2016〕13号《行政复议决定书》，决定维持南浔镇政府所作的《违章建筑限期拆除通知》。原告不服，遂诉至本院。

  本院认为，《中华人民共和国行政处罚法》第31条："行政机关在作出行政处罚决定之前，应当告知当事人作出行政处罚决定的事实、理由及依据，并告知当事人依法享有的权利"，第32条："当事人有权进行陈述和申辩，行政机关必须充分听取当事人的意见，对当事人提出的事实、理由和证据，应当进行复核；当事人提出的事实、理由或者证据成立的，行政机关应当采纳"，以及《浙江省违法建筑处置规定》第14条第2款："违法建筑处置决定应当载明相关的事实、理由、依据以及不服决定的救济途径和期限等，并依法送达当事人"。本案被告南浔镇政府对原告作出《违章建筑限期拆除通知》系行政机关对原告占地建设行为作出的最终处理，具有制裁性和惩罚性，行政相对人不寻求行政或司法救济，将面临强制执行的法律后果，故符合行政处罚的基本特征。据此，行政机关根据《浙江省违法建筑处置规定》作出《违章建筑限期拆除通知》的行政行为属于行政处罚，应遵守《中华人民共和国行政处罚法》规定的法定程序。人民法院应依照该法的规定对其合法性进行审查判断。本案中，由于被告南浔镇政府在作出行政处罚决定之前，未告知原告其作出行政处罚决定的事实、理由及依据，未告知原告依法享有的权利救济途径，亦未按照法律规定充分听取原告的意见，给予原告陈述和申辩的权利，故该《违章建筑限期拆除通知》程序违法，依法应予撤销。

同时，《中华人民共和国行政复议法》第28条第1款第3项规定："行政复议机关负责法制工作的机构应当对被申请人作出的具体行政行为进行审查，提出意见，经行政复议机关的负责人同意或者集体讨论通过后，按照下列规定作出行政复议决定：……（三）具体行政行为有下列情形之一的，决定撤销、变更或者确认该具体行政行为违法，决定撤销或者确认该具体行政行为违法的，可以责令被申请人在一定期限内重新作出具体行政行为：①主要事实不清、证据不足的；②适用依据错误的；③违反法定程序的；④超越或者滥用职权的；⑤具体行政行为明显不当的"。本案中，原告于2016年8月11日向被告南浔区政府提起行政复议申请，请求撤销被申请人南浔镇政府作出的《违章建筑限期拆除通知》。经原告按照规定补正申请材料后，被告南浔区政府于2016年8月15日依法受理，并于同日通知被申请人南浔镇政府提交书面答复及其作出具体行政行为的证据、依据。被告南浔区政府经审查后认为《违章建筑限期拆除通知》实质是被告南浔镇政府在履行《土地行政处罚决定书》中其尚未完全履行的"退还非法占用的 13 930 平方米土地"义务,而不是南浔镇政府另外作出的新的行政处罚决定,故根据《中华人民共和国行政复议法》第 28 条第 1 款第 1 项和《中华人民共和国行政复议法实施条例》第 43 条的规定,决定维持南浔镇政府作出的《违章建筑限期拆除通知》。本院认为,由于涉案《违章建筑限期拆除通知》程序违法,适用法律错误,故被告南浔区政府作出的《行政复议决定》属于认定事实不清,适用法律错误。此外,原告于 2016 年 9 月 14 日向被告南浔区政府提起听证申请,被告针对该听证申请未作任何答复,属于程序违法,依法应予撤销。

综上,依照《中华人民共和国行政诉讼法》第 70 条第 3 项、第 79 条的规定,判决如下:

1. 撤销被告湖州市南浔区南浔镇人民政府作出的《违章建筑限期拆除通知》;

2. 撤销被告湖州市南浔区人民政府作出的浔复决字[2016]13 号《行政复议决定书》。

案件受理费 50 元,由被告湖州市南浔区南浔镇人民政府、湖州市南浔区人民政府负担。

如不服本判决,可在判决书送达之日起十五日内,向本院递交上诉状,并按对方当事人的人数提出副本,上诉于浙江省湖州市中级人民法院。

审　判　长　杨　阳
人民陪审员　朱丹丹
人民陪审员　汪佳琪
二〇一七年五月十一日
书　记　员　应亚青

四、违法占用基本农田五亩以上，耕地十亩以上，涉嫌刑事犯罪

为了保护人口大国的基本生存问题，我国对基本农田和耕地有着严格的立法保护，根据《刑法》第342条规定："违反土地管理法规，非法占用耕地、林地等农用地，改变被占土地用途，数量较大，造成耕地、林地等农用地大量毁坏的，处五年以下有期徒刑或者拘役，并处或者单处罚金。"《最高人民法院关于审理破坏土地资源刑事案件具体应用法律若干问题的解释》第3条中对该问题也有所规定，即非法占用基本农田五亩以上或者非法占用基本农田以外的耕地十亩以上的，追究刑事责任。因此企业在建设过程中，一定要尽量避免违法占用、基本农田及耕地等其他农用地。

第二节 规划违法的执法主体

一、城乡规划的种类及划定区域

如果想要了解对于因违反规划而导致的违法建筑，具体由哪些部门履行查处职权，首先需要对城市的总体规划有所了解，因为不同的规划范围由不同的职能部门行使查处职责。

所谓城市总体规划，是指一定时期内某一个城市发展的蓝图，是城市进行规划建设和管理的依据，一般由当地规划部门制定并定期公布当地的城市总体规划范围。

根据《城乡规划法》第2条规定：本法所称城乡规划，包括城镇体系规划、城市规划、镇规划、乡规划和村庄规划。本法所称规划区，是指城市、镇和村庄的建成区以及因城乡建设和发展需要，必须实行规划控制的区域。规划区的具体范围由

有关人民政府在组织编制的城市总体规划、镇总体规划、乡规划和村庄规划中，根据城乡经济社会发展水平和统筹城乡发展的需要划定。

根据上述规定，城乡规划的种类共五种，即城镇体系规划、城市规划、镇规划、乡规划和村庄规划。而这五种又可以分为两大类，即将城镇体系规划、城市规划和镇规划分为一类，我们可以统称为城镇规划；将乡规划和村庄规划分为另一类，我们统称为乡村规划。

这样划分的原因在于涉嫌规划违法的建筑处于不同规划区内时，关于认定、查处的法律规定有所不同，下面展开说明。

二、查处规划违法的执法主体

1. 位于城市规划、镇规划范围内的违法建设，城乡规划主管部门是实施行政处罚的执法主体

根据《城乡规划法》第64条："未取得建设工程规划许可证或者未按照建设工程规划许可证的规定进行建设的，由县级以上地方人民政府城乡规划主管部门责令停止建设；尚可采取改正措施消除对规划实施的影响的，限期改正，处建设工程造价百分之五以上百分之十以下的罚款；无法采取改正措施消除影响的，限期拆除，不能拆除的，没收实物或者违法收入，可以并处建设工程造价百分之十以下的罚款"的规定。

通俗地讲，对于违反规划，也就是未取得或未按照建设工程规划许可证进行建设的，由城乡规划主管部门来履行相应行政处罚的职权。这是关于违法建设的执法主体的一般性规定，同时，《城乡规划法》第65条又针对乡、村规划范围做了特别的规定，也就是乡、村规划范围内的违反规划的建筑，由乡、镇人民政府来行使处罚权和强制拆除权，具体下一章节会有详细介绍。

2. 位于城市规划、镇规划范围内的违法建筑,需要强制拆除的,由县级以上人民政府责成有关部门予以强制执行

在城市、镇规划范围内的违法建设,虽然有行政处罚权的部门是规划部门,但如果行政相对人不愿意履行义务,自行停止建设或自行予以拆除,需要强制执行的,规划部门并没有强制执行权。

根据《城乡规划法》第68条:"城乡规划主管部门作出责令停止建设或者限期拆除的决定后,当事人不停止建设或者逾期不拆除的,建设工程所在地县级以上地方人民政府可以责成有关部门采取查封施工现场、强制拆除等措施"的规定,应当由当地县级以上政府责成有关部门予以强制拆除。这其中需要注意的有两点,即县级政府责成,具体由相关部门执行。

也就是说,违法建筑在城市规划、镇规划范围内的行政处罚权和强制执行权是相分离的。对于前者,即县级政府责成,其含义又有两重,即一方面规划部门并不能直接要求有关部门执行强制拆除,而要先通报给当地政府,由当地政府下令,责成有关部门具体执行强制拆除;另一方面也意味着县级政府自身只能要求下级有关部门执法,自身不能单独实施强制拆除行为。对于后者,即所谓具体执行的有关部门,通常是指城管部门。

总的来说,在城市规划范围内的规划违法建设行为,具有作出相应行政处罚的职权部门是规划部门,而具体实施强制拆除时,则应当由城管部门依照县级政府的责成具体执行。在这一过程中,规划部门、县级政府、城管部门各自权力不同,如果有越俎代庖的行为,则属于违法。

3. 城市、镇规划范围内,由城管部门统一行使处罚权和强制执行权

从前述可知,在城市规划范围内的规划违法查处过程中,

部门繁多,尤其是缺乏一线执法人员的规划部门,对于违法建设的初始发现与调查存在客观困难。因此国务院经过试点,推行了相对集中行政处罚权。

根据《国务院关于进一步推进相对集中行政处罚权工作的决定》:"……省、自治区、直辖市人民政府在城市管理领域可以集中行政处罚权的范围,主要包括:……城市规划管理方面法律、法规、规章规定的全部或者部分行政处罚权;……省、自治区、直辖市人民政府决定调整的城市管理领域的其他行政处罚权"。可以由各个省、自治区、直辖市自行制定规章制度,将查处规划违法方面等各个方面的行政处罚权由一个部门统一实施。而这个部门,一般就是城管部门。

在这样的情况中,查处违法的部门就从规划部门作出处罚,县级政府责成,城管部门具体执行的格局,变成城管作出处罚,上报县级政府同意,城管部门就可以实施强制执行。

实践中大部分地方都已经开始实行城市管理相对集中行政处罚权,如北京市适用的《北京市实施城市管理相对集中行政处罚权办法》、上海市适用的《上海市城市管理相对集中行政处罚权暂行办法》、浙江省适用的《浙江省城市管理相对集中行政处罚权条例》等,这些地方都将城市管理方面的行政处罚权集中由城管部门行使。

4. 城管部门集中行使处罚权的,规划部门仍应当是规划是否违法的认定主体

需要注意的是,即使集中行使处罚权的地区,查处规划违法的行政处罚权由规划部门转为城管部门,但认定建筑物是否违反规划,需要由专业的工作人员结合规划部门的存档资料才能作出认定,城管部门并不具有认定规划是否违法的专业能力。也就是说,城管部门虽然具有调查权和处罚权,却没有违法建

筑的认定权。在实务当中，城管部门需要向规划部门发函询问，并依据规划部门的复函作为是否作出行政处罚的依据。

5. 位于乡、村规划区的违法建筑，乡、镇人民政府是执法主体，执法权包括处罚权和强制执行权

对于位于乡村规划区内的违法建筑，根据《城乡规划法》第65条："在乡、村庄规划区内未依法取得乡村建设规划许可证或者未按照乡村建设规划许可证的规定进行建设的，由乡、镇人民政府责令停止建设、限期改正；逾期不改正的，可以拆除"的规定，乡、镇人民政府具有执法权力。由于乡镇政府与城市中分散由职能部门分别实施不同行政权力的情况不同，其自身集中了较多的行政执法权力，因而乡镇政府自身就具有完整的查处规划违法的权力。

值得一提的是，在实施强制拆除过程中，往往也会出现类似城管部门的工作人员，但以我们的经验来看，这通常属于乡、镇人民政府的城管执法分队，隶属于乡、镇政府，虽然制服类似城管部门，但实际上常常是受乡镇政府直接领导的，其自身既没有独立的执法权，也不受上级城管部门的管理，因此这些工作人员所实施的行为法院通常会认可由乡镇政府负责。

作为普通人如果无法分辨这其中的区别，在起诉时可以同时将城管部门列为被告，由政府方举证相关人员的从属和身份即可，如果城管部门真的参与了强拆行为，则属于越权执法，违反法律规定。

6. 规划范围与行政管辖范围并不必然重合

上文多次提到，查处规划违法的主体是否应当是乡、镇政府，依据是看建筑物所处的地区位于城镇规划范围还是乡村规划范围。

通常来说，乡镇政府只会存在于乡村规划区，城镇规划区

内的基层政府会转变为街道办事处,即俗称的"镇改街"。但是由于城市的快速发展,行政主体的变化往往跟不上规划的发展,所以也有大量的城市周边,属于乡镇政府管辖的土地被纳入城市规划范围内,而当地的基层政府在很长一段时间里仍然是乡镇人民政府。这种情况下,在当地的违法建筑查处过程中,就很可能出现本应由规划或城管部门管辖,实际上乡镇人民政府却越权执法的行为,需要特别注意。

在实务中我们发现,有的城管执法部门,简单地以建筑所在辖区的行政管辖范围来确定执法管辖范围,这其实是不符合相关法律规定的,执法部门应当提供相应人民政府根据《城乡规划法》第2条的要求所划定的规划区域文件,来作为确定其职权依据的相关证据。

7. 案例分析

▶ **案例3-2**

2015年4月底,长沙某街道办事处作出违章拆除告知书,要求某公司于5月10日前自行拆除违章建筑,否则将于5月30日之后由街道办组织强制拆除。随后,街道办于5月30日、6月26日强制拆除了该公司建筑。

在这个案例中,街道办自行制作了行政处罚决定,即违章拆除告知书,随后亲自实施了强制拆除行为。由于长沙市已经实施相对集中行政处罚权,而涉案建筑又位于城市规划区域内,从前述可知,查处违章建筑应当由当地城管部门负责,街道办事处无论是行政处罚还是行政强制都无权实施,因此街道办的行为显然违法。

▶ **案例3-3**

哈尔滨某工业园区内有十余家企业,因园区所处地块规划用于修建铁路而面临拆迁。区城市管理行政执法局于7月19日向区规划部门发函询问园区内"不能提供合法证照"建筑物的审批情况，规划部门于22日回函称未查到审批手续，"初步认定"为违法建筑。随后执法局于7月27日作出《限期拆除通知书》，31日作出《催告通知书》，区政府于9月28日作出《限期拆除公告》，责令拆除相应建筑，逾期不拆的，将由区政府组织相关部门强制拆除。10月31日，执法局组织人员强制拆除了相应建筑。

这个案例中，可以比较清晰地看出城市规划范围内查处违法建筑的过程，以及每一环节由哪个部门负责查处的脉络。但是需要注意的是，最终的《限期拆除公告》是由区政府作出的，实际上应当由区政府责成城管部门具体执行。另外，在实施拆除前，执法局应当作出强制执行决定，本案中城管部门也未履行相应程序也属于违法。

三、执法主体的示意图

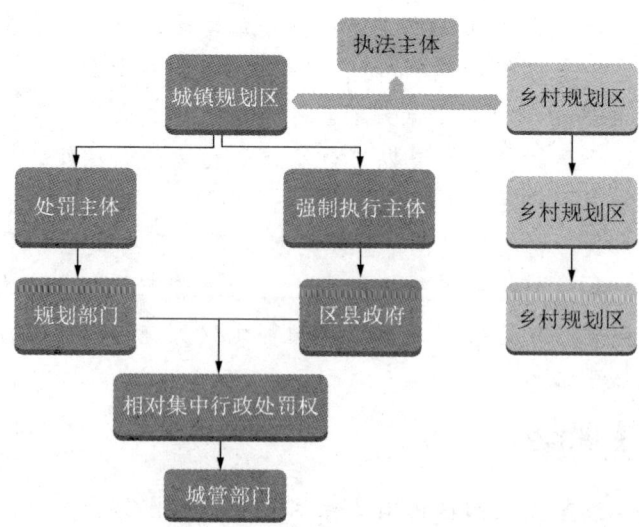

第四章 有权对违法建设处罚行为提起行政诉讼的主体

第一节 违法建设行政处罚的适格相对人

一、定义概述

违法建设行政处罚的适格相对人是指行政机关在查处违法建设行为，按照相关法律规定应当作为行政处罚的对象，通俗地讲就是行政机关的违法建设行政处罚应该向谁作出，正确的被处罚对象是谁？

实务中如果违法建设的建房人和实际管理人是一致的，一般不存在太大争议，但是如果房屋经过了一次甚至是多次买卖，或者存在房屋出租的情形，也就是说存在房屋的建房人和实际管理人不一致的情形，到底应该以建房人还是实际管理人作为被处罚对象，实践中行政处罚机关就比较容易产生混乱。

二、应当如何认定违法建设行政处罚的相对人？

目前法律对于违法建设行政处罚的适格相对人并没有明文规定，一般按照《行政处罚法》关于适格相对人的规定来进行认定，在此引用北京市三中院（2016年12月7日北京三中院召开涉违法建设行政案件新闻通报会）的裁判观点："违建查处案件中，违建的建设单位、个人或者实际管理人是适格相对人。能够确定违建的建设单位、个人，或者没有证据证明建设单位、个人已将违建全部转让给实际管理人的，行政机关未将建设单位、个人作为查处相对人的，属认定事实不清，法院不予支持，但行政机关已依法履行公告程序的除外"。

根据以上裁判观点可以总结以下几点：第一，建房人或者房屋管理人均可以作为适格相对人；第二，如果有证据证明建房人已经将房屋全部转让，应以房屋实际管理人作为适格相对人；第三，如果没有证据证明建房人已经将房屋全部转让给他人，且能够查明建房人的情况下，查处时只列明房屋管理人而不把建房人作为行政相对人的，属于认定事实不清，但是依法公告的除外。

第二节 与违法建设行为有法律上的利害关系的人

一、什么是法律上的利害关系人？

法律上的利害关系是指公民、法人或其他组织的合法权益与行政行为之间存在一定的因果关系。而按照最高院行政审判庭针对2000年出台的司法解释释义一书中的看法，"与具体行政行为有法律上利害关系"是指行政机关的具体行政行为对公民、法人和其他组织的权利义务已经或将会产生实际影响。

因此，行政诉讼中个人或组织是否具有原告资格，关键在于其权利义务是否受到某一具体行政行为的实际影响。这种利害关系包括不利的关系和有利的关系，但应当是一种法律上已经或者必将形成的权利义务关系。由此可以得出，认定利害关系人需要考虑以下因素：

1. 受到影响的权利是自身拥有的受法律保护的合法权利。这里的合法权利不仅包括法律明确规定的权利，也可以是法律没有明确规定，隐含于针对其他当事人的义务性规定中的利益，但不能是非法或他人的权利。

2. 受到影响的权利是特定人的权利，而非"反射利益"。所谓反射利益，是指国家为公益事业作出的行政行为，虽然事实上能带给个人一定利益，但这是由于公共利益得到维护后带来的自然结果，并非行政主动追求的目的，个人不能主动向国家主张此类利益。

3. 受到影响的权利是现实的或将来必然存在的，而不能是一种可能的、期待的利益。例如房屋被认定为违建遭到强拆，建房人作为房屋相关权利人的权益受到损害，可以提起相关行政诉讼，但建房人的子女却不能以自身可能继承的房屋被损毁导致继承权受损为由提起诉讼，因为继承关系是将来可能发生的一种不确定关系，此处的行政行为并不一定导致对继承关系的影响。

4. 行政行为与相关人权利受影响之间，除非有法律明确规定的例外应当具有直接因果关系。直接因果关系是指相关权利无须通过其他媒介即受到行政行为的影响，而通过其他媒介才发生影响的是间接因果关系。因为事物是普遍联系的，如果将间接因果关系纳入考虑，容易导致行政行为的效力无限延伸，故而只有在法律或司法解释明确规定时，间接联系才能被视为具有利害关系。例如，房屋所有人在遭到强拆后其房屋相关权利直接受损，具有利害关系，但有意购买该房屋的潜在买房人则不能主张自身具有利害关系，因其与强拆行为的关系是依赖房屋所有人这一媒介才实现的，不是直接关系。

二、认定法律上利害关系人的相关法律依据

《最高人民法院关于适用〈中华人民共和国行政诉讼法〉的解释》（法释〔2018〕1号）第12条，"有下列情形之一的，属于行政诉讼法第二十五条第一款规定的'与行政行为有利害关系'：（一）被诉的行政行为涉及其相邻权或者公平竞争权的；（二）在行政复议等行政程序中被追加为第三人的；（三）要求行政机关依法追究加害人法律责任的；（四）撤销或者变更行政行为涉及其合法权益的；（五）为维护自身合法权益向行政机关投诉，具有处理投诉职责的行政机关作出或者未作出处理的；（六）其他与行政行为有利害关系的情形。"第30条第2款："与行政案件处理结果有利害关系的第三人，可以申请参加诉讼，或者由人民法院通知其参加诉讼。人民法院判决其承担义务或者减损其权益的第三人，有权提出上诉或者申请再审。"

三、法律上的利害关系人也可以对行政处罚及强拆行为提起行政诉讼

根据上述《行政诉讼法》的修改内容，除了行政处罚的相对人以外，与被处罚行为有法律上的利害关系人也是可以针对相应行政行为提起行政诉讼的。

立法扩大了可以对具体行政行为提起诉讼的主体范围，主要是行政处罚往往牵涉甚广，不仅仅影响到被处罚人，也会直接影响到与之相关人的合法权益，比如，违法建设拆除时涉及的承租户，如果承租户认为涉案房屋不属于违法建设，或者违法建设拆除程序违法，导致其合法权利受到侵害，那么承租户就可以作为法律上的利害关系人提起相关的行政诉讼。如果立法不给予法律利害关系人诉讼的主体资格，就会导致其权益受

第四章 有权对违法建设处罚行为提起行政诉讼的主体

侵害时得不到司法救济。

另一方面,在实践过程中,如果行政机关发现只有被处罚人才能对行政处罚提出行政诉讼,执法机关可能就会为了规避被诉的风险而故意将其他相关人故意错列为被处罚人,这样被处罚人不会针对行政处罚提起复议或诉讼,导致整个行政处罚的司法救济途径流于形式。

例如,笔者在三亚市的案件中,执法部门在调查取证过程中制作的笔录等文件中,涉及当事人信息、意见、签章的部分均留空,显然是没有向所谓"建房业主"进行实际调查,这当然属于程序违法,但是从客观方面考虑,建房人在建成房屋并出售后已经与房屋没有关系,想要与之取得联系并了解情况也确实远较买房人更为困难,尤其是房屋已经建成多年,此种情况就更加严重。

这一方面导致案件事实更难查明,另一方面权利真正受到侵害的买房人失去了接受调查并提出意见,进行陈诉申辩的机会,丧失提起复议诉讼等司法救济的权利,甚至可能在不知道存在行政处罚的情况下,就要直接面临强拆的法律后果,难免措手不及,损失加重。不仅如此,还会助长开发商违法行事的不良风气,对社会影响不利。

四、行政诉讼中原告主体资格的审查应当以合法权益具有受到侵害的可能性作为标准

原告认为自己的合法权益可能受到侵害,这是法院在审理原告是否具备提起行政诉讼主体资格的一个重要因素。

根据最高院对外公布的[2017]最高法行政再41号案例所表达的观点:"在审查原告资格时,原告主张的合法权益仅是可能存在,经过实体审查后可能出现两种结果:一种结果是原告

主张的合法权益实际存在，其诉讼请求可以获得支持；还有一种结果是原告的诉讼请求不成立，没有可以保护的合法权益。但不能以实体审查标准中的事实上的利害关系代替原告资格审查中的可能性的利害关系。公民、法人或者其他组织提起行政诉讼，其原告资格中的利害关系应当以'可能性'为标准，只要原告的主张与被诉行政行为存在利害关系的可能性即具有利害关系。至于是否事实上存在利害关系则不属于原告资格审查范畴，而是实体审查范畴。"

第三节 有权针对相关方面提起行政诉讼的适格主体

一、针对违法建设的行政处罚及强拆行为提起行政诉讼的适格主体

应当指出的是，行政相对人和利害关系人的诉权是相互独立的。利害关系人既可以在行政相对人提起诉讼按照《最高人民法院关于适用〈中华人民共和国行政诉讼法〉的解释》第30条第2款的规定申请参与诉讼，也可以以自己的名义独立提起诉讼，而不依赖行政相对人是否提起诉讼。

这其中的立法缘由上文已经提过，即为了更好地保护利害关系人，例如，在上海市洞泾镇的案件中，当地的小商品贸易城是当年由政府主导建成后对外招商引资的，彼时的当地镇长还亲自担任了贸易城管委会第一任主任，然而贸易城的相关手续一直没有得到完善。时至今日，镇政府突然认定贸易城全部系违建，并随后实施了强拆，导致业主损失惨重。

在这个案件中，建房人即当年的开发商早已不存在，严格来说，镇政府本身甚至也可被列为违建建设方。因此在处罚过程中，如果以所谓建房人作为处罚对象或有资格提起诉讼的原

告,则行政相对人即被处罚人显然不会提出异议,而广大贸易城业主的损失却无从救济。因而在案件处理中,广大业主作为利害关系人独立提起诉讼,有利于相关人的权利保护,也符合最高人民法院法办〔2014〕17号《行政审判办案指南(一)》第6条的观点,"公民、法人或其他组织认为行政行为对自身合法权益具有潜在的不利影响,如果这种影响以通常标准判断可以预见,则其对该行政行为具有原告资格"。

二、有权对行政机关不履行违法建设查处职责提起行政诉讼的适格主体

根据《北京市禁止违法建设若干规定》第6条规定,"任何单位和个人都有权举报违法建设行为",但在司法实务中,并非任何单位和个人都可以对行政机关不履行查处违法建设的行为提起行政不作为的诉讼。

前文中我们已经确认,只有与行政行为有利害关系的人才能提起相应行政诉讼,而"利害关系"中又要求受到影响的权利是特定人的权利,且具有直接因果关系。这就意味着尽管任何人都可以举报违法建设行为,但如果行政机关不履行查处职责,想要起诉行政机关不作为,必须以举报人自身的权利直接受到该行政不作为的影响为条件。

一般来说,举报人之所以举报违法建设行为,是出于自身权利受到违法建设的影响居多,例如,违法建筑占用的土地使用权等权利属于举报人、举报人的通行或采光等相邻权受到违法建筑影响等,在这种直接受害于违法建设的情况下,举报人举报后行政机关不作为就直接导致了举报人权利受损状态的延续,可以认定为具有利害关系,具有提起相应诉讼的主体资格。反之,如果是出于纯粹的公益目的进行举报,举报人的权益与

违法建设之间的关系仅系"反射利益",那就如分析利害关系人一节所说,可以认定举报人不具有利害关系,也就无法提起行政诉讼。

北京三中院对外公布的裁判观点认可了这一观点,即只有能够提供证据证明相邻权、土地使用权和其他合法权益受到违建实际影响的违建举报人,才具有行政诉讼原告的主体资格。如果无法提供证据证明的,法院将以起诉不具备原告诉讼主体资格为理由,裁定驳回起诉。

而《最高人民法院适用〈中华人民共和国行政诉讼法〉的解释》第12条规定:"有下列情形之一的,属于行政诉讼法第二十五条第一款规定的'与行政行为有利害关系':(一)被诉的行政行为涉及其相邻权或者公平竞争权的;(二)在行政复议等行政程序中被追加为第三人的;(三)要求行政机关依法追究加害人法律责任的;(四)撤销或者变更行政行为涉及其合法权益的;(五)为维护自身合法权益向行政机关投诉,具有处理投诉职责的行政机关作出或者未作出处理的;(六)其他与行政行为有利害关系的情形。"从立法层面认可了实务当中的这一做法。

此外,值得指出的是,举报人在发现行政机关不作为时,有的会向相应行政机关的上级主管部门反映,希望上级政府予以督促,如果上级政府无动于衷,是否能起诉上级政府不作为呢?根据《最高人民法院适用〈中华人民共和国行政诉讼法〉的解释》第1条对受案范围的规定,"上级行政机关基于内部层级监督关系对下级行政机关作出的听取报告、执法检查、督促履责等行为"不属于法院受案范围,所以无法就此起诉。

第四章 有权对违法建设处罚行为提起行政诉讼的主体

案例4-1

黄某海与温州市鹿城区人民政府滨江街道办事处一审行政判决书（节选）

原告黄某海，男，1973年1月6日出生，汉族，住温州市鹿城区，

被告温州市鹿城区人民政府滨江街道办事处，住所地温州市鹿城区学院中路191号。

法定代表人周某，主任。

原告黄某海不服被告温州市鹿城区人民政府滨江街道办事处（以下简称滨江街道办事处）其他行政行为，于2016年8月19日向本院提起诉讼。本院于同日受理后，依法组成合议庭，于2016年10月20日公开开庭审理了本案。

本案现已审理终结。

被告滨江街道办事处于2016年5月6日作出《腾空通知书》，载明："黄某某（思芳路××号），根据市、区两级政府关于开展'六城联创''五水共治'和违法建筑'违必拆、六先拆'的相关文件精神，经国土鹿城分局、规划鹿城分局、房管鹿城分局等相关部门查询鉴定你处为违法建筑，现鹿城区滨江街道办事处将牵头相关职能部门于2016年5月9日对你处违建予以拆除，请你（单位）在接收到此通知书后，于2016年5月8日之前搬离并腾空，以免造成不必要的损失"。

原告黄某海诉称，原告拥有坐落于温州市鹿城区思芳路××号的宅基地以及房屋，持有集体土地使用证及房屋所有权证。2016年5月6日，被告滨江街道办事处作出《腾空通知书》，限定原告于2016年5月8日前搬离房屋并腾空，并将于

2016年5月9日牵头其他部门拆除房屋。

原告认为被告只是辖区人民政府的派出机关,受人民政府领导并行使人民政府授予的职权,其没有作出强制拆除意思表示行为的法定职权,无权作出《腾空通知书》。

另外,被告作出《腾空通知书》前没有告知原告相关的事实、理由及依据,也未告知原告享有的陈述、申辩权,未依法向原告送达,违反正当程序原则。

综上,请求依法撤销被告作出《腾空通知书》的行政行为。

原告黄某海在法定举证期限内向本院提交了以下证据:①原告身份证,证明原告的主体资格;②《腾空通知书》,证明被告作出被诉行政行为;③户口本,证明原告家庭成员情况,黄某某系原告父亲;④温集用［2001］字第16375号《集体土地使用证》,证明原告为思芳路××号土地使用人;⑤温房权证鹿城区字第××号《房屋所有权证》,证明思芳路××号房屋为原告合法所有。

被告滨江街道办事处辩称:第一,被告作出腾空通知书的对象系黄某某而不是原告,原告与涉诉行为没有利害关系,不具备原告诉讼主体资格,其起诉应予以驳回。

思芳路××号房屋有合法产权面积和违章建筑面积组成,对于原告及其兄弟黄某已领取产权的合法建筑,被告予以确认。

但该房屋北面的建筑系原告父亲黄某某所建造,且均未取得建设工程规划许可手续。

2016年5月6日,温州市鹿城区城市管理与行政执法局(现已更名为温州市鹿城区综合行政执法局)针对黄某某位于思芳路××号的违章建筑作出《责令限期改正通知书》,后被告张贴涉案腾空通知书,告知黄某某腾空违章建筑物。

第二,即使原告具备诉讼主体资格,涉案腾空通知书也对

第四章 有权对违法建设处罚行为提起行政诉讼的主体

原告的权利义务不产生实际影响。

涉案腾空通知书是因行政执法部门已作出《责令限期改正通知书》,为避免造成房屋所有人的更大损失而作出的提前告知行为,对房屋所有人的权利和义务并不产生实际影响,产生实际影响的是后续进行的拆除行为,但现通知书要求的腾空日期早已届满,被告并未对思芳路××号房屋进行拆除,因此涉案通知书对原告的权利义务并不产生实际影响,更不具有可撤销的内容。

根据《最高人民法院关于适用〈中华人民共和国行政诉讼法〉若干问题的解释》第3条第1款第8项的规定,应当裁定驳回原告的起诉。

被告滨江街道办事处在法定举证期限内向本院提交了以下证据:①户籍证明,证明原告黄某海系黄某某次子;②房屋年限认定表,证明思芳路××号房屋整体情况(包括合法部分和未经登记的部分)及相应的建造年限认定;③房屋权属登记信息查询证明,证明思芳路××号房屋的产权登记情况,该房屋分别登记在黄某海及其兄弟黄某名下;④温鹿城法责改字[2016]110217号《责令限期改正通知书》,证明2016年5月6日温州市鹿城区城市管理与行政执法局针对思芳路××号房屋作出《责令限期改正通知书》,责令立即停止违法建设行为并限2016年5月8日前自行拆除;⑤腾空通知书,证明为减少黄某某的损失,被告在其门口外墙张贴腾空通知书,告知其在2016年5月8日前腾空房屋;⑥照片,证明思芳路××号房屋未拆除的事实。

被告滨江街道办事处提供《中华人民共和国城乡规划法》第64条、第68条,温委办发[2011]89号《温州市区整治和查处违法建筑暂行办法》第2条、第6条的规定,作为其作出涉案《腾空通知书》的法律依据。

经庭审质证，第一，对被告滨江街道办事处提供的证据，原告对房屋年限认定表真实性、合法性有异议，认为与事实不符；对其余证据真实性无异议，但认为《责令限期改正通知书》及涉案《腾空通知书》均不合法。

第二，对原告提供的证据，被告对其真实性、合法性均无异议，但认为涉案《腾空通知书》系针对房屋违法建筑部分且发送对象为黄某某。

本院对上述证据认证如下：第一，被告提供的户籍证明、房屋权属查询证明、《责令限期改正通知书》《腾空通知书》及照片等，双方对其真实性均无异议，本院予以采信；被告提供的房屋年限认定表，系用于证明涉案房屋中存在违法建筑情况，但调查单位温州市勘察测绘研究院在该表中载明，"由于户主拒测，未经实地丈量……成果仅供参考"，且被告在审理中明确因原告拒不配合，涉案房屋违法建筑情况尚未确认，故对该证据本院不予认证。

第二，原告提供的证据，各方对其真实性均无异议，本院予以采信。

根据以上采信的证据及当事人陈述，本院确认以下事实：原告黄某海所有的房屋坐落温州市鹿城区思芳路××号，持有温集用〔2001〕字第16375号《集体土地使用证》，载明土地使用权面积168.6平方米；另持有温房权证鹿城区字第××号《房屋所有权证》，载明建筑面积164.09平方米。

思芳路××号另有登记在原告兄弟黄某名下房屋，建筑面积164.71平方米。

此外，思芳路××号房屋另有部分建筑未登记产权，具体情况不明。黄某某系原告父亲，与原告户籍同在思芳路××号，为同一家庭户成员，黄某某为户主。2016年5月6日，温州市鹿

第四章 有权对违法建设处罚行为提起行政诉讼的主体

城区综合行政执法局作出《责令限期改正通知书》，并张贴于思芳路××号房屋门上。同日，被告滨江街道办事处作出被诉《腾空通知书》，并张贴于思芳路××号房屋门上。原告不服被诉《腾空通知书》，提起本案诉讼。

本院认为，第一，根据《中华人民共和国行政诉讼法》第2条规定，公民、法人或者其他组织认为行政机关和行政机关工作人员的行政行为侵犯其合法权益，有权依照本法向人民法院提起诉讼。被告主张涉案通知系发给黄某某及针对违法建筑部分，但所作的《腾空通知书》明确指向思芳路××号房屋，并载明，"滨江街道办事处将牵头相关职能部门于2016年5月9日对你处违建予以拆除"，该通知已具备强制拆除的意思表示，且未明确具体部位及相应建筑面积等，而原告系思芳路××号房屋登记产权人，故该通知对原告权利义务产生影响。因此，原告有权就涉案通知提起行政诉讼。

第二，被告滨江街道办事处不具有作出强制拆除意思表示的行政行为的法定职能，其无权作出具有强制拆除意思表示的《腾空通知书》，即被告作出被诉《腾空通知书》属超越法定职权。

综上，原告要求撤销被诉《腾空通知书》的诉讼请求，理由成立，本院予以支持。依据《中华人民共和国行政诉讼法》第70条第4项的规定，判决如下：

撤销被告温州市鹿城区人民政府滨江街道办事处于2016年5月6日对温州市鹿城区思芳路10号房屋作出《腾空通知书》的行政行为。

本案受理费50元，由被告温州市鹿城区人民政府滨江街道办事处负担。

如不服本判决，可在判决书送达之日起十五日内，向本院递交上诉状,并按对方当事人的人数提出副本,上诉于浙江省温州市中级人民法院。

三、谁有权对行政机关不履行违法建设查处职责提起行政诉讼

《北京市禁止违法建设若干规定》第 6 条规定,"任何单位和个人都有权举报违法建设行为",但在司法实务中,并非任何单位和个人都可以对行政机关不履行查处违法建设的行为提起行政不作为的诉讼。

一般来说,举报人之所以举报违法建设行为,是由于自身权利受到违法建设的影响,例如,违法建筑对举报人的通行或采光等相邻权造成影响,如果举报人举报后行政机关不作为就会导致举报人权利受损处于持续存在的状态,从这个角度可以认定为举报人与其有法律上的利害关系,具有提起行政不作为诉讼的主体资格。

北京市三中院对外公布的裁判观点及司法实务也认可了这一观点:即只有能够提供证据证明相邻权、土地使用权和其他合法权益受到违建实际影响的违建举报人,才具有行政诉讼原告的主体资格。如果无法提供证据证明的,法院将以起诉不具备原告诉讼主体资格为理由,裁定驳回起诉。

因此,如果发现有违法建设,任何公民法人都可以去举报投诉,但是如果行政机关针对举报投诉不作为,那么只有与违法建设有法律上的利害关系的人,才可以针对行政机关提起确认不作为违法的诉讼。

此外,值得指出的是,举报人在发现行政机关不作为时,会向相应行政机关的上级主管部门反映,希望上级政府予以督促,但是如果上级政府无动于衷,是否能起诉上级政府不作

为呢？

根据《最高人民法院关于适用〈中华人民共和国行政诉讼法〉的解释》第1条对受案范围的规定，"上级行政机关基于内部层级监督关系对下级行政机关作出的听取报告、执法检查、督促履责等行为"不属于法院受案范围，因此是无法就此提起行政诉讼的。

案例4-2

郑某跃与南京市玄武区城市管理局不履行法定职责二审行政裁定书（节选）

上诉人（原审原告）郑某跃，男，1959年4月29日生，汉族，住南京市鼓楼区。

被上诉人（原审被告）南京市玄武区城市管理局，住所地南京市玄武区珠江路455号。

法定代表人姚某晖，南京市玄武区城市管理局局长。

上诉人郑某跃因诉被上诉人南京市玄武区城市管理局（以下简称玄武城管局）城市管理不履行法定职责一案，不服南京铁路运输法院[2016]苏8602行初526号行政裁定，向本院提起上诉。本院依法组成合议庭审理了本案。本案现已审理终结。

原审法院经审理查明，2016年4月7日，郑某跃向玄武城管局邮寄了一份《行政查处申请书》，申请玄武城管局对位于中央路玄武湖隧道左侧的"玄武门至神策门段环境综合整治工程服务设施"无《建设工程规划许可证》的违法建筑依法予以查处。2016年5月27日，玄武区城市管理行政执法局对南京城建隧桥经营管理有限责任公司作出宁城法玄门停字[2016]第9273号（核查）通知书，认为该公司于2016年5月27日在玄武湖西大门玄武门北侧和大树根玄武湖隧道北侧进行建设建筑物的行为,不能提供合法依据,责令停工。同日,玄武区城市管理行政执法局予以立案,并进行调查及现场勘验。

另查明,2013年5月8日,南京市玄武区人民政府就玄政[2013]81号《南京市玄武区人民政府征收补偿决定书》向南京市玄武区人民法院申请先予执行,南京市玄武区人民法院于2013年6月28日作出[2013]玄非诉行审字第79号《行政裁定书》,查明郑某跃原系南京市玄武区后大树根34号311室的产权人,房屋建筑面积48.57平方米。

南京市玄武区人民法院认为,南京市玄武区人民政府已按相关规定,提交了先予执行申请书、征收补偿决定及相关证据和所依据的规范性文件,其作出的征收补偿决定本身也不存在严重违法与显失公正的情况。据此,依照《中华人民共和国关于办理申请人民法院强制执行国有土地上房屋征收补偿决定若干问题的规定》第9条的规定,裁定准许南京市玄武区人民政府先予执行。

再查明,郑某跃行政起诉状上载明其住址为本市上海路南秀村25号205室,该地址与涉案建筑距离较远,并不相邻。原审庭审中,郑某跃主张其仍持有南京市玄武区后大树根34号311室的房屋产权证及土地使用权证,与涉案建筑有利害关系,同时其作为举报人是行政行为的相关人,与玄武城管局不予答复和查处的行为也存在利害关系;南京市玄武区人民法院作出先予执行的行政裁定于法不符。双方均陈述该房屋已不存在。

原审法院认为,《中华人民共和国行政诉讼法》第2条第1款规定,公民、法人或者其他组织认为行政机关和行政机关工作人员的行政行为侵犯其合法权益,有权依照本法向人民法院提起诉讼。第25条规定,行政行为的相对人以及其他与行

第四章 有权对违法建设处罚行为提起行政诉讼的主体

政行为有利害关系的公民、法人或者其他组织，有权提起诉讼。第 49 条第 1 项规定，原告是符合本法第 25 条规定的公民、法人或者其他组织。《国有土地上房屋征收与补偿条例》第 13 条第 3 款规定，房屋被依法征收的，国有土地使用权同时收回。

本案中，郑某跃虽仍持有南京市玄武区后大树根 34 号 311 室的房屋所有权证及土地使用权证，但根据相关生效裁判文书显示，该房屋已于 2013 年被南京市玄武区人民法院裁定由南京市玄武区人民政府依法组织实施征收，现已不存在，土地使用权也已收归国有。郑某跃因认为涉案建筑系违法建筑而向玄武城管局进行举报，系其行使宪法、法律赋予的监督权的形式之一，应予肯定。因郑某跃举报的涉案建筑既与郑某跃住所不在同一小区，亦未对郑某跃的居住、出行、采光、通风等造成影响，玄武城管局对涉案建筑的处理行为及结果对郑某跃的合法权益明显不产生实际影响，也没有设定郑某跃的权利义务，故郑某跃与玄武城管局对涉案建筑的处理行为并不具有法律上的利害关系，不具备本案的原告诉讼主体资格。综上，依据《最高人民法院关于执行〈中华人民共和国行政诉讼法〉若干问题的解释》第 44 条第 1 款第 2 项、《最高人民法院关于适用〈中华人民共和国行政诉讼法〉的解释》第 3 条第 1 款第 1 项之规定，裁定驳回郑某跃的起诉。

上诉人郑某跃上诉称：

（1）上诉人具有本案原告诉讼主体资格。上诉人向被上诉人邮寄《行政查处申请书》，成为行政管理法律关系中行政主体相对应的另一方当事人。被上诉人的没有答复行政行为影响了上诉人的申请权、参与权、了解权、收益权、受平等对待权和行政监督权等权益，使上诉人成为行政不作为行为的相对人，参与了行政法律关系，取得了相关的法律地位。根据《中华人民共和国行政诉讼法》和最高人民法院在《关于执行〈中华人民共和国行政诉讼法〉若干问题的解释》的规定，只要行政不作为对公民、法人或者其他组织的权利义务已经或者将会产生实际影响，公民、法人或者其他组织就有权提起行政诉讼，就应认定其具有原告的资格。上诉人认为建设单位有违反城乡规划法的行为，向被上诉人进行举报，是当事人为维护自身权益向行政机关进行举报的行为，被上诉人没有予以答复，是其没有依法履行职责的行政行为，该行为与上诉人具有利害关系，对上诉人的权利义务已经产生了实际影响，造成上诉人对举报事宜的知情权和监督权得不到落实。上诉人不服被上诉人行政不作为行为向法院起诉，系上诉人认为其合法权益受到侵犯而行使的法定救济权利，故本案应当属于人民法院行政诉讼受案范围。

（2）被上诉人行政不作为。根据《住房城乡建设领域违法违规行为举报管理办法》《南京市城市治理条例》《关于进一步加强违法建设治理工作的实施意见》的相关规定，公民、法人和其他组织对住房城乡建设领域违法违规行为具有行使举报的权利。根据《住房城乡建设领域违法违规行为举报管理办法》《南京市城市管理相对集中行政处罚权试行办法》的相关规定，被上诉人具有受理举报并对违法建设行为作出行政处罚的行政职权。《住房城乡建设领域违法违规行为举报管理办法》《南京市城市治理条例》《关于进一步加强违法建设治理工作的实施意见》均明确规定了收到举报后进行查处、答复的具体期限，被上诉人没有在法定或合理期限内履行其受理、立案、查处和告知的行政义务。

（3）原审法院没有按照最高人民法院发布的典型案例作为

第四章　有权对违法建设处罚行为提起行政诉讼的主体

参照审理本案。最高人民法院发布的张某竹诉濮阳市国土资源局行政不作为案，作为十大行政不作为典型案例，明确了公众参与是及时发现和纠正土地违法行为的重要渠道，也是确保最严格的土地管理制度得以实施的有效手段。《最高人民法院关于案例指导工作的规定》第7条规定，最高人民法院发布的指导性案例，各级人民法院审判类似案例时应当参照。对照最高法发布的案例，一审驳回上诉人的起诉是没有法律依据和事实根据的。

综上，上诉人为维护法律的尊严，保护上诉人的财产权（举报奖励）和举报控告权等权益，依法提起上诉，请求二审法院撤销原审裁定，判令原审法院依法受理上诉人的起诉。

被上诉人玄武城管局未提交书面答辩状，当庭答辩称，上诉人与被上诉人对涉案建筑的处理行为不具有法律上的利害关系，上诉人不具备本案的诉讼主体资格。根据《中华人民共和国行政诉讼法》的相关规定，行政相对人及其他与行政行为有利害关系的公民、法人或其他组织有权提起诉讼。

本案上诉人不居住在涉案建筑地块周边，原所有的大树根34号311房屋也于2013年被南京市玄武区人民政府合法征收，土地使用权已经收归国有，上诉人对该地块已丧失了合法权利。上诉人的举报行为仅仅是行使法律赋予的监督权，不能成为行政相对人，被上诉人对涉案建筑的处理行为及结果对上诉人的合法权益明显不产生实际影响。原审法院认定事实清楚，适用法律正确，请求二审法院驳回上诉，维持原裁定。

上诉人郑某跃提出上诉后，原审法院将双方当事人在原审中提交的证据已随案移送本院。本院经审查，原审法院对各方当事人提交的证据审核符合法律规定，本院予以确认。

本院经审理查明的事实与一审裁定认定的事实一致，本院予以确认。

本院认为，起诉人具备原告诉讼主体资格是人民法院审理行政案件的前提之一。《中华人民共和国行政诉讼法》第25条第1款规定："行政行为的相对人以及其他与行政行为有利害关系的公民、法人或者其他组织，有权提起诉讼。"起诉人必须与被诉行政行为存在利害关系方能成为案件原告。

本案中，上诉人郑某跃原系南京市玄武区后大树根34号311室房屋产权人，享有该房屋的所有权和房屋所占土地的使用权，但该房屋已被南京市玄武区人民政府征收，且征收已经实际实施，房屋已被拆除，土地使用权也已被依法收归国有。上诉人郑某跃申请被上诉人玄武城管局查处涉案建筑时，被征收的房屋已不存在，而其实际居住地在南京市鼓楼区南秀村25号205室，与涉案建筑分属两个不同的行政区划，上诉人郑某跃并未因涉案建筑遭受实际的人身、财产权益损害，其反映违法问题，并要求被上诉人玄武城管局查处涉案建筑与保护自身财产、人身权益没有关联。南京城建隧桥经营管理有限责任公司在玄武湖西大门玄武门北侧和大树根玄武湖隧道北侧进行建设建筑物的行为，不能提供合法依据，涉嫌违法。对此，上诉人郑某跃向被上诉人玄武城管局举报并要求查处，是依法行使公民的监督权，举报行为应受鼓励和支持，但是无论被上诉人玄武城管局对其举报是否作出处理以及作出何种处理，均不构成行政法意义上的履行人身、财产保护的法定职责，不会对上诉人郑某跃的权利义务产生实质上的影响。上诉人郑某跃以被上诉人玄武城管局未履行查处违法建筑的法定职责为由，向法院提起行政诉讼，应认定其与被诉行政行为之间没有利害关系。原审法院认定其不具备该项诉请的原告诉讼主体资格，并无不当。

综上，上诉人郑某跃的上诉请求缺乏事实和法律依据，本

第四章 有权对违法建设处罚行为提起行政诉讼的主体

院不予支持。原审裁定认定事实清楚,适用法律正确,审判程序合法。据此,依照《中华人民共和国行政诉讼法》第89条第1款第1项的规定,裁定如下:

驳回上诉,维持原裁定。

本裁定为终审裁定。

第五章 结合裁判案例看实务中的常见问题

第一节 执法部门在事实认定方面的常见问题

事实认定在任何一个行政处罚案件中，都是非常重要的，因为执法部门只有在对事实进行客观的调查之后，才能对其是否构成违法进行认定，而不同的违法行为又适用不同的法律进行处罚，所以说事实认定是决定认为行为违法是否正确的基础，也是适用法律是否正确的基础。

一、通常情况下执法机关需要调查清楚的客观事实概述

具体到一个违法建筑行政处罚案件中，执法机关需要调查清楚的客观事实包含以下几个方面：

1. 被处罚主体对象是谁？

执法机关要确定被处罚的主体，就需要了解房屋的实际建造人是谁？房屋有没有经过买卖、出租，房屋目前的实际占有使用人是谁以及房屋的实际占有使用人对房屋是否存在添附等情况。

2. 房屋的客观情况

房屋的客观情况包括房屋的具体地址，如果没有公安部门编制的门牌号，要注明具体的坐落位置，此外还要了解具体的建筑时间，房屋是否经过了翻建、二次建筑时间及面积，建筑的结构及附属物的具体情况。

3. 房屋在国土及规划部门是否取得相关的审批文件

执法机关在去现场进行调查时,就可能了解到房屋没有取得相关证照,或者存在证照不齐全的情况,但是有的房屋建筑时间比较长,有的经过了几次的买卖,有可能存在房屋最初建造时有相关的合法凭证,但是几经流转后当事人手里已经没有相关材料的情况。所以执法机关作出的最终事实认定,不能仅仅依靠当事人的陈述,除了现场了解到的情况之外,执法部门还是需要到国土及规划部门了解一下涉案房屋是否取得了土地及规划的批准文件,这两个部门的答复是执法机关作出违法事实认定的重要环节。

《行政处罚法》第 4 条、第 30 条、第 36 条明确规定,行政机关实施的行政处罚行为,必须以事实为依据,其作出处罚之前必须查明事实,对违法事实不清的当事人,不得给予行政处罚。

由此可见,行政机关准确认定当事人的基本事实是行政机关作出处罚的首要前提条件,而实务中行政机关基于征收拆迁目的而实施的一刀切式违法建筑处罚行为,通常存在严重的事实认定错误。

二、实务中执法机关事实认定错误的表现

笔者通过多年的实践总结,将执法机关在事实认定方面的错误集中归纳为两大类,即"主体认定错误"和"因证据不足导致的具体事实认定错误",下面就结合笔者亲办的典型案例,对此问题做简单说明。

1. 主体认定错误问题

主体的准确认定是行政机关认定违法事实最基本的要素,

该类问题所强调的行政法思维是谁违法了，就应当由谁承担相应行政法律责任，行政机关就应当处罚谁，法律矛头的指向必须准确无误。

2016年笔者承办的一家福州制造类企业征收案件就属于这种主体认定错误情形。该企业是2008年通过国有土地出让方式入驻福州的，因系当地招商引资企业，其相关规划手续，权利证明文件相对完整，不存在非法占地，违法建设等行为。2015年，福州市某路段工程项目将该企业纳入了国有征收补偿范围。双方针对征收补偿也进行多次磋商，企业想异地置换，以求继续发展，而征收方却坚持只给予货币补偿，但提供的评定内容和补偿标准又离市场标准及企业的预期差异悬殊，为此双方僵持未果。2016年初，政府针对企业的部分出租房屋直接向承租人作出了违法建设责令拆除的行政处罚决定并准备实施强制行为。

经过分析后，律师的主要观点是征收方拆除行为的主体认定错误，且征收方将本不应认定为违法建筑的合法企业房屋强拆的行为具有违法性，最后该主张得到了法院的支持。

2. 因证据不足而导致的具体事实认定错误

证据是查明案件事实的基础，也是行政机关调查阶段收集用以证明当事人存在违法行为的关键。而在实务中，不论是行政机关的取证过程，还是经过取证后最终形成的证据材料都比较简单，有的行政机关甚至没有证据，直接在处罚决定书证据栏内书写上当事人名字就算是证据了，这种在未全面取得当事人有被处罚事实的相关证据情况下，行政机关作出的处罚行为必然违法。笔者承办的一起上海"198区域企业腾退案"，也没能逃过这种"糊涂处罚"的命运。

2016年，笔者承办案件时正值上海市推行建设用地减量化的工作。期间上海市制定了以"198区域"为重点区域的建设用地减量化规定,为实现减量,上海市启动了2015年至2017年三年用地综合整治行动。笔者代理的企业就在这次专项项目范围内。起初当地政府对于企业的态度还是比较温和的,因为企业前身是20世纪90年代就已获得集体土地建设用地使用证的村办老企业。

2006年,企业通过镇政府鉴证,与村委会签订了资产转让及土地租用合同,进行了权益转让。同时还约定以后企业需要改、扩建生产用房时,由镇政府负责有关协调工作。2008年企业进行了部分建筑的改扩建,但相关证件却始终未办下来。

2015年上海市专项整治行动启动后,当地镇政府便强行要求企业接受低价补偿,并限期企业自行腾退,自行拆除地上建筑物,否则就按违法建设强拆企业。后镇政府依据现场检查笔录、照片等证据,以企业未办理规划许可手续,房屋系违法建筑为由,将企业全部房屋强制拆除。

如上所述,对当事人被处罚行为没有确凿的、已被证实的证据,行政机关是不能实施行政处罚的。因此行政机关在前置调查程序中,必须提供充分,准确的证据材料,以此客观全面的认定案件事实。

本案中,镇政府虽然具有对违章建筑进行查处的法定职权,但其强拆行为所依据的照片及现场检查记录等证据材料,均无法完整体现企业房屋的建设时间、四至面积等建设行为的具体内容,不能得出企业系违法建筑应当被强拆的结论。

同时,在原村办企业已取得集体土地建设用地使用证的情况下,企业通过购买已合法继受取得相关法律权益,企业2008年进行部分改扩建行为,系在取得集体土地建设用地使用证的土地上进行合法改扩建的行为。况且按照合同约定该规划手续的协调办理责任在于镇政府，企业虽未获得审批手续，但亦应考虑种种历史原因及政府信赖利益，不能简单片面的将企业房屋认定为违法建筑。

即便镇政府有拆除违法建筑的职权，其也只能针对企业改扩建部分进行拆除，不能将企业原本合法房屋全部拆除。本案镇政府提供的证据材料不能客观、全面的证明企业的违法事实，其强拆行为系事实认定不清的错误行政行为，应确认违法。

在我们办理的案件中，有很多被处罚人虽然客观存在违法行为，但因行政机关对违法事实认定不清而被判败诉的案件。这虽然体现了司法审查的公正性，不会因为行政相对人确有违法行为且实体上应受到行政处罚而降低对行政行为合法性的审查。但同时也说明，违法建设行政处罚案件中，行政机关想要履行相关查处职责，必须首先要做到事实清楚，否则即使其执法初衷正当，具体行政处罚行为的合法性也不会得到肯定。因为"以事实为根据，以法律为准绳"是我国《宪法》所确定的一切执法机关在执法时必须遵守的一项基本原则，也只有事实清楚了，才能确保行政行为的合法。

第二节　执法部门在适用法律方面的常见问题

一、涉案房屋不属于违法建筑的理论依据和法律依据

我国有关城市规划的法律制度，是从20世纪80年代开始逐步建立的。有关城市规划区内建筑物的合法性认定，要尊重历史，同时还须结合不同时期的有关法律、法规规定进行认定。如城市规划变更后，被划入城市规划区的集体所有土地上的建筑物，因属于规划变更前就已存在的建筑物，就需要根据建筑时有关土地管理方面的法律规范进行审查。

全国人大常委会 1986 年 6 月 25 日通过了《土地管理法》,该法自 1987 年 1 月 1 日起施行。该法第 39 条第 1 款规定:"乡(镇)村企业建设需要使用土地的,必须持县级以上地方人民政府批准的设计任务书或者其他批准文件,向县级人民政府土地管理部门提出申请,按照省、自治区、直辖市规定的批准权限,由县级以上地方人民政府批准。"这条明确规定,乡(镇)村企业使用集体土地所建的建筑物,由县级人民政府批准。全国人大常委会 1988 年 12 月 29 日对该法进行了修正,但第 39 条的规定未进行修正。

根据这两部《土地管理法》的规定,1987 年 1 月 1 日以后,县级人民政府批准乡(镇)村企业使用集体土地所建的建筑物,一般应当认定为合法建筑。

另依据当时的《村庄和集镇规划建设管理条例》第 19 条规定:"兴建乡(镇)村企业,必须持县级以上地方人民政府批准的设计任务书或者其他批准文件,向县级人民政府建设行政主管部门申请选址定点,县级人民政府建设行政主管部门审查同意并出具选址意见书后,建设单位方可依法向县级人民政府土地管理部门申请用地,经县级以上人民政府批准后,由土地管理部门划拨土地"规定,当时作为村办企业建设起来的项目,建设时取得了政府及其职权部门的批准,办理了集体土地建设用地使用权证、建设用地规划许可证等文件。根据当时的法律,涉案房屋已经完成了建设规划许可所需要的所有程序,已经取得了建设规划许可审批。

再依据《物权法》第 30 条:"因合法建造、拆除房屋等事实行为设立或者消灭物权的,自事实行为成就时发生效力"规定,涉案房屋均具备合法建筑手续,故涉案房屋是持续合法存在,自建成时发生物权效力,不属于违法建筑。

二、法不溯及既往:《城乡规划法》的滥用与误解

实践中有很多企业提出了这一观点:"建筑在 2002 年及 2003 年建设的时候并没有要求取得《建设工程规划许可证》,2008 年之后的法律才有了具体要求。现在来确定 2002 年建设的房屋是违法建设或违章建筑是否有充足的法律依据,是否适用《城乡规划法》?"

这就完全涉及法不溯及既往的问题,2002 年建设的房屋,那个时候只规定了取得《建设用地规划许可证》,并且经过乡镇政府招商引资进来的,对建筑都进行了合法性认定。不是说完全依据基本法的认定,是政府对于招商引资的行为给予允许建筑存在的容忍性,并且也符合 2008 年前地方性的法律法规要求。

为什么说是地方性的?因为那个时候我国只有《城市规划法》,没有《城乡规划法》。所以对乡村的规划没有基本法律的约束,那么这个时候很多地方上对乡村的规划以乡镇政府为执法单位有着相应的规定。这样就满足当时所要求建设乡村集体土地上的房屋以及相应的办理证照的需求。

按照 2008 年的规定来追溯 2002 年的建房行为是不是涉到法不溯及既往的问题?我们的观点是 2008 年的《城乡规划法》不能追诉其 2008 年之前的行为,并且是符合 2008 年之前的地方性法律法规的,这样就是合法建筑行为的存续,不涉及违章建筑。

有很多人有一个比较纠结的问题,即 2002 年的建造行为持续到 2008 年,是不是属于违法状态的持续?这就是所谓的行政处罚法或行政强制法当中强调的违法行为一直在持续的状态。

其实这与违法行为持续状态是没有任何关系的,违法行为

的持续状态是从建筑开始建设的时候就违反了相关法律,并且违法行为一直在持续,这就是违法现象状态的持续行为。比如你是 2008 年建造的,建造时就不符合《城乡规划法》的要求,那么行为一直在持续,哪怕到了 2020 年,只要违法状态一直在持续,也就是说建设的房屋一直存在,就属于违法行为一直在存续。这样就会按照《城乡规划法》的法律法规追诉你违章建筑的责任。质言之,违法状态的持续行为必须是一开始你的建设行为就不满足当时法律法规的要求,只有这样才是违法建筑的存续行为。

案例 5-1

2005 年曲某国在其集体土地上建房,2014 年某镇政府等认定其为违法建筑,并下达《责令拆除违法建筑通知》。曲某国诉请认定某镇政府行政行为违法。

法院认为:本案焦点为法律适用问题。

1.《城乡规划法》规定规划区内的违法建设行为适用该法处理,规划区外的违法占地行为由国土部门处罚;因城市规划区变更,被划入到城市规划区内的农民集体所有土地上的建筑物性质应根据其建设时的相关法律规定进行认定。

2. 曲某国房屋建设时间为 2005 年,某镇政府《通知》依据为 2008 年 1 月 1 日实施的《城乡规划法》,据法不溯及既往原则,某镇政府行政行为适用法律错误,依法予以撤销。

实务要点:据法不溯及既往原则,因城市规划区变更,被划入到城市规划区内的农民集体所有土地上的建筑物性质应根据其建设时的相关法律规定进行认定。最终法院裁判撤销了某镇政府的限拆通知。

三、"实体从旧,程序从新"原则

新旧法律的适用问题既是一个法理问题,也是一个司法政策的选择问题。除了前面提到的法不溯及既往原则,还有一个重要的法律适用原则,即"实体从旧,程序从新"原则。

就行政诉讼而言,所谓的"实体从旧,程序从新"原则,主要是指判断行政行为合法性的标准应当"从旧",须按照行政行为作出时的法律规范来判断;对于行政行为合法性的评判程序和裁判方式的选择,一般并不直接影响合法性评价标准问题,可以"从新"适用审理和裁判的规则。

行政诉讼法部分规定虽然具有实体内容性质,但总体上还是程序法。司法裁判权的本质是解决纠纷的手段,案件的审理程序和裁判种类等适用新法,往往会有利于增强纠纷解决的效果。

新行政诉讼法虽然在裁判方式和裁判主文上有一定变化,但合法性审查原则和标准却并无变化。即使给付之诉、义务之诉、确认之诉等裁判方式,较之旧行政诉讼法有所丰富和完善,也只是裁判类型和审理强度的变化,并不涉及审查标准的改变。

从案件的数量上看,此类案件并不会太多,且只会在过渡期内出现,适用新法裁判更有利于体现法律的更新与进步,更符合法治的发展方向。

新行政诉讼决和及其司法解释自实施后,最高人民法院以前发布的司法解释与新行政诉讼法及其司法解释规定不一致的,不再适用;最高人民法院以前发布的司法解释与新行政诉讼法及其司法解释规定不冲突的,仍可以继续适用。

同时,虽然行政诉讼与民事诉讼、国家赔偿有所不同,但在新旧法律的衔接问题上,同样存在共性。因此,在新旧行政诉讼法的衔接问题上,《最高人民法院关于修改后的民事诉讼法施行时未结案件适用法律若干问题的规定》和《最高人民法院关于适用〈中华人民共和国国家赔偿法〉若干问题的解释（一）》等司法解释的规定,同样具有一定的参照借鉴价值。

第三节　执法机关在程序合法性方面的常见问题

拆除违法建设是对重大财产的处置,往往涉及的标的额都比较大,如果一旦违法错拆,会对社会造成难以挽回的损失,因此《行政处罚法》和《行政强制法》对拆除违法建设的程序有着严格的要求。但是实践中,各地执法机关水平参差不齐,往往在执法程序环节存在诸多违法行为。这些本该成为保护被拆迁企业的合法程序,却被行政机关在实际执行过程中形式化,简单化。

为此,笔者结合多年的实务办案经验,总结几点行政机关在强拆过程中较为常见的程序性错误问题,以供参考,望有所裨益。

一、行政机关在作出行政处罚之前应当进行现场勘测并制作检查笔录

根据《行政处罚法》第36、37条之规定,行政机关对当事人作出行政处罚之前,必须全面、客观、公正地调查案件事实,收集有关证据。必要时,还应依照规定进行检查,并对当事人的询问或检查制作笔录。

此外,根据《行政诉讼法》第33条规定,现场笔录属于行政诉讼中的一种法定证据。参照《最高人民法院关于行政诉讼证据若干问题的规定》第63条之规定,如果证明同一事实存在

数个证据，那么鉴定结论、现场笔录、勘验笔录、档案材料以及经过公证或者登记的书证优于其他书证、视听资料和证人证言。

由此可见，现场检查（勘验）笔录的重要性可想而知。

但是在拆除违法建设案件的实际办案中，一些执法人员对其重要性认识不足，做记录时过于草率马虎，造成现场检查（勘验）笔录记录不全、质量不高、无法和其他证据相印证，甚至出现严重失误的情况。这往往在后续的诉讼过程中导致案件事实不清，证据不足，法院若以这样的现场检查笔录直接作为认定处罚合法的证据，那么对企业来说将明显有失公允。

为此，笔者结合实务工作经验，对强拆案件中行政机关制作现场笔录应做到的几点，归纳如下：

1. 记录客观。现场笔录应当如实反映现场客观的情况。比如房屋的地理位置、建筑时间、建筑面积，建筑层高等，都需要做客观详细的记录。如果房屋存在合法建筑的话，还应当通过画图及列表标明哪一部分是合法建筑，哪一部分是违法建筑，具体的面积和建筑时间分别是多少。

2. 内容全面。现场笔录除了反映建筑物的客观情况以外，还应当全面记录当事人及现场情况，具体包括建房人的基本情况、目前房屋是否是建房人实际居住使用，房屋是否经过买卖，是否用于出租，实际管理人是谁？因为这些内容都涉及被处罚主体的认定，如果调查不清楚，有可能后续的处罚会被法院确认为认定事实不清。

此外，还应当记录检查人员、见证人、出示执法证件、告知当事人权利义务的情况。如果当事人不在场，还可以采用拍照、录像、及时询问证人等方式对现场笔录予以补强。

3. 行文规范。现场笔录正文一般包括：时间、检查人员、现场笔录中的记录，应使用标准、规范、准确的语言。涉及案件性质认定、处罚幅度的事项应当用语准确，不能记录为"大约""大概""估计"等。

4. 当事人确认。现场笔录制作完成后，应当交由当事人、见证人逐页阅读、核对无误并逐页签字盖章、按指印确认。如果当事人拒绝签字确认的，执法人员应在笔录中注明。当事人拒绝签字不影响笔录的有效性。

综上，行政机关在作出行政行为之前，应当遵循《行政处罚法》第36、37条所规定的法定程序，对当事人进行全面、公正的检查。如有必要需要制定现场检查笔录的，应当严格遵守制作要求，不能带入个人主观的臆测，更不能隐瞒、扭曲案件事实。

▶ **案例5-2**

雅安市名山区郭家庄茶家乐、雅安市名山区人民政府资源行政管理：土地行政管理（土地）二审行政判决书（节选）

上诉人（原审原告）雅安市名山区郭家庄茶家乐。
经营者郭某良，负责人。
被上诉人（原审被告）雅安市名山区人民政府。
法定代表人余某，区长。
被上诉人（原审被告）雅安市国土资源局名山区分局。
法定代表人马某文，局长。
被上诉人（原审被告）雅安市名山区城乡规划建设和住房保障局。
法定代表人汪某云，局长。

上诉人雅安市名山区郭家庄茶家乐（以下简称郭家庄茶家乐）因诉被告雅安市名山区人民政府（以下简称名山区政府）、雅安市国土资源局名山区分局（以下简称名山区国土局）、雅安市名山区城乡规划建设和住房保障局（以下简称名山区住建局）房屋行政强制确认违法一案，不服四川省雅安市中级人民法院［2016］川18行初3号行政判决，向本院提起上诉。本案现已审理终结。

一审判决记载，原告郭家庄茶家乐诉称，原告基于名山区政府招商政策，拟自筹资金修建五星级茶家乐，向原雅安市名山县发展和改革局申请立项，经审批核发《企业投资项目备案通知书》后，办理了《营业执照》。之后，将土地流转手续和付款凭证上报给企业所在地的名山县城东乡人民政府备案，并向原名山县国土资源局申请建设用地许可、原名山县住房建设局申请《建设工程规划许可证》，二单位均未同意申请事项。因原名山县人民政府［2009］19号文件要求有关部门对修建星级茶家乐办理手续开通"绿色通道"以及奖励等精神，原告遂认为可以暂缓申办相关手续，于是倾力打造了五星级茶家乐。2014年11月17日，在原告装修即将完工之际，名山区国土局向原告送达雅国土名监通［2014］45号《责令停止土地违法行为通知书》（以下简称45号通知书），责令原告停工，听候处理。为此，原告多次向政府相关部门反映实际情况。2015年11月14日，名山区住建局、名山区国土局在名山区政府的责成和督促下，向原告送达名城住限拆［2015］第21号《责令限期拆除违法建设决定书》（以下简称21号决定书）、雅国土名监通［2015］32号《责令停止土地违法行为通知书》（以下简称32号通知书），强令原告在三天内自行拆除修建的精品房屋及配套设施。2015年11月18日、19日，名山区政府区长余某、常务副区长周某友、分管拆迁工作的区领导李某涛等人先后责成、督促并亲自带领名山区住建局、名山区国土局强行将原告的房屋及屋内动产设施捣毁。综上，三被告强制拆除行为在实体和程序上均存在违法情形，侵犯了原告的合法权益。请求确认三被告强制拆除郭家庄茶家乐建筑物、损毁房内动产设施物品的行政行为违法。

一审法院经审理查明，2009年5月8日，原名山县人民政府为大力发展乡村"茶家"休闲游，特制定《关于大力发展乡村"茶家"休闲游的实施意见》（名府发〔2009〕19号）。8月25日，原名山县城市规划委员会就原名山县城控制性详细规划方案进行研究，会议原则上通过原名山县城控制性详细规划方案，并形成《2009年第一次会议纪要》。12月25日，原名山县城市规划委员会召开会议对原名山县城控制性详细规划文本进行评审，形成《2009年度第三次会议纪要》。2011年4月18日，原名山县发展和改革局向郭家庄茶家乐发放《企业投资项目备案通知书》，对郭家庄茶家乐的投资项目准予备案，并要求相关部门据此依法独立进行审查和办理相关手续。4月21日，郭家庄茶家乐领取《个体工商户营业执照》。4月23日，郭家庄茶家乐向原名山县城建局申请茶家乐房屋建设规划许可证审批手续；4月27日，郭家庄茶家乐向原名山县国土资源局申请茶家乐企业用地审批手续，均未果。2014年8月30日，四川省人民政府作出《关于雅安市城市总体规划的批复》，批复除原则同意修改后的《雅安市城市总体规划（2013-2030）》（川府函〔2014〕156号）外，同时阐明该总体规划是雅安市城市发展、建设和管理的基本依据，城市规划区内的一切建设活动都必须符合该总体规划的要求。11月17日，郭家庄茶家乐所在地的名山区城东乡人民政府向正在建设初期阶段的郭家庄茶家乐送达

《停工通知》，要求其立即停工。同日，名山区国土局向郭家庄茶家乐负责人郭某良送达45号通知书。11月28日，名山区国土局再次向郭某良送达雅国土名监通［2014］49号《责令停止土地违法行为通知书》（以下简称"49号通知书"），责令其立即停止违法行为，听候处理。因郭家庄茶家乐仍然继续修建，12月3日，名山区城东乡人民政府向名山区国土局发送《关于请求查处五里村违章建筑的函》，请求名山区国土局按有关规定，查处郭家庄茶家乐的违章建筑。2015年9月25日，四川省人民代表大会常务委员会发布《关于制止和查处违法建设的决定》，该决定第1、2条规定，地方各级人民政府领导本行政区域内违法建设的制止和查处工作，组织和督促有关部门进一步建立健全防控和治理工作责任制，加强城乡规划行政执法队伍建设，完善相关行政执法程序，依法制止和查处违法建设。省城乡规划主管部门负责指导、监督全省违法建设查处工作；市（州）、县（市、区）人民政府承担城乡规划行政执法的部门和乡、镇人民政府按照职责分工负责本行政区域内违法建设查处工作。县级以上地方人民政府国土资源、交通运输、水利、能源、安全监督、公安等部门按照法定职责承担制止和查处违法建设相关工作。11月13日，名山区委办公室、名山区政府办公室共同制定《关于印发〈雅安市名山区开展社会管理秩序"三保一打"专项整治行动实施方案〉》（名委办［2015］51号）。同日，名山区政府发布《关于严厉打击非法占地和违法建设的通告》。11月14日，名山区国土局向郭某良送达32号通知书，要求郭某良自收到通知之日起自行拆除在非法占用的土地上修建的建筑物和其他设施，不自行拆除的，将依法实行强制拆除。同日，名山区住建局向郭某良送达21号决定书，告知其未经规划许可擅自修建郭家庄茶家乐的行为，属违法建设。责令其于

2015年11月17日前自行予以拆除，逾期未拆除，将依法强制执行。因郭家庄茶家乐未在名山区住建局规定的期限内自行拆除。11月18日，名山区住建局作出名城住强拆［2015］第05号《强制拆除违法建设决定书》（以下简称05号决定书），决定对郭家庄茶家乐违法建设实施强制拆除，并在决定中告知了诉权及起诉期限；名山区政府发布名府强拆公字［2015］第1号《强制拆除公告》（以下简称1号公告），责成名山区住建局执行。同日，名山区住建局工作人员在拆除现场向郭某良宣读1号公告后，即将郭家庄茶家乐的建筑强制搬迁。2016年1月11日，郭某良向名山区政府、名山区住建局申请，要求公开05号决定书、1号公告的信息。2月16日，名山区政府、名山区住建局作出书面答复。

一审法院认为：

一、关于本案适格被告主体的问题

郭家庄茶家乐要求确认名山区政府、名山区住建局、名山区国土局行政强制行为违法，其理由是强制搬迁当日名山区政府、名山区住建局、名山区国土局工作人员到场参与。从本案证据来看：第一，郭家庄茶家乐的建筑未取得相关部门的许可；第二，郭家庄茶家乐在修建初期，名山区国土局责令其停止土地违法行为；第三，强制拆除前名山区住建局、名山区国土局均分别向郭家庄茶家乐作出行政行为，要求其自行拆除违法建筑；第四，强制拆除当日名山县住建局作出05号决定书；第五，名山区政府发布的1号公告，责成名山区住建局执行，名山区住建局的工作人员在拆除现场向郭某良宣读1号公告。综上，按照《中华人民共和国城乡规划法》（以下简称《城乡规划法》）第11条第2款、第64条规定，县级以上地方人民政府城乡规划主管部门负责本行政区划内的城乡规划管理工作，对规划违法行为依法实施行政处罚权。依法有权实施与其行政处罚权有关的行政强制措施。本案中，郭家庄茶家乐投资兴建茶家乐，未按相关规定办理建设用地许可、建设工程规划许可，名山区住建局依法作出 21 号决定书，具有法定职权。郭家庄茶家乐提交的视频及照片，不能证明名山区政府、名山区国土局是强制搬迁的主体。因此，本案作出违法建设确认的主体及作出强制拆除决定、实施强制拆除行为的主体是名山区住建局，为本案适格被告。对郭家庄茶家乐要求确认名山区政府、名山区国土局实施行政强制行为违法的请求，不予支持。

二、名山区住建局的强制搬迁行为是否违法

《城乡规划法》第 68 条规定，城乡规划主管部门作出责令停止建设或者限期拆除的决定后，当事人不停止建设或者逾期不拆除的，建设工程所在地县级以上地方人民政府可以责成有关部门采取查封施工现场、强制拆除等措施。即本案中名山区住建局对违法建设具有行政强制执行权。《中华人民共和国行政强制法》（以下简称《行政强制法》）第 34 条规定，行政机关依法作出行政决定后，当事人在行政机关决定的期限内不履行义务的，具有行政强制执行权的行政机关依照本章规定强制执行。第 35 条规定，行政机关作出强制执行决定前，应当事先催告当事人履行义务。第 37 条第 1 款规定，经催告，当事人逾期仍不履行行政决定，且无正当理由的，行政机关可以作出强制执行决定。第 44 条规定，对违法的建筑物、构筑物、设施等需要强制拆除的，应当由行政机关予以公告，限期当事人自行拆除。当事人在法定期限内不申请行政复议或者提起行政诉讼，又不拆除的，行政机关可以依法强制拆除。本案中，名山区住建局作出 21 号决定书后，在对郭家庄茶家乐实施行政强制前，没有依法事先催告郭家庄茶家乐履行义务；作出 05 号决定书后，在没有公告限期当事人自行拆除的情形下，对郭家庄茶家乐的房屋实施行政强制行为，违反了以上法律规定。因此，其实施行政强制的行为程序违法。郭家庄茶家乐请求确认名山区住建局行政强制行为违法的理由充分，予以支持。

综上，依照《中华人民共和国行政诉讼法》第74条第2款第1项之规定，判决：确认雅安市名山区城乡规划建设和住房保障局于2015年11月18日对雅安市名山区郭家庄茶家乐实施的行政强制执行行为违法。一审案件受理费50元，由雅安市名山区城乡规划建设和住房保障局负担。

上诉人郭家庄茶家乐不服，上诉称：原审判决事实不清，适用法律错误，且程序违法；行政机关强制拆除行为，不仅程序违法，而且实体也不合法。请求：①依法撤销四川省雅安市中级人民法院［2016］川18行初3号行政判决；②依法认定三被上诉人共同对上诉人实施了强制拆除行为，同时确认该共同实施的强制拆除行为系行政违法行为；③判令三被上诉人承担本案诉讼费。

名山区政府答辩称，上诉人的负责人郭某良没有权利在非所在村组土地上进行建设，其修建的房屋系违法建设；被上诉人并未对上诉人作出具体行政行为，被上诉人的责成行为是内部行政行为，其相关负责人在现场，只是履行内部监督职责，因此，名山区政府不是本案适格主体。请求驳回上诉，驳回上诉人的诉讼请求。

名山区国土局答辩称，被上诉人没有实施具体的强拆行为，不是本案适格主体。请求驳回上诉，驳回上诉人的诉讼请求。

名山区住建局答辩称，上诉人修建房屋未获得建设许可审批，相关机关也一直责令其停止违法建设；被上诉人具备城乡规划领域强制拆除权，强制拆除上诉人的房屋程序合法，实体并无不妥。请求驳回上诉，驳回上诉人的诉讼请求。

被上诉人名山区政府向一审法院提交的主要证据材料有（均为复印件）：①四川省人民代表大会常务委员会《关于制止和查处违法建设的决定》；②名山区委办公室、政府办公室《关于印发〈雅安市名山区开展社会管理秩序"三保一打"专项整治行动的实施方案〉的通知》。

被上诉人名山区住建局向一审法院提交的主要证据材料有（均为复印件）①《四川省人民政府关于雅安市城市总体规划的批复》；②《雅安市城市总体规划》（2013—2030）；③《2009年度第一次会议纪要》；④《2009年度第三次会议纪要》；⑤《名山县城控制性详细规划》（2008版）；⑥《动态巡查工作记录表》；⑦45号通知书；⑧《送达回证》；⑨《停工通知》及现场照片；⑩32号通知书；⑪《送达回证》；⑫《城东乡人民政府关于请求查处五里村违章建筑的函》；⑬49号通知书；⑭《送达回证》；⑮21号决定书；⑯《送达回证》及询问笔录；⑰05号决定书；⑱1号公告；⑲录像视频；⑳《雅安市人民政府关于印发雅安市名山区管理事权划分实施方案的通知》；㉑《中共雅安市委机构编制委员会关于设立雅安市城乡规划建设和住房保障局名山区规划分局和雅安市房地产管理局名山区分局的通知》；㉒视频及物品清理清单。

被上诉人名山区国土局向一审法院提交的主要证据材料有（均为复印件）：①《四川省人民政府关于雅安市城市总体规划的批复》；②《雅安市城市总体规划》（2013—2030）；③《2009年度第一次会议纪要》；④《2009年度第三次会议纪要》；⑤《名山县城控制性详细规划》（08版）；⑥《动态巡查工作记录表》；⑦45号通知书；⑧送达回证；⑨《停工通知》及现场照片；⑩32号通知书；⑪送达回证；⑫《城东乡人民政府关于请求查处五

第五章 结合裁判案例看实务中的常见问题

里村违章建筑的函》；⑬49号通知书。

上诉人郭家庄茶家乐向一审法院提交的主要证据材料有（均为复印件）：①原告工商营业执照；②原告负责人资格身份证明书；③原告负责人居民身份证；④名山区政府（名府发〔2009〕19号）《关于大力发展乡村"茶家"休闲游的实施意见》；⑤原名山县发展和改革局《企业投资项目备案通知书》；⑥土地（使用权）转让及土地租赁协议、名山县农村村民住宅用地审批表；⑦原告负责人向名山县建设局申办建设规划许可证《申请书》⑧原告负责人向原名山县国土资源局申办建设用地许可《申请书》；⑨45号通知书；⑩32号通知书；⑪21号决定书；⑫原告企业建成后被拆除前内外部原貌照片82张；⑬强行拆除的现场照片58张及强拆时致伤原告负责人岳母逢桂珍的住院医疗照片2张；⑭被告名山区政府区长余力、副区长周万友、分管拆迁县领导李晓涛等人在强拆现场督促强拆的照片3张；⑮《评估报告书》；⑯可预期经济收益损失清单；⑰视频资料光碟一张；⑱视频资料光碟一张；⑲视频资料光碟三张；⑳名山区政府《关于严厉打击非法占地和违法建设的通告》；㉑《行政强制法》；㉒名山区政府〔2016〕1号信息公开申请答复书；㉓名山区住建局〔2016年名城住（答）第1号〕政府信息申请答复书及其附件2份；㉔证人证言；㉕五里村村委会证明。

上述证据均已随卷移送本院。

二审庭审中，被上诉人名山区住建局、上诉人郭家庄茶家乐分别提交了新的证据材料。

名山区住建局向二审法院提交并经二审庭审质证的证据材料有：《证明》及照片复印件各1份，拟证明村民韩某华卖给郭家庄茶家乐的房屋至今还存在。

经质证，郭家庄茶家乐认为名山区政府提交的上述证据材料不合法。

郭家庄茶家乐向二审法院提交并经二审庭审质证的证据材料（均为复印件）有：①《同意证》；②《卫生许可证》；③《询问笔录》。

经质证，三被上诉人对郭家庄茶家乐提交的上述证据材料的真实性、关联性予以认可，但认为不能证明郭家庄茶家乐用地建设合法。

经审查，本院认为，名山区住建局提交的证据材料，超过举证期限提供，本院不予采纳；对郭家庄茶家乐提交的证据①②与本案具有关联性，予以确认，对证据③，不能证明来源合法，不予采纳。

根据双方无争议的证据，对一审法院查明的案件基本事实，本院予以确认。

另查明，2015年11月18日，在05号决定书作出之前，名山区住建局未对郭家庄茶家乐修建的建筑物是否是违法建设专门作出行政认定。

本院认为，本案争议的焦点是：名山区政府、名山区国土局、名山区住建局是不是本案适格被告。本案中，上诉人郭家庄茶家乐建设虽然符合原名山县人民政府制定的《关于大力发展乡村"茶家"休闲游的实施意见》（名府发[2009]19号）的要求，但是没有依照法律规定在相关职能部门取得房屋建设规划许可证审批手续，其行为违反了《城乡规划法》，涉嫌违法建设。名山区住建局责令其限期拆除违法建设。郭家庄茶家乐在行政机关规定的期限内没有履行停止修建和拆除修建的义务。

根据《城乡规划法》第68条关于"城乡规划主管部门作出责令停止建设或者限期拆除的决定后，当事人不停止建设或者逾期不拆除的，建设工程所在地县级以上地方人民政府可以责成有关部门采取查封施工现场、强制拆除等措施"的规定，名山区政府具有依法责成有城乡规划行政强制执行权的行政机关对违法建设强制拆除的法定职权，且实施了发布1号公告以及强拆现场要求执行等责成行为，明确责成名山区住建局执行。名山区政府的上述责成行为，是行政机关内部的批准、决定等授权行为，本质上属于程序性行为。名山区政府不是《城乡规划法》规定的有城乡规划行政强制执行权的责任主体，因此不是本案适格被告。

名山区国土局根据名山区政府的行政要求，于2015年12月18日派员到名山区住建局对郭家庄茶家乐涉嫌违法建设强制拆除现场，虽然其参与了协助名山区住建局行政强制拆除工作，但其不是城乡规划行政强制执行权的责任主体，因此不是本案强制拆除行政行为的适格被告。

根据《城乡规划法》第11条第2款、第64条的规定，并按照名山区政府的批准、决定等行政责成要求，名山区住建局在负责本行政区划内的城乡规划管理工作中，具有对规划违法行为依法实施行政处罚的职责和职权及依法有权实施与其行政处罚有关的行政强制措施。其先后作出21号决定书、05号决定书并实施强制拆除建设行为，符合其法定职权，是本案强制拆除行政行为的适格被告。

郭家庄茶家乐请求认定三被上诉人共同对其建筑物实施了强制拆除行为，同时确认该共同实施的强制拆除行为系行政违法行为的上诉理由，不能成立，本院不予支持。名山区住建局强制拆除行为是否合法。名山区住建局对其辖区内违反《城乡规划法》的违法建设有行政强制执行权，但实施强制拆除建筑物应当合法。《行政强制法》第34条规定，行政机关依法作出行政决定后，当事人在行政机关决定的期限内不履行义务的，具有行政强制执行权的行政机关依照本章规定强制执行。第35条规定，行政机关作出强制执行决定前，应当事先催告当事人履行义务。第37条第1款规定，经催告，当事人逾期仍不履行行政决定，且无正当理由的，行政机关可以作出强制执行决定。第44条规定，对违法的建筑物、构筑物、设施等需要强制拆除的，应当由行政机关予以公告，限期当事人自行拆除。当事人在法定期限内不申请行政复议或者提起行政诉讼，又不拆除的，行政机关可以依法强制拆除。本案中，名山区住建局对郭家庄茶家乐修建的建筑物涉嫌违法建设没有依法立案、调查和作出其属于违法建设的行政认定；在作出21号决定书后，对郭家庄茶家乐实施行政强制前没有依法事先催告郭家庄茶家乐履行义务；在作出05号决定书后没有公告限期当事人自行拆除的情形下，对郭家庄茶家乐的房屋实施行政强制行为，违反了以上法律规定。因此，其实施行政强制的行为违法。综上，一审判决认定事实清楚，审判程序合法，判决结果正确，但该判决没有认定名山区住建局对郭家庄茶家乐修建的建筑物涉嫌违法建设未依法立案、调查和作出其属于违法建设的行政认定不当。郭家庄茶家乐请求确认名山区住建局行政强制行为违法的上诉理由成立，本院予以支持。依照《中华人民共和国行政诉讼法》第74条第2款第1项、第89条第1款第1项之规定，判决如下：

驳回上诉，维持原判。

本案案件受理费50元，由雅安市名山区城乡规划建设和住房保障局负担。

本判决为终审判决。

二、执法机关在对企业进行处罚时，应当告知当事人享有的陈述、申辩权，并保证该项权利得以实现

1. 什么是陈述申辩权

（1）陈述权就是当事人有权陈述自己的观点和主张。在对被许可人的处罚过程中，陈述权是指当事人对行政机关给予行政处罚所认定的事实及适用法律是否准确、适当，陈述自己对事实的认定以及主观的看法、意见，同时也可以提出自己的主张、要求。

（2）申辩权是申述理由、加以辩解的权利。在对被许可人的处罚过程中，申辩权是指当事人对行政机关的指控、证据，提出不同的意见和质问，以正当手段驳斥行政机关的指控以及驳斥行政机关提出的不利证据的权利。

《行政处罚法》第32条第1款："当事人有权进行陈述和申辩。行政机关必须充分听取当事人的意见，对当事人提出的事实、理由和证据，应当进行复核；当事人提出的事实、理由或者证据成立的，行政机关应当采纳。"

由此可见，行政机关在拟进行行政处罚时，当事人有权进行陈述和申辩。当事人的该项权利是行政机关必须明确告知并充分保证的。如果当事人对行政机关作出的处罚内容提出事实、理由和证据方面的申辩。那么行政机关就应当进行复核，并给予充分全面的考虑。如果当事人提出的事实、理由或者证据成立的，行政机关应当采纳。另外，行政机关不能因为当事人的申辩从而进行加重处罚。

2. 不同处罚程序的申辩权的体现

根据《行政处罚法》第33条的规定，适用简易程序的行政处罚因其违法事实确凿并有法定依据，可以当场作出。因此适用简易程序进行行政处罚的，执法人员应当场听取相对人的陈

述、申辩。为确保执法效率，这种情况下执法人员应当场听取相对人陈述、申辩，不必再规定期限。

适用一般程序进行行政处罚的，应当规定陈述、申辩期限。通常适用一般程序的行政处罚对程序要求更为严格，案情也更为复杂，基于对相对人权益的保护，应该为相对人预留一定的陈述、申辩时间。在执法实践中，多数处罚机关将陈述、申辩权期限规定为1天至3天，也有少数执法部门规定为3天到7天。

综上，陈述权和申辩权是相对人的一项法定权利，行政机关应当予以保障和正确对待。如果行政机关在作出处罚之前没有告知当事人享有陈述、申辩的权利，在法定期限内没有听取当事人的陈述、申辩就作出行政处罚，属于程序违法，法院可以据此确认该行政行为违法或者撤销该具体行政行为。

案例5-3

龙里县恒誉石灰厂与龙里县城乡规划局城乡建设行政管理：城市规划管理（规划）一审行政判决书（节选）

原告龙里县恒誉石灰厂。

经营者黄某。

被告龙里县城乡规划局。

法定代表人杨某，系该局局长。

原告龙里县恒誉石灰厂诉被告龙里县城乡规划局不服城市规划行政管理一案，于2017年8月11日向本院提起行政诉讼。

本院于同日立案后，依法向被告送达了起诉状副本及应诉通知书。本院依法组成合议庭，于2017年9月21日公开开庭审

第五章　结合裁判案例看实务中的常见问题

理了本案。

本案现已审理终结。

原告龙里县恒誉石灰厂诉称，原告系经龙里县工商局注册登记的营业法人，自2006年3月开始设立，在龙里县播箕村开设石灰厂，期间已取得各种营业执照。

2017年8月4日，被告在未对原告厂区建筑进行实地调查的情况下向原告下发了龙城规限拆告字［2017］第520730483号《限期拆除告知书》，要求原告限期拆除厂房，并告知原告有三日的陈述申辩期。

2017年8月7日，原告向被告递交陈述申辩材料，同年8月9日，被告在未对原告的陈述申辩答复的情况下，向原告下发了龙城限拆决字［2017］522730121号《责令限期自行拆除违法建设决定书》。

原告认为被告作出的行政行为未保障相对人的申辩权利，违反相关法律规定，故诉请确认被告龙里县城乡规划局作出的龙城限拆决字［2017］522730121号《责令限期自行拆除违法建设决定书》违法，并由被告承担本案诉讼费用。

原告龙里县恒誉石灰厂为证明其主张，向本院提交了下列证据材料：

1. 营业执照、组织机构代码、税务登记证，拟证明原告身份信息情况；

被告质证无异议；

2. 龙城规限拆告字［2017］第520730483号《限期拆除告知书》、龙城限拆决字［2017］522730121号《责令限期自行拆除违法建设决定书》，拟证明被诉行政行为存在；

被告质证无异议；

3. 限期拆除陈述申辩书及照片，拟证明原告提出陈述申辩的事实。

被告质证无异议。

被告龙里县城乡规划局辩称,原告系个体工商户,不具备法人资格。原告作为石灰厂,应当取得相应许可方能生产经营。被告经过实地调查查明原告建房未办理相关准建审批,只是与当地农民签订了土地流转协议,对原告的陈述申辩被告亦作出答复,故被告对原告作出的处罚是合法的,请求人民法院依法驳回原告的诉讼请求。

被告龙里县城乡规划局在举证期限内向本院提交了作出被诉行政行为的如下证据材料:

1. 陈述申辩答复书,拟证明被告对原告的陈述申辩进行了答复;

原告对证据的真实性无异议,但认为原告系向被告提出陈述申辩,但答复机关系龙里县城管局,应当视为被告未予答复。

该答复形成时间是2017年8月15日,被诉决定形成时间是2017年8月9日,实际上剥夺了原告的陈述申辩权,故不认可该证据的合法性;

2.《中共龙里县委、龙里县人民政府关于龙里县人民政府职能转变和机构改革的实施意见》(龙发〔2014〕17号)、《龙里县人民政府办公室关于印发龙里县城市管理局主要职责内设机构和人员编制规定的通知》(龙府办发〔2015〕22号)、规划行政执法委托书,拟证明龙里县城市管理局的设立、职能以及委托执法情况;

原告对证据的三性无异议,但认为龙里县人民政府无权变更职能部门的法定职权;

3. 行政执法证,拟证明执法人员的执法资格;

原告质证无异议;

4. 总体规划图、卫星航拍图，拟证明原告石灰厂在城市规划范围内，从航拍时间来看，原告的房屋是在 2015 年之后修建；

原告对证据的三性均持异议，认为该组证据无合法来源，亦无来源机关加盖印章，且该总体规划是 2015 年 8 月 4 日制作的，原告的房屋修建于 2006 年；

5. 龙城管函 [2017] 48 号《关于商请查询是否办理建房相关手续的函》及《龙里县城乡规划局关于商请查询是否办理建房相关手续的回函》，拟证明被告对原告是否办理建房手续的查证情况；

原告对证据的三性无异议，但认为被告仅凭一个回函就认定原告房屋系违法建筑不合理；

6. 现场检查（勘查）笔录、示意图及照片，拟证明被告进行实地调查、取证，程序合法；

原告认为检查笔录不合法，未载明见证人的身份情况，示意图与实际情况不符，被告出示的照片有的形成时间在被诉决定之后；

7. 调查询问笔录，拟证明原告自认建房未办理相关手续，建房面积 500 平方米左右，建房占地系从村民处流转而来，无合法审批手续；

原告对证据的真实性无异议，但认为 500 平方米的面积指的是整个厂区的面积，被调查人未在笔录上签字；

8. 限期拆除告知书及送达回证，拟证明被诉行政行为合法。

原告对证据的真实性无异议，但认为该证据不能证明被告的行政行为合法。

经审理查明，原告龙里县恒誉石灰厂于 2008 年 12 月 3 日在龙里县工商行政管理局注册登记为个体工商户，经营者系黄某。

2017年8月4日,被告龙里县城乡规划局向黄某下达龙城规限拆告字〔2017〕第522730483号《限期拆除告知书》,责令其于2017年8月7日18时之前自行拆除位于龙里县××办事处××箕村恒誉石灰厂违法修建的房屋,同时告知黄某有陈述和申辩的权利。

同年8月7日,原告龙里县恒誉石灰厂向被告龙里县城乡规划局提交陈述申辩书。

2017年8月9日,被告龙里县城乡规划局向黄某作出龙城限拆决字〔2017〕第522730121号《责令限期自行拆除违法建设决定书》,载明:"黄某:经查,你(单位)位于龙里县××办事处××箕村恒誉石灰厂违法修建房屋的行为,违反了《中华人民共和国城乡规划法》第40条规定,属违法建设,根据《中华人民共和国城乡规划法》第64条、第68条规定,现责令你(单位)于2017年8月12日之前自行予以拆除。逾期未拆除,将依法强制执行该决定。若不服本决定,可在收到本决定书之日起六十日内向本级人民政府或上一级主管部门申请行政复议,也可在六个月内直接向人民法院提起行政诉讼。"2017年8月15日,龙里县城市管理局就龙里县恒誉石灰厂的陈述申辩作出书面答复。

现原告以被告作出的涉案决定侵犯其财产权为由向本院提起行政诉讼,请求依法确认被告龙里县城乡规划局作出的龙城限拆决字〔2017〕522730121号《责令限期自行拆除违法建设决定书》违法,并由被告承担本案诉讼费用。

另,原告龙里县恒誉石灰厂代表人黄某当庭陈述涉案房屋修建于2006年(当时盖的是石棉瓦),2009年翻修新建成平房,2013年扩建、修缮成现在的房屋。

原告当庭向本院提交了土地使用权人为贵州龙里县天源石

灰厂的龙临集用 2008 第 003 号《农村集体土地使用证》，其上载明终止日期是 2010 年 5 月 30 日。

上述事实，有各方当事人及代理人的陈述、个体工商营业执照、税务登记证、龙城规限拆告字［2017］第 522730483 号《限期拆除告知书》、陈述申辩书、龙城限拆决字［2017］第 522730121 号《责令限期自行拆除违法建设决定书》、龙里县城市管理局答复书等证据在卷为凭，本院予以确认。

本院认为，根据《中华人民共和国行政处罚法》第 32 条"当事人有权进行陈述和申辩。行政机关必须充分听取当事人的意见，对当事人提出的事实、理由和证据，应当进行复核；当事人提出的事实、理由或者证据成立的，行政机关应当采纳"的规定，涉案被诉行政行为在作出之前，被告向原告负责人作出的《限期拆除告知书》告知依法享有陈述申辩的权利，原告亦在规定时间内向被告提出书面陈述申辩，但被告在未对原告的陈述申辩进行复核处理的情况下径行作出被诉行政行为，实际上剥夺了原告的陈述申辩权利。

被告作出被诉行政行为后，才由委托执法机构对原告的陈述申辩作出书面答复，故被告作出的行政处罚行为程序违法。原告诉请确认被诉行政行为违法的主张，有事实和法律依据，应予支持。

关于本案原告主体问题，虽然行政处罚相对人是黄某个人，但本案原告龙里县恒誉石灰厂系个体工商户，黄某系经营者，二者在财产上是混同的，难以作出区分。加之拟被拆除的房屋系原告的办公用房，故被诉行政处罚行为与原告有法律上的利害关系，原告有权提起诉讼。

据此，依照《中华人民共和国行政诉讼法》第 74 条第 2 款第 1 项之规定，判决如下：

确认被告龙里县城乡规划局于2017年8月9日作出的龙城限拆决字〔2017〕第522730121号《责令限期自行拆除违法建设决定书》违法。案件受理费50元，由被告龙里县城乡规划局承担。

如不服本判决，可以在判决书送达之日起十日内向本院递交上诉状，并按对方当事人的人数提出副本，上诉于贵州省黔南布依族苗族自治州中级人民法院。

三、违法建设行政处罚决定及强制拆除的法律文书应当依法定方式送达

1. 送达的方式

在法学理论中，学者将送达方式分成若干类型，这些类型划分实质上是对送达方式在理论上所作的概括。例如，直接送达、留置送达、委托送达、邮寄送达、公告送达等。人们关于送达方式理论上的划分实质上在法律上都可以找到依据。

例如：《行政处罚法》第40条规定："行政处罚决定书应当在宣告后当场交付当事人；当事人不在场的，行政机关应当在七日内依照民事诉讼法的有关规定，将行政处罚决定书送达当事人"。

《民事诉讼法》第85条规定："送达诉讼文书，应当直接送交受送达人。受送达人是公民的，本人不在交他的同住成年家属签收；受送达人是法人或者其他组织的，应当由法人的法定代表人、其他组织的主要负责人或者该法人、组织负责收件的人签收；受送达人有诉讼代理人的，可以送交其代理人签收；受送达人已向人民法院指定代收人的，送交代收人签收。受送达人的同住成年家属，法人或者其他组织的负责收件的人，诉讼代理人或者代收人在送达回证上签收的日期为送达日期。"

第五章 结合裁判案例看实务中的常见问题

由此可见，不同的送达行为必须符合法律规定的不同形式要件，无论选择什么方式送达，都应当具备合法性。

2."行政处罚告知书"和"行政处罚决定书"的送达

在行政处罚过程中，多数情况下需要向当事人送达两类文书：一类是作出行政处罚决定前的"行政处罚告知书"（达到听证条件的送达"听证告知书"）；另一类是正式的"行政处罚决定书"。二者的送达要求存在一定差异：

（1）送达的时间。"处罚告知书""听证告知书"的送达时间是"工商行政管理机关负责人对行政处罚建议批准后"，而"行政处罚决定书"的送达时间是"宣告后当场"或"7日内"；

（2）送达的方式。由于"处罚告知书"只是"拟处罚"的告知，对当事人的影响相对较小，因此送达要求不是很严格，既可以采取口头形式（但应当记入笔录，由当事人在笔录上签名或盖章），也可以采取书面形式。采取书面形式的，法律条文表述为"可以……可以……还可以……"，即根据不同情况可以任意选择三种方式：一是可以直接送达，二是可以委托当事人所在地工商机关代为送达，三是可以邮寄送达。该三种方法没有先后顺序，可以自行选择最妥当的方式。以上述口头或书面形式无法送达的，则需"公告"送达。

"行政处罚决定书"不能用口头方式送达。而且其他送达方式有先后顺序：首先应当直接送达，无法直接送达的才可以委托送达或者挂号邮寄送达（注意：与"处罚告知书"的邮寄送达不同），以上方式均无法送达的，才可以公告送达。这三种送达方式不能由执法人员自由选择，必须遵循上述顺序。

目前要特别防止公告送达的滥用，不能以节约成本为由，直接采取公告送达的方式，否则就侵犯了当事人的合法权益，也会给行政机关自身埋下隐患。

3. 送达的法律意义

(1)"处罚告知书""听证告知书"一旦送达,就意味着开始计算当事人行使陈述权、申辩权和要求举行听证的权利的期限。自当事人签收之日起 3 个工作日内,当事人未行使陈述、申辩权,也未作其他表示的,视为放弃此权利。

(2)"行政处罚决定书"送达后,行政处罚决定就开始发生法律效力,当事人就应该在期限内完成为其设定的义务,送达意味着期间开始计算。

实践中,存在当事人在现场,也就是说可以直接送达的情况下,执法机关没有通知当事人领取行政处罚决定书、强制执行决定书,而是直接采取留置送达的方式,最后被法院认定送达行为不合法而确认具体行政行为违法的案例。

▶ 案例5-4

董某与务川仡佬族苗族自治县住房和城乡建设局城乡建设行政管理-其他一审行政判决书（节选）

原告董某,农民。

被告务川仡佬族苗族自治县住房和城乡建设局(以下简称"务川县住建局")。

法定代表人谢某礼,系该局局长。

原告董某不服被告务川县住建局于2016年3月31日作出的务住建(执)罚决字[2016]第184号《行政处罚决定书》(以下简称"《处罚决定书》"),于2016年4月18日向本院提起行政诉讼。

本院于同日立案后,于同年4月21日向被告务川县住建局送达了起诉状副本及应诉通知书。

本院依法组成合议庭,于同年 8 月 16 日在务川仡佬族苗族自治县人民法院公开开庭审理了本案。

本院依法向被告务川县住建局送达了开庭《传票》《行政机关负责人出庭通知书》,但被告务川县住建局的负责人未出庭应诉,也未委托相应的工作人员出庭应诉,仅委托律师出庭,本院当庭提出批评意见并记录在案。

本案现已审理终结。

被告务川县住建局于 2016 年 3 月 31 日作出《处罚决定书》,认定董某于 2016 年 3 月 23 日在都濡镇杨村村汪家组进行了修建一楼一底砖混结构房屋的行为,认为其行为违反了《中华人民共和国城乡规划法》第 40 条第 1 款之规定,依据该法第 68 条的规定,决定对该房进行自行拆除。

从该决定书送达之日起 3 日内自行拆除违法建筑物,逾期不拆除将执行强制拆除的处罚。

原告董某诉称,自己在务川仡佬族苗族自治县都濡镇杨村村的房屋修建于 1999 年,当时《中华人民共和国城乡规划法》(以下简称《城乡规划法》)尚未颁布实施。

被告于 2016 年 3 月 31 日作出《处罚决定书》,要求原告将房屋拆除,逾期不拆将强制拆除。

被告没有法定职权,作出的《处罚决定书》没有法律依据,内容和程序违法,且被告答辩状上也表明原告房屋未在规划区内,请求撤销该《处罚决定书》。

原告董某未向法庭提交证据材料。

被告务川县住建局辩称,《处罚决定书》实体合法,原告的房屋在法定的规划区(在庭审中说明,答辩状所称不在规划区系笔误),不符合务川县政府规划的文件要求。

原告的房屋未获规划许可证，因此被告对其作出处罚有事实和法律依据，并且务川县政府对被拆迁户依法履行了补偿程序。

另外，被告的处罚程序合法，被告执法都是两人以上，履行了相关程序。

请求驳回原告的诉讼请求。

被告务川县住建局向本院提交并在庭审中出示了以下证据：

1号证据——《处罚决定书》。

拟证明对原告作出限期处罚的事实。

2号证据——《处罚决定书》的《送达回证》。

拟证明原告不配合，拒收《处罚决定书》，故采用留置送达的方式送达《处罚决定书》。

3号证据——《立案审批表》。

拟证明原告房屋不符合建设用地规划许可规定，未取得建设用地规划许可证，违反《城乡规划法》第41条的规定。

4号证据——《董某项目房屋征收测量表》。

拟证明被告处罚过程中，对原告房屋进行了征收测量。

5号证据——务住建（执）责改（2016）第184号《责令（限期）改正通知书》（以下简称"《限期通知书》"）。

拟证明原告建房无规划建设许可证，被告对原告进行处罚的通知。

6号证据——《限期通知书》的《送达回证》。

拟证明原告不配合，被告将《限期通知书》留置送达给原告。

7号证据——现场图片资料。

拟证明目的与6号证据相同。

8号证据——《案件调查终结报告》。

第五章　结合裁判案例看实务中的常见问题

拟证明务川县住建局在现场调查核实之后,依据《城乡规划法》第68条,对原告作出了处罚决定。

9号证据——《案件处理审批表》。

拟证明作出处罚决定有负责人的审批意见,建议做拆除处理。

10号证据——务住建(执)告字〔2016〕第184号《行政处罚告知通知书》(以下简称"《处罚告知书》")。

拟证明在作出处罚前,对原告依法进行了告知。

11号证据——《处罚告知书》的《送达回证》。

拟证明被告向原告送达处罚告知时,原告不配合,被告依法进行留置送达。

12号证据—现场图片资料。

拟证明目的与11号证据相同。

13号证据——《结案报告》。

拟证明原告房屋系违法建筑,对原告房屋进行了拆除。

14号证据——《案件审结表》。

拟证明目的与13号证据相同。

被告适用的法律依据是《城乡规划法》第40条第1款、第68条。

经庭审质证,原告对被告的证据质证如下:

原告方认为被告的1号证据是本案的诉讼标的,是本案被诉行政行为;其内容违法,原告房屋不属于规划区内,也没在乡村规划区内;被告没有行使《城乡规划法》的职权;处罚决定作出时间是2016年3月31日,尚在原告陈述申辩期间,其处罚程序违法。

对被告的2号、6号、11号证据,原告方认为不符合法律规定的留置送达方式。

对被告的3号证据有异议，认为该证据系被告内部文件，原告无法知晓其内容；原告房屋不属于城乡规划法调整，不应受到处罚，被告也无处罚权。

对被告的4号证据，原告方认为被告需提供证据证明对原告的房屋进行了征收，且应由县级以上人民政府实施征收，被告显然没有职权；对于被告越权调查的数据，因没有原告的认可，对该数据保留意见。

针对被告的5号证据，原告方认为原告房屋于1999年修建，被告即使有处罚权，应当在原告修建过程中发出通知；该证据的内容违反法律规定，因为原告房屋不在规划区内。

原告方认为没有看到被告7号、12号证据的张贴，其照片模糊，无动态摄像，无法知晓张贴地点、张贴内容。

原告方认为8—9号证据系被告内部文件，其内容不符合法律规定；被告对原告无处罚权，所以该证据也是违法的。

原告方认为被告的10号证据系被告越权作出；该证据3月28日作出，明确告知原告有陈述申辩权利，但在陈述申辩期内就作出处罚。

针对被告的13—14号证据，原告方认为其房屋修建于1999年，即《城乡规划法》实施前，不属于该法调整范围，且原告房屋不在规划区内；被告无权作出处罚。

对被告务川县住建局作出《处罚决定书》适用的《城乡规划法》第40条第1款、第68条，原告方认为原告房屋不在城乡规划范围内，不应当适用《城乡规划法》。

本院对上述证据认证如下：

被告的1号证据系本案被诉行政行为的载体，不能自证自身，不能作为证据使用。

被告的2号、6号、11号证据，不符合《中华人民共和国民事诉讼法》第 86 条关于留置送达方式的规定，本院不予采纳。

被告的 3 号、8—9 号、13—14 号证据本系被诉行政行为的程序类证据，被告却用于原告房屋未取得建设用地、规划许可证、原告房屋系违法建筑的证明目的，没有相应事实证据佐证，本院不予采纳。

被告用 4 号证据证明其在处罚过程中对原告房屋进行了征收测量，处罚行为与征收行为是不同的行政行为，风马牛不相及，且该征收测量表上无任何人的签字确认，本院不予采纳。

5 号证据只能证明被告对原告曾作出限期拆除房屋的行政命令，对其他证明目的，本院不予采纳。

被告用 7 号、12 号证据证明其留置送达了相关行政法律文书，其照片内容模糊不清，无张贴地点、张贴人的说明，从照片拍摄时间看，《限期通知书》及其《送达回证》《处罚告知书》及其《送达回证》《处罚决定书》及其《送达回证》均系 2016 年 3 月 31 日 8 时 53 分至 9 时 11 分期间张贴，显然与被告所称的送达时间不符，且其同样不符合《中华人民共和国民事诉讼法》第 86 条关于留置送达方式的规定，本院不予采纳。

被告的 10 号证据因未依法送达，故对其证明目的，本院不予采纳。

经审理查明，2016 年 3 月 23 日，被告务川县住建局以董某在都濡镇杨村村汪家组，未办理《建设工程规划许可证》和未领取《建设用地规划许可证》，擅自修建违法建设为由，对董某作出《限期通知书》，责令董某在同年 3 月 26 日前对该房进行拆除。

同日将该行政法律文书送达董某，在《送达回证》上注明"当事人不在留置送达"；同年 3 月 28 日，被告务川县住建局以董某修建房屋的行为违反了《城乡规划法》第 40 条第 1 款的规定，根据该法第 68 条的规定，作出《处罚告知书》，告知董某，拟作出 3 日内自行拆除建筑物，逾期不拆除将执行强制拆除的处罚，同时告知董某在 3 日内有向务川县住建局提出陈述、申辩以及听证的权利。

同日将该行政法律文书送达董某，在《送达回证》上注明"当事人不在，采取留置方式送达"；同年 3 月 31 日，务川县住建局作出《处罚决定书》，认定董某于 2016 年 3 月 23 日在都濡镇汪家组进行了修建一楼一底砖混结构房屋的行为，违反了《城乡规划法》第 40 条第 1 款的规定，根据该法第 68 条的规定，决定对该房进行拆除的行政处罚。

从决定书送达之日起 3 日内自行拆除违法建筑物，逾期不拆除将执行强制拆除的处罚。

同日，务川县住建局将该行政法律文书送达董某，在《送达回证》上注明"当事人不在，电话接不通，采取留置送达"。

另，在庭审中查明，董某位于务川仡佬族苗族自治县都濡镇杨村村汪家组的房屋已于 2016 年 4 月 6 日被拆除。

本院认为，根据《城乡规划法》第 11 条第 2 款"县级以上地方人民政府城乡规划主管部门负责本行政区域内的城乡规划管理工作"的规定以及该法第 53 条的规定，务川县住建局作为务川仡佬族苗族自治县的城乡规划主管部门，负责务川县域的城乡规划管理工作，依法具有城乡规划管理的职权。

原告董某是什么时间在都濡镇汪家组修建的房屋？董某修建该房屋是否依照有关法律法规办理了相关手续？被告未对董某进行询问，亦未进行任何调查。

都濡镇杨村村汪家组所在地属于城市规划、镇规划？还是乡规划和村庄规划？被告务川县住建局在本案中均未提供事实证据，用以佐证董某存在违反《城乡规划法》的行为，即务川县住建局作出《处罚决定书》，无当事人陈述、证人证言以及其他相关事实证据予以佐证。

另外，被告辩称，对被拆迁户依法履行了补偿程序，并提供了《董某项目房屋征收测量表》的证据，那么，对董某的房屋是作为违法建筑进行查处还是作为房屋征收处置？被告显然混为一谈。

综上，被告认定事实不清，证据不足。

被告于2016年3月28日作出的《处罚告知书》和同年3月31日作出的《处罚决定书》，均注明采取留置送达的方式送达董某，在其《送达回证》的备注栏上，注明"当事人不在，采取留置方式送达"，或"当事人不在，电话接不通，采取留置送达"。

根据《中华人民共和国民事诉讼法》第86条："受送达人或者他的同住成年家属拒绝接收诉讼文书的，送达人可以邀请有关基层组织或者所在单位的代表到场，说明情况，在送达回证上记明拒收事由和日期，由送达人、见证人签名或者盖章，把诉讼文书留在受送达人的住所；也可以把诉讼文书留在受送达人的住所，并采用拍照、录像等方式记录送达过程，即视为送达"的规定，应当是在当事人本人或者其同住成年家属拒绝接收文书的情况下，才可以留置送达的方式送达行政法律文书。

被告的两次留置送达，均不符合法律规定。

另外，被告于2016年3月28日作出的《处罚告知书》，告知董某在收到该行政法律文书3日内有向其要求陈述、申辩或听证的权利，但被告于同年3月31日就作出了《处罚决定书》，没有从时间上（3日）保证董某提出陈述、申辩或听证的权利。

综上所述，被告作出的《处罚决定书》程序违法。

违法行为人如果存在违反《城乡规划法》第 40 条第 1 款的行为，需要作出"限期拆除"处理的，该法第 64 条有明确的规定，即"未取得建设工程规划许可证或者未按照建设工程规划许可证的规定进行建设的，由县级以上地方人民政府城乡规划主管部门责令停止建设；尚可采取改正措施消除对规划实施的影响的，限期改正，处建设工程造价 5% 以上 10% 以下的罚款；无法采取改正措施消除影响的，限期拆除，不能拆除的，没收实物或者违法收入，可以并处建设工程造价 10% 以下的罚款。"而该法第 68 条"城乡规划主管部门作出责令停止建设或者限期拆除的决定后，当事人不停止建设或者逾期不拆除的，建设工程所在地县级以上地方人民政府可以责成有关部门采取查封施工现场、强制拆除等措施"的规定，系行政机关作出限期拆除的决定后，依法采取行政强制执行的法律依据，并非作出"限期拆除"的法律依据。

故被告作出的《处罚决定书》适用法律法规错误。

另外，被告于 2016 年 3 月 31 日作出《处罚决定书》，对董某位于都濡镇杨村汪家组的房屋，决定对该房进行拆除的行政处罚。从本决定书送达之日起 3 日内自行拆除违法建筑物，逾期不拆除将执行强制拆除的处罚。实际是用行政处罚的形式，作出了限期拆除的行政命令，被告显然忽视了行政行为种类的区别。

被告曾于同年 3 月 23 日作出《限期通知书》，责令董某在同年 3 月 26 日前对该房进行拆除，故被告作出的《处罚决定书》，实际系被告对原告同一行为（董某在都濡镇杨村村汪家组修建房屋）的重复行政处理。

综上所述，被告务川县住建局作出的《处罚决定书》事实不清，程序违法，适用法律法规错误，行政处理决定主文的表述并非行政处罚,而系行政命令。

原告董某要求撤销《处罚决定书》的诉讼请求应予支持,但鉴于原告董某的房屋已被拆除,故确认被告务川县住建局作出的《处罚决定书》违法为宜。

为保护公民、法人和其他组织的合法权益,监督行政机关依法行使职权,依照《中华人民共和国行政诉讼法》第74条第2款第1项的规定,判决如下:

确认被告务川仡佬族苗族自治县住房和城乡建设局于2016年3月31日作出的务住建(执)罚决字[2016]第184号《行政处罚决定书》违法。

案件受理费五十元,由被告务川仡佬族苗族自治县住房和城乡建设局承担。

如不服本判决,可以在判决书送达之日起十五日内向本院递交上诉状,并按对方当事人的人数提出副本,上诉于遵义市中级人民法院。

四、违法建设在复议和诉讼期间不得强制拆除

有一句古老的法律谚语:"迟来的正义不是正义",这句谚语对违法建设强制拆除有特别重要的意义,因为失去程序正义保护下的违法建筑法律维权,很有可能变成一纸空文。房屋一旦被违法拆除,即使事后可以通过诉讼维权取得胜诉的判决,但是这样的判决取得需要耗费漫长的周期,并且目前的国家赔偿只是赔偿直接损失,对于企业所造成的经营上的间接损失,国家赔偿法并不支持。

此外,一旦需要进行国家赔偿,往往也是数额巨大,对社会资源是一种不必要的浪费。因此,针对违法建设一旦错误拆除可能发生的不可挽回的经济损失,国家在立法的时候给予了

充分考虑，作出了违法建设在复议和诉讼期限内不得强制执行的例外规定。

根据《行政强制法》第44条规定："对违法的建筑物、构筑物、设施等需要强制拆除的，应当由行政机关予以公告，限期当事人自行拆除。当事人在法定期限内不申请行政复议或者提起行政诉讼，又不拆除的，行政机关可以依法强制拆除。"

行政机关在作出限期拆除违法建筑的决定后，有三种情况下强拆属于程序严重违法：一是在限期拆除期限内直接实施强制拆除；二是在当事人可以提起复议（60天）和诉讼（3个月）的法定期限未届满时实施强制拆除；三是在当事人在法定期限内提起了行政复议、行政诉讼，在复议和诉讼的过程中实施强拆。

《行政强制法》第44条的立法目的很明确：拆除违法建设涉及重大财产变动，一旦拆除错误将造成难以挽回的损失，因此在拆除违法建设之前需要有明确的法律程序对公权力进行制约，这个程序制约就是如果涉嫌违法建设的当事人认为自己的建筑并不属于违法建设，并就此提起了行政复议和行政诉讼，在有法律效力的法律文书没有作出是否属于违法建设的认定前，执法机关不得直接实施违法强拆，即使当事人不提起复议和诉讼，执法机关也应当在复议和诉讼期届满之后才可以实施强制拆除。如果执法机关没有遵守这一程序的要求，在作出强制拆除决定书后直接实施强制拆除行为，该行为属于严重程序违法的行政行为。

案例5-5

刘某甲等与密云县河南寨镇人民政府
其他一审行政判决书（节选）

原告刘某乙，男，1985年2月28日出生。

原告刘某甲（系刘某乙之父），1947年8月6日出生。

被告密云县河南寨镇人民政府，住所地北京市密云县河南寨镇河南寨村。

法定代表人马某，镇长。

原告刘某乙、刘某甲不服被告密云县河南寨镇人民政府强制拆除行为，向本院提起行政诉讼。

本案现已审理终结。

被告密云县河南寨镇人民政府依据其作出的河政强拆字[2013]第120号强制拆除决定，于2013年7月16日对位于密云县×镇×号种植园内所涉建设实施了强制拆除。

被告密云县河南寨镇人民政府在法定期限内提供并当庭出示了如下证据、依据：

1. ×镇土地利用总体规划图、密云县×镇×村村庄规划图2页，用以证明原告未申请办理规划许可证，其所建建设系违法建设；

2. 北京市规划委员会密云分局于2014年6月11日出具的证明，用以证明原告所建房屋没有办理规划审批手续；

3. 照片复印件1页，用以证明原告违法建设的现场情况；

4. 河政限拆字[2013]第120号限期拆除决定书、河政强拆字[2013]第120号强制拆除决定书、照片复印件2页，用以证明被告对原告的违法行为分别作出了限期拆除决定及强制拆除决定，并向原告送达了上述决定；

5.《密云县人民政府关于印发严厉打击违法用地违法建设工作方案的通知》《北京市人民政府办公厅关于印发严厉打击违法用地违法建设专项行动工作方案的通知》，用以证明市、县人民政府要求对违法建设予以严肃查处。

原告刘某乙、刘某甲诉称：2012年5月28日，原告与北京×镇×种植专业合作社签订租赁合同，承租其在×镇×村开发的×种植园，使用期限自2011年5月1日至2041年5月1日，交付时间为2012年10月30日。

原告为满足基本生活需要，对原有房屋进行了部分翻改。

2013年7月5日，被告对原告作出限期拆除决定书。

2013年7月9日，被告对原告作出强制拆除决定书。

2013年7月16日，被告将原告翻改的工作间强行拆除，并将未改动过的房屋砸开，拉倒南面围墙，致使整个房屋墙体开裂，变为即将倒塌的危房。

被告拆除原告大棚工作间时，并无证据证明原告的工作间属于违法建设。

被告未履行强制拆除的法定前置义务，未向原告出示执法审批文件及执法人员证件，更没有给予原告陈述和申辩的权利。

根据《中华人民共和国行政强制法》第44条的规定，被告在发出拆除决定通知后，原告有权在60日内申请行政复议或者在3个月内提起行政诉讼。

在原告维权期间，被告实施强拆，严重违反了上述规定。

根据《中华人民共和国行政强制法》第13条之规定，行政强制执行由法律设定。

法律没有规定行政机关强制执行的，作出行政决定的行政机关应当申请人民法院强制执行。

被告是乡镇政府，没有强制拆除原告房屋的职权，其不能作为强制拆除的主体。

被告针对刘某甲作出行政行为是错误的，因为实际的行政相对人是刘某乙。

综上，被告强制拆除原告房屋的行政行为无论从实体上还是程序上都严重违法。

请求：①确认被告强制拆除位于北京市密云县×镇×号院内房屋（工作间和配套用房）的行为违法；②本案诉讼费用由被告承担。

原告刘某乙、刘某甲提供并当庭出示了如下证据：

1. 承租合同、授权委托书，用以证明刘某乙是×号种植园的实际承租人，被告作出行政决定的对象错误；

2. 交款人为刘某甲的收据，用以证明刘某乙委托刘某甲交付租金；

3. 广告宣传单4页，用以证明被拆除的工作间属于种植园的配套设施，系出租人将种植园与工作间一并交付给刘某乙使用的；

4. 河政限拆字［2013］第120号限期拆除决定书，用以证明被告作出限期拆除决定前未提供工作间是违法建筑的证据，也未到现场勘验，其作出的限期拆除决定违法；

5. 河政强拆字［2013］第120号强制拆除决定书，用以证明被告在刘某乙维权期间实施的强制拆除行为违法；

6. 照片9张，用以证明刘某乙的工作间被拆除后的情形。

被告密云县河南寨镇人民政府辩称：原告在乡、村庄规划区内建设建筑物、构筑物和其他工程建设的，应遵照《中华人民共和国城乡规划法》的规定，经申请取得乡村建设规划许可证后方可建设。

原告并不具备合法的报批手续，也未能合法取得乡村建设规划许可证，其建设房屋违反法律规定，系违法建筑。

我镇政府作出的具体行政行为符合法律规定，系合法的行政行为。

请求驳回原告的诉讼请求。

经庭审质证，本院对以下证据作如下确认：被告密云县河南寨镇人民政府提供并当庭出示的证据2系在诉讼程序中自行收集的证据，不能作为证据使用，本院不予采纳。

被告密云县河南寨镇人民政府提供并当庭出示的其他证据可以证明"2013年7月5日，被告密云县河南寨镇人民政府作出河政限拆字〔2013〕第120号限期拆除决定；2013年7月9日，被告密云县河南寨镇人民政府作出河政强拆字〔2013〕第120号强制拆除决定"。

原告刘某乙、刘某甲提供并当庭出示的证据可以证明"2012年5月，原告刘某乙委托其父原告刘某甲与北京×种植专业合作社签订了承租合同"。

经审理查明：2012年5月，原告刘某乙委托其父原告刘某甲与北京×种植专业合作社签订了承租合同，原告刘某乙承租密云县×镇×号种植园。

2013年7月5日，被告密云县河南寨镇人民政府对刘某丙作出河政限拆字〔2013〕第120号限期拆除决定，该决定主要内容为：刘某丙在×村东×种植合作社（园区栋号；×）建设的房屋及其他设施为违法建设，依据《中华人民共和国城乡规划法》第六十五条之规定，责令其于接到决定书之日起3日内自行拆除上述建设。并告知其如不服该决定，可在接到决定书之日起60日内，向密云县人民政府申请行政复议，也可以在3个月内直接向密云县人民法院提起行政诉讼。

第五章　结合裁判案例看实务中的常见问题

原告刘某甲在规定的时间内未自行拆除河政限拆字〔2013〕第120号限期拆除决定所涉房屋及其他设施。

2013年7月9日，被告密云县河南寨镇人民政府依据《中华人民共和国城乡规划法》第65条之规定，对刘某丙作出河政强拆字（2013）第120号强制拆除决定，决定于2013年7月10日起，对上述违法建设予以强制拆除。

被告密云县河南寨镇人民政府于2013年7月16日对位于密云县×镇×号种植园内的上述建设实施了强制拆除。

另查，河政限拆字〔2013〕第120号限期拆除决定及河政强拆字〔2013〕第120号强制拆除决定的当事人刘某丙即原告刘某甲。

本院认为：依据《中华人民共和国城乡规划法》第65条"在乡、村庄规划区内未依法取得乡村建设规划许可证或者未按照乡村建设规划许可证的规定进行建设的，由乡、镇人民政府责令停止建设、限期改正；逾期不改正的，可以拆除"之规定，被告密云县河南寨镇人民政府对在本行政区域内未依法取得乡村建设规划许可证或未按照乡村建设规划许可证进行建设的，具有查处、拆除的法定职责。

依据《中华人民共和国行政强制法》第35条、第36条、第38条之规定，被告密云县河南寨镇人民政府在作出强制拆除决定前，应当事先催告当事人履行义务，催告应当以书面形式作出，并直接送达当事人。

《中华人民共和国行政强制法》第44条规定，对违法的建筑物、构筑物、设施等需要强制拆除的，应当由行政机关予以公告，限期当事人自行拆除。

当事人在法定期限内不申请行政复议或者提起行政诉讼，又不拆除的，行政机关可以依法强制拆除。

被告密云县河南寨镇人民政府未予以事先催告、公告，且在尚未超过原告刘某甲申请行政复议或提起行政诉讼法定期限的情况下，于2013年7月16日实施强制拆除行为，违反了上述规定，属于程序违法。

据此，依据《最高人民法院关于执行〈中华人民共和国行政诉讼法〉若干问题的解释》第57条第2款第2项之规定，判决如下：

确认被告密云县河南寨镇人民政府于2013年7月16日对位于密云县×镇×号种植园内建设实施强制拆除的行为违法。

案件受理费五十元，由被告密云县河南寨镇人民政府负担（限判决生效后七日内交纳）。

如不服本判决，可在判决书送达之日起十五日内提起上诉，向本院递交上诉状，并按对方当事人的人数递交上诉状副本，上诉于北京市第三中级人民法院。

五、强拆证据保全环节涉及后续责任承担

房屋被偷拆该怎么办？或者政府执法部门不承认其是强拆主体怎么办？这是很多人关注的问题。

实务中很多这样的情况，比如房屋一旦被偷拆，当事人由于没有收到法律文书，根本不知道强拆机关是谁；有的当事人收到过限期拆除的法律文书，但是没有收到强制拆除文书，限期拆除决定书的作出主体不承认自己是强拆主体；有的当事人虽然目睹了整个强拆过程，但是录像和拍照并不能准确证明强拆主体就是政府执法部门（没有对穿制服的执法人员及执法车辆拍摄清楚）；此外大部分强拆现场都拉起警戒线，录像拍照都是被禁止的，当事人的人身自由也有可能受限，根本无法拍照取证。由此可见，在一些强拆程序中当事人的取证难度是非常大的。

在这种当事人提供的证据不充分的情况下，强拆机关是否就不用承担责任呢？

1. 被强拆后，当事人和行政机关的举证责任都是什么？

强拆房屋行政强制诉讼中的主要待证事实有四：一是提起诉讼的当事人与被拆房屋具有利害关系；二是强拆行为客观存在；三是强拆行为的实施主体；四是强拆行为程序是否合法。

而作为原告的当事人应当对自身与被拆房屋具有利害关系、强拆行为客观存在上述第一项、第二项待证事实承担举证责任；作为被告的行政机关强拆机关应当对强拆行为程序是否合法即第四项待证事实承当举证责任；而对强拆行为的实施主体是谁并未作出明确规定。

有的观点认为对强拆行为的实施主体是谁的举证责任在原告，因为法院在审查立案阶段会对实施主体与被告是否一致进行审查，这种观点是不恰当的。法院收案后进行形式审查，要求原告提交的证据证明的实施主体指向被告，是为了防止诉讼权利被滥用、浪费司法资源、造成无关行政机关讼累，但因此认定举证责任在原告没有依据。

2. 法无规定时，举证责任的分配原则及其具体适用

行政法对于强拆行为的实施主体的举证责任没有规定，依规定可参照民事法律规定。

《最高人民法院关于民事诉讼证据的若干规定》第7条规定：在法律没有具体规定，依本规定及其他司法解释无法确定举证责任承担时，人民法院可以根据公平原则和诚实信用原则，综合当事人举证能力等因素确定举证责任的承担。

因此，在强拆行政诉讼中，在穷尽现有法律规定仍不能确定举证责任的情况下，可以根据公平原则和诚实信用原则，综合当事人举证能力等因素确定举证责任的承担。

强拆行为多发于项目征收及违章建筑拆除工作中。在征收工作中，因为征收方与被征收方就征收补偿争议较大，陷入僵局，征收方出于各方面的利益权衡会实施强拆。

违法建设拆除是强拆的高发地，错拆、多拆、未按照法定程序拆除等情形屡见不鲜。作为原告的当事人一方受限于现场封锁、便衣执法、禁止摄录等各方面现实情况，往往只能通过提供一部分强拆现场照片、视频来证明强拆过程，一旦证据指向的强拆实施主体不精准，部分强拆机关当起"老赖"，否认其是适格的强拆主体。

在确定举证责任时，应当从事实、职权和举证能力三方面分析。

从事实上看，应当将前置的征收文件、拆违文件与后续的强拆行为关联起来，分析作出征收文件、拆违文件的强拆机关实施强拆的盖然性及从中受益情况。

从职权上看，要分析相关强拆机关是否具备实施强拆或协调其他强拆机关实施强拆的职权。

从举证能力看，要对比当事人与强拆机关的举证能力与其举证情况是否相当，具备优势举证能力的强拆机关未提供证据或者未提供充分证据的情况下，应当承担举证不能的不利后果。

因此，当房屋被违法强拆后，一定要做好初步举证工作，比如拨打电话报警，摄录强拆现场照片并尽可能包含周边显著地理标志、执法车辆及牌照号、执法人员制服标识及编号、主要领导指挥人员面容等。当我们完成基本证明责任后，强拆机关的举证责任就来了！

案例5-6

覃某良、南宁高新技术产业开发区管理委员会城乡建设行政管理：房屋拆迁管理（拆迁）再审行政判决书（节选）

再审申请人（一审原告、二审上诉人）覃某良。

委托代理人周某。

被申请人（一审被告、二审被上诉人）南宁高新技术产业开发区管理委员会。

法定代表人李某，主任。

再审申请人覃某良因诉被申请人南宁高新技术产业开发区管理委员会（以下简称"高新区管委会"）强制拆除及行政赔偿一案，不服广西壮族自治区高级人民法院于2016年6月30日作出的［2016］桂行终227号行政判决，向本院申请再审。

南宁市中级人民法院经审理查明，根据南发［2001］54号《中共南宁市委、南宁市人民政府关于进一步加快开发区发展的决定》和南发［2001］55号《中共南宁市委、南宁市人民政府关于深化开发区体制改革实行特区式封闭管理的意见》精神，南宁市规划管理局将其部分职能授予高新区管委会。2001年12月28日，南宁市规划管理局与高新区管委会签订《授权书》，将建设项目选址意见书、建设用地规划许可证、建设工程规划许可证的审批以及违章建筑处罚权等授予高新区管委会行使。

2014年6月26日，南宁高新区管委会在联合执法过程中认为覃某良建设于南宁市××乡塘区××北湖园艺场的简易房屋需进行规划检查，因此在制作了现场勘察笔录后，南宁高新区管委会还作出《综合行政执法检查通知书》，通知覃某良在三日内到指定地点接受检查。覃某良未在指定期限内按上述通知要求接受调查，未能提供涉案房屋的用地和规划审批手续。

2014年7月9日，南宁高新区管委会认为覃某良未经城乡规划行政主管部门批准，擅自建设涉案房屋的行为构成违法建设，遂进行立案查处。2014年7月10日，南宁高新区管委会对覃某良作出《行政处罚告知书》，告知其存在未经城乡规划行政主管部门批准，擅自在南宁市××乡塘区××北湖园艺场建设三栋一层简易结构房屋，占地面积1064平方米，建筑面积1064平方米，该行为违反《中华人民共和国城乡规划法》（以下简称《城乡规划法》）第40条的规定，构成违法建设行为，拟依据该法律第64条的规定作出限期拆除违法建筑的行政处罚，并告知其依法享有陈述、申辩和听证的权利。

2014年7月21日，南宁高新区管委会作出南高新管处字〔2014〕1042号《行政处罚决定书》，限覃某良在该决定送达三日内自行拆除涉案房屋。当月，南宁高新区管委会强制拆除涉案房屋。覃某良以该强制拆除行为违法，且给其造成财产损失为由，诉至法院。请求：①确认南宁高新区管委会强制拆除其养殖场房屋行为违法；②判令南宁高新区管委会赔偿因强拆行为造成其生猪和生产机械及财物等经济损失共497 860元。

南宁市中级人民法院〔2015〕南市行一初字第135号行政判决认为，高新区管委会具有辖区范围内的城乡规划行政管理职权；高新区管委会认定涉案房屋属于违法建筑并限期拆除正确，但拆除该房屋违反程序；覃某良就违法建筑要求赔偿无法律依据，在强拆过程中造成其他损失请求赔偿的问题，由于覃某良举证不充分，不能证明损害事实，不予支持其赔偿主张。依照《中华人民共和国行政诉讼法》第74条第2款第1项、

《最高人民法院关于审理行政赔偿案件若干问题的规定》第33条规定,判决确认高新区管委会2014年7月对覃某良涉案房屋实施强制拆除的行为违法;驳回覃某良的赔偿请求。覃某良不服一审判决,提起上诉。

广西壮族自治区高级人民法院[2016]桂行终227号行政判决认为,高新区管委会具有辖区范围内城乡规划行政管理职权,涉案建筑物所在地为规划区,仍属高新区管委会的城乡规划行政管理职权实施的地域范围。高新区管委会拆除涉案建筑物存在违法情形,在实施强制拆除前未依法催告,未作出行政强制执行决定,一审判决确认高新区管委会对涉案房屋实施强制拆除的行政行为违法并无不当。涉案建筑物建于2011年,位于城市规划区内,应当取得建设工程规划许可证方可建设。覃某良不能提供建设建筑物的合法手续,主张涉案建筑物属合法建筑没有事实依据。涉案建筑物建设后至高新区管委会作出行政处罚时一直存在,具有连续状态情形,覃某良主张涉案建筑物于2011年建成使用,不应再处以行政处罚的理由没有法律依据。覃某良不能证明涉案建筑物属于合法财产,故其请求对涉案建筑物给予国家赔偿没有法律依据。覃某良在涉案建筑物内的养殖物及其他动产是其合法财产,受法律保护。对违法建筑物进行拆除时,应给予适当时间以搬离动产,对于仍未搬离的动产,实施拆除行为的实行政机关应依法进行处置并保全证据。覃某良对赔偿主张依法有举证责任。虽然高新区管委会未提供证据以证实拆除时室内动产已清空,但覃某良仅仅提供财产损失清单作为证据,尚不足以证实动产损失的存在。故对于覃某良赔偿室内物品损失的赔偿请求,该院不予支持。综上所述,一审判决确认高新区管委会行政强制执行行为违法,对覃某良的赔偿请求不予支持正确,依据《中华人民共和国行政诉讼法》第 89 条第 1 款第 1 项，判决驳回上诉，维持原判。

覃某良申请再审称：①高新区管委会在没有强制拆除的法律文件的情况下，对其养殖栅、住房及相关设施进行强制拆除，造成各种损失 497 860 元。②高新区管委会不具备行政强制实施主体资格。③一、二审判决没有判处高新区管委会赔偿其动产损失，违背事实且缺乏依据。请求撤销二审判决，支持其赔偿请求。

高新区管委会答辩称：①高新区管委会是合法的行政主体，具有辖区内城乡规划行政管理职权。②覃某良的房屋为违法建筑，依法应予拆除。③高新区管委会的强拆行为认定事实清楚，程序合法，适用法律正确。④覃某良请求赔偿损失 497 860 元没有事实和法律依据。请求驳回覃某良的再审申请。

本院经审查对一、二审认定的事实予以认可。

本院认为，高新区管委会的强制拆除行为违反《中华人民共和国行政强制法》第 35 条以及第 37 条第 1 款的规定，程序违法，一、二审判决确认违法正确，本院予以支持。

关于高新区管委会是否有权实施涉案强拆行为的问题，根据《中华人民共和国城乡规划法》第 64 条及第 68 条之规定，县级以上人民政府城乡规划主管部门具有城乡规划行政处罚权。另根据《广西壮族自治区高新技术产业开发区条例》第 13 条关于"高新区所在地的市人民政府设立高新区管理委员会，作为管理高新区具体事务的派出机构，根据市人民政府的授权，对高新区的发展规划、科技创新、城市建设、土地、财政、外事、项目审批、劳动人事等事项进行统一管理"以及第 14 条第 1 款第 7 项关于"高新区管理委员会履行所在地的市人民政府授予的其他职权"的规定，南宁市人民政府可以对高新区管委会等派出机构予以明确授权，由其履行法律赋予南宁市人民政府的有关行政管理职权。在此前提下，中共南宁市委办公厅、南宁市人民政府办公厅印发的《中共南宁高新技术开发区工作委员会南宁高新技术产业开发区管理委员会主要职责、内设机构和人员编制规定》第一点主要职责第九项也已明确授权高新区管委会负责高新区城市管理综合行政执法工作。案涉农业养殖设施所在地属于高新区管委会的城乡规划行政管理职权实施的地域范围，因此，高新区管委会有权实施涉案强拆行为。

《中华人民共和国国家赔偿法》第2条第1款规定："国家机关和国家机关工作人员行使职权，有本法规定的侵犯公民、法人和其他组织合法权益的情形，造成损害的，受害人有依照本法取得国家赔偿的权利。"也就是说，获得国家赔偿的前提是公民、法人和其他组织的合法权益受到侵害造成损失的。覃某良被拆除的建筑物不属于合法财产，一、二审对涉案建筑物不给予国家赔偿依法有据，本院予以支持。

《中华人民共和国行政诉讼法》第38条第2款明确规定："在行政赔偿、补偿的案件中，原告应当对行政行为造成的损害提供证据。因被告的原因导致原告无法举证的，由被告承担举证责任。"本案中，高新区管委会在强制拆除过程中，本应依法妥善处置并保全证据，以证明其在强制拆除过程中已尽慎重、妥善之注意义务，对覃某良所建违法建筑物中的合法财产已予清空并妥善处理。但高新区管委会未能提供任何相关证据，未尽到举证责任。由于高新区管委会的违法强制拆除，覃某良仅能提供相关现场照片及财产损失清单，业已穷尽举证手段以证明动产损失的存在，虽然其对于动产损失的具体数额无法举证，基于公平原则，对于案涉动产损失及赔偿数额的确定，应适用上述法律所规定的举证责任倒置，即由高新区管委会承担举证不能的不利后果并负相应的赔偿责任。一、二审判决适用《最高人民法院关于执行〈中华人民共和国行政诉讼法〉若干问题的解释》第27条第3项的规定，而未适用《中华人民共和国行政诉讼法》第38条第2款的规定，适用法律错误，应予纠正。在本院询问过程中，覃某良等人主张其所养生猪被驱离房屋，无处安置产生相应损失的事实，高新区管委会亦未提出相反证据。对于覃某良养殖物及屋内合理物品的损失等相关事实，应当进一步核实后依据证据规则予以确定。

综上，覃某良的再审申请符合《中华人民共和国行政诉讼法》第91条第3项、第4项的规定，一、二审判决认定事实不清，适用法律错误。依照《中华人民共和国行政诉讼法》第92条第2款、《最高人民法院关于执行〈中华人民共和国行政诉讼法〉若干问题的解释》第71条第3项、第78条之规定，判决如下：

第一，撤销广西壮族自治区高级人民法院于2016年6月30日作出的［2016］桂行终227号行政判决；

第二，维持广西壮族自治区南宁市中级人民法院于2015年12月22日作出的［2015］南市行一初字第135号行政判决第一项；

第三，撤销广西壮族自治区南宁市中级人民法院于2015年12月22日作出的［2015］南市行一初字第135号行政判决第二项；

第四，赔偿部分发回广西壮族自治区南宁市中级人民法院重新审理。

第四节　违法建设强制拆除程序中存在的常见问题

行政法的基本原则之一即为程序合法。即行政机关作出任何行政行为必须符合法定程序，即使行政相对人违法在先，行政机关要想纠正违法行为也应当严格按照法定程序履行职责。

根据《行政强制法》第 5 条的规定，行政强制的实施应当适当。同时该法第四章对行政机关实施强制拆除行为应当遵循的法定程序做出了明确、具体的规定。具体表现在：

第一，强制拆除的对象必须是违法建筑本身，组成建筑物的建筑材料及建筑内的物品，因属于当事人的合法财产，应当妥善保存。也就是说，当事人因违法建设所负的法律责任，不应当包含其合法的私有财产。同时，应严格区分合法建筑和违法建筑，不能搞一刀切式执法。

第二，强制拆除的程序必须符合行政强制法的相关规定，每个环节都不可少。法律依据为《行政强制法》第三章、第四章关于行政强制措施实施程序和执行程序的规定。

第三，严格遵守举证责任倒置的原则。参照《行政诉讼法》第 38 条第 2 款关于行政赔偿案件中因被告原因导致原告无法举证时由被告承担举证责任的精神，严格区分强制拆除诉讼中强拆方与被强拆方之间举证责任的划分，不可加重被拆迁方的举证责任。

总之，行政机关对违法建筑实施强制拆除的，手段、方式必须科学、适中，符合法定程序，不得以野蛮方式实施强制拆除。对于建筑物内的物品，行政机关应当采用公证、见证等方式，进行清点造册、制作现场笔录、妥善保管并及时移交。如行政机关未依法履行上述程序，造成当事人合法财产损失的，则该强制拆除行为应予确认违法。

一、行政机关需经合法的催告和公告程序才能实施行政强制行为

违法建设拆除过程有三个独立可诉的具体行政行为：限期

拆除决定书、强制拆除决定书、强制拆除行为，针对这三个独立可诉的具体行政，每一个程序法律都有特别的要求。实务中，强制拆除行为实施存在很多程序违法的情况，因此我们要着重介绍一下强制拆除行为实施前的催告程序及公告程序。

《行政强制法》第四章规定了行政机关强制执行的一般程序，即行政机关作出行政决定——催告——当事人陈述申辩——行政机关作出强制执行决定并送达当事人——实施行政强制执行。

《行政强制法》第44条在上述一般程序的基础上，又对违法建筑的强制拆除设定了特别程序："对违法的建筑物、构筑物、设施需要强制拆除的，应当由行政机关予以公告，限期当事人自行拆除。当事人在法定期限内不申请行政复议或者提起行政诉讼，又不拆除的，行政机关可以依法强制拆除。"面对这样的规定，如何将第44条的特别规定与第四章第一节"一般规定"中所列各项程序叠加适用，以此来确立违法建筑强制拆除的完整步骤。

各地执法部门在实践中做法也不尽相同，笔者认为，行政机关在实施强制拆除以前，必须经过催告和公告程序，不能将二者等同为同一程序。如果在催告时同时公告，这种做法会架空《行政强制法》第44条专门设置公告程序的意义。这样程序性的规定，其立法本意在于，催告书在送达给当事人的同时如果已经进行了公告，那么其实际公告送达效果将远远大于催告书的受众面，更便于公众对违法建筑拆除的监督。

1. 公告与催告是何种关系？

《行政强制法》第35条规定："行政机关作出强制执行决定前，应当事先催告当事人履行义务。催告应当以书面形式作出，并载明下列事项：……"

因此，催告程序是强制拆违的必经程序。催告与公告之间不存在相互替代关系，它们是两种不同的行政行为。

根据《行政强制法》第34、35条的规定，只有当法定义务人在行政决定规定的期限内不履行义务时，才发生催告行为，故此两者的顺序也是公告在前，催告在后。在强制拆除违法建筑时，将公告与催告相结合，在强制执行前公告，限期当事人自行拆除，当事人逾期拒不拆除的，在正式强制拆除前还应当催告。如果采取两次公告的方式，则其顺序为：公告→催告→公告。

2. 对什么行为进行公告？

在行政强制拆违中，可能涉及需要公告的是两个具体行政行为：一是《行政强制法》第34条所指的行政决定，即基础行政行为；二是《行政强制法》第39条所指行政强制执行决定，即执行行为。究竟是公告前者，还是公告后者，抑或两者都公告？

对此可从三个方面进行分析：首先，限期拆除是行政决定必不可少的内容；其次，《行政强制法》第37条规定的强制执行决定包括强制执行的理由和依据、方式和时间等内容，限期拆除并非行政强制执行决定的内容。再次，公告程序是在决定代履行等程序之前，即在三审稿中，公告的是行政决定。据此，拆违条款中的公告是指对行政决定进行公告，而非对行政强制执行决定进行公告。

但从立法宗旨看，《行政强制法》是"为了规范行政强制的设定和实施"，故其监督与规范的重点应当是行政强制执行行为，而非作为基础行为的行政决定行为。在实践中，北京等地的规定都是公告强制行为。从这一角度讲，拆违条款所设定的公告程序是有缺陷的。为弥补这一缺陷，宜采取两次公告的方式，即对强制执行也进行公告。这当然会增加行政成本，但有利于保护当事人的合法权益,有利于对行政行为的监督。

3. 当事人对公告行为是否享有诉权?

对公告行为是否享有诉权,在实践中争议颇大。一种观点认为,公告行为没有增加当事人的义务,只是程序性行为,应为不可诉;另一种观点则认为可诉。如曾有人在立法中建议"应加上一项:当事人对限期拆除公告有异议的,可以申请行政复议或提起行政诉讼。"但《行政强制法》并未采纳对公告可以复议、诉讼的建议。

笔者认为,拆违条款中公告的是行政决定或行政强制决定的相关内容,若当事人对该决定不服,可以就该决定起诉,没有必要再就公告这一形式给予诉权,以免造成讼累。当然,公告内容超出行政决定或行政强制执行决定的范围,损害当事人合法权益的,则另当别论。也就是说,对公告行为应以不可诉为原则,以可诉为例外,即只有公告内容超出行政决定或行政强制执行决定的范围,损害当事人合法权益的,才为可诉,否则均为不可诉。

案例5-7

安顺市西秀区新康源养殖有限公司与安顺市西秀区人民政府一审行政判决书(节选)

原告安顺市西秀区新康源养殖有限公司。

法定代表人陈某全,总经理。

被告安顺市西秀区人民政府。

住所地:贵州省安顺市西秀区黄果树大道龙潭路政府综合大楼。

法定代表人陈某一,区长。

第三人安顺金鼎阳光拆迁有限公司。

住所地：贵州省安顺市西秀区青山村邓家组老茶厂。

法定代表人田某兰，该公司负责人。

原告安顺市西秀区新康源养殖有限公司（以下简称新康源公司）因要求确认被告安顺市西秀区人民政府（以下简称西秀区政府）作出的行政强制执行行为违法，于2018年1月30日向本院提起行政诉讼。

本案现已审理终结。

被告西秀区政府于2017年12月20日将原告位于安顺市西秀区××办事处××村的养殖场内建筑物予以强制拆除。

原告新康源公司诉称：原告公司依法成立于2016年5月9日，成立后依法流转位于安顺市西秀区××火烧××村的土地从事蛋鸡养殖业务，2016年初修建鸡舍240平方米，并与贵州新东乡农业发展有限公司签订《种鸡代养合同》，约定由原告代养种鸡，回收价格为110元一羽，原告分别于2016年8月6日、2017年3月15日分两次购进鸡苗1.5万羽，支付鸡苗价格117 500元，并一直养殖至成鸡。

2017年11月第三人安顺金鼎阳光拆迁有限公司告知原告养殖场所在土地要被征收，对原告纳入征收范围内的建筑物及平整土地进行了测量，按照相关征收补偿标准计算出拟补偿数额共计452 717.73元并进行了公示。

公示时间为：2017年12月11日至12月18日。

但是在此期间被告不顾原告建筑已纳入征收补偿范围并公示公告的前提，以临时成立的"安顺市西秀区打击违法用地违法建设领导小组办公室"的名义于2017年11月28日在原告处张贴限期拆除违法建筑通知。

同年12月20日，被告在未征询原告任何意见的情况下，即组织东关街道办事处、城乡规划局等部门并临时雇佣农民工50余人将原告建筑内物品搬出随意丢弃后,利用挖掘机将所有建筑物强制拆除。

导致原告约一万只成年蛋鸡伤亡,给原告造成巨大损失。

原告认为,被告在对原告建筑物认定违法建设的行政行为中未履行"立案、调查、听取申辩、告知听证、送达"等法定程序,强拆行为未经行政处罚法定程序,侵犯原告物权,严重违法,且在实行强制拆除行为时,未履行拆除、保管、登记法定程序,随意丢弃原告屋内物品,造成原告合法财产损毁丢失。

请求依法确认被告组织实施强制拆除原告建筑的行为违法。

原告为支持其诉请提供以下证据:①土地租赁合同,证明原告合法流转土地从事养殖;②建设工程施工合同,证明原告出资修建涉案被强拆建筑;③种鸡代养合同、销售清单及收款收据,证明原告购买种鸡及支付价款情况;④金鼎阳光拆迁公司张贴的对原告养殖场的征收补偿公示,证明第三人将原告养殖场纳入征收补偿范围并将补偿事项予以公示;⑤执法调查通知书及责令限期拆除通知,证明被告强拆程序违法;⑥现场照片,证明涉案建筑强拆前后的状况;⑦动物防疫条件合格证,证明原告养殖场取得了主管部门许可,领取了合格证;⑧营业执照及法定代表人身份证明,证明原告主体资格。

被告西秀区政府辩称:一、原告修建的位于安顺市西秀区××办事处××村的建筑属于违法建筑,依法应当予以拆除;二、被告实施的强制拆除行为符合法律规定,程序合法。

综上,原告的诉讼请求没有事实和法律依据,应予驳回。

被告在举证期限内向本院提交以下证据:①执法调查通知书、现场勘验笔录、调查询问笔录、调查情况说明、一户一档

第五章　结合裁判案例看实务中的常见问题

信息查处表、一户一档印证单、案件分类责任表、预审科审核情况意见表、结案表、照片，证明涉案建筑没有办理相关规划手续，属违法建筑及被告实施强拆前依法履行了相应的程序；②责令限期拆除违法建筑决定书及送达回执、请示、公文处理笺，证明强拆行为符合法定程序。

第三人安顺金鼎阳光拆迁有限公司未向本院提交答辩状和证据。

经庭审质证，原告对被告所举证据除调查笔录及照片真实性认可外，其余证据的真实性、合法性均不认可。

认为被告所举证据不能证明其实施的强拆行为合法，反而印证其执法程序混乱、缺失必要的依据，且严重违反先调查后决定的基本原则。

被告对原告所举证据①、⑤、⑦、⑧真实性无异议，但不认可证明目的；对其余证据的真实性、合法性及关联性均不认可。

本院对上述证据认证如下：对原告所举证据②—④、⑦因与本案审理的强拆行为无关联，不予采信，对原告所举其余证据及被告所举证据均符合证据的真实性、合法性、关联性的要求，本院予以采信。

经审理查明：原告新康源公司于2016年5月3日登记成立。该公司于2016年流转位于安顺市西秀区××火烧××村新房组××王庄坡的土地约150亩，在未办理相关规划审批手续的情况下修建鸡舍等简易建筑从事蛋鸡养殖业务。

2017年9月，被告西秀区政府的职能部门安顺市城乡规划局西秀区分局巡查中发现涉案建筑未办理相关规划审批手续，遂于同年9月19日以涉案建筑违反《中华人民共和国城乡规划法》《贵州省城乡规划条例》的规定，属违法建筑为由作出安西规限拆 2017 第 1147 号《责令限期拆除违法建筑决定书》，责令原告新康源公司法定代表人陈某全于 2017 年 9 月 22 日之前自行拆除。

该决定书于同年 9 月 27 日送达原告法定代表人陈某全。

同年 11 月 28 日，被告西秀区政府设立的"安顺市西秀区打击违法用地违法建设领导小组办公室"作出催告通知张贴在原告住所地。

同年 12 月 20 日，被告西秀区政府组织实施了对涉案建筑的强制拆除。

本院认为，本案原告要求确认被告作出的强拆行为违法，所诉行政行为系行政强制执行行为，属于行政诉讼受案范围。

根据《中华人民共和国城乡规划法》第 68 条"城乡规划主管部门作出责令停止建设或者限期拆除的决定后，当事人不停止建设或者逾期不拆除的，建设工程所在地县级以上地方人民政府可以责成有关部门采取查封施工现场、强制拆除等措施"的规定，本案被告具有强制拆除违法建筑的行政强制执行权。

《中华人民共和国行政强制法》第 35 条规定：行政机关作出强制执行决定前，应当事先催告当事人履行义务。

催告应当以书面形式作出，并载明履行义务的期限、方式及当事人依法享有的陈述权和申辩权等。

第 37 条规定：经催告，当事人逾期仍不履行行政决定，且无正当理由的，行政机关可以作出强制执行决定。

强制执行决定应当以书面形式作出，并载明强制执行的方式和时间等事项。

第 38 条规定：催告书、行政强制执行决定书应当直接送达当事人。

第五章 结合裁判案例看实务中的常见问题

当事人拒绝接收或者无法直接送达当事人的，应当依照《中华人民共和国民事诉讼法》的有关规定送达。

第44条规定：对违法的建筑物、构筑物、设施等需要强制拆除的，应当由行政机关予以公告，限期当事人自行拆除。

当事人在法定期限内不申请行政复议或者提起行政诉讼，又不拆除的，行政机关可以依法强制拆除。

根据上述规定，违法建筑强制拆除程序应当包括以下内容：

1. 城乡规划部门依法作出责令停止建设或者限期拆除决定后，当事人在法定期间内不申请行政复议或者提起行政诉讼。

这是《中华人民共和国行政强制法》给行政机关实施违法建筑强制拆除行为设定的特别程序，即对行政机关作出的限期拆除行政决定进行行政复议和诉讼期间应当停止执行。

或者在当事人既不申请行政复议，又不提起行政诉讼，逾期又不履行拆除义务时，行政机关才有权依法实施强制拆除。

2. 向社会公告拆除违法建筑事宜。

行政机关在当事人既不复议、诉讼，又不履行拆除义务时，应当作出书面催告通知书，催告当事人履行拆除义务。

在向当事人送达书面催告通知书的同时，还应当将强制拆除违法建筑的内容向社会公告。

3. 作出强制拆除执行决定，依法强制拆除。

催告通知及公告催告履行期满之后，当事人仍不履行拆除义务的，行政机关应当依法作出强制执行决定，确定强制执行的具体时间，送达当事人。

当事人到期没有自行履行，行政机关依法采取强制措施，予以强制拆除。

本案中，被告西秀区政府在其相关职能部门向原告送达限期拆除决定后，未预留法定复议期限和行政诉讼期限，且在没有依照上述规定送达书面催告通知书及作出强制拆除执行决定并送达的情况下即对涉案建筑予以强制拆除，违反法定程序。

综上，原告要求确认被告强拆行为违法的请求成立，本院予以支持。

据此，依照《中华人民共和国行政诉讼法》第74条第2款第1项的规定，判决如下：

确认被告安顺市西秀区人民政府于2017年12月20日对原告安顺市西秀区新康源养殖有限公司位于安顺市西秀区东关办事处火烧寨村的建筑物所作出的强制拆除行为违法。

案件受理费50元，由被告安顺市西秀区人民政府负担。

如不服本判决，可在判决书送达之日起十五日内，向本院递交上诉状，并按对方当事人的人数提交副本，上诉于贵州省高级人民法院。

二、强制拆除违法建筑过程中应当对合法建筑和违法建筑进行准确区分

依据行政强制法的相关规定可知，强制拆除违法建筑必须严格按照法律规定的程序及强拆法律文书所确认的拆除范围进行。而责令拆除违法建筑决定书及强制拆除违法建筑决定书作为强拆程序中必不可少的执行依据，本身的合法合理性就显得尤为重要。

司法实践中一般认为，责令拆除违法建筑决定书及强制拆除违法建筑决定书中，如果存在对部分建筑具有合法的房屋所有权证未作查明的情况，在认定强制拆除范围时对合法建筑及违法建筑的范围未作明确的区分处理，则会因为涉及侵犯房屋所有权人及房屋承租人的合法权益而被法院确认违法。

三、拆除违法建筑时不能超出必要的限度

何为必要的限度？行政法意义上的必要限度是指符合行政比例原则的要求，即行政主体实施行政行为应兼顾行政目标的实现和相对人权益的保护，如为实现行政目标可能对相对人权益造成某种不利影响时，应使这种不利影响限制在尽可能小的范围和限度内，保持二者处于适度的比例。

应用于征迁实务中，就是指责令限期拆除违法建设时，不仅要明确违法建设的具体位置、范围等内容，还应当对相关建设进行甄别，将确因基本居住需要、为保障身体健康而在必要限度内进行的搭建暂时排除在限期拆除的范围之外。

司法实务中一般认定违法建设不属于当事人的合法财产权益，对违法建设的拆除自然也就不会产生国家赔偿，但建设本身违法并不意味着建筑材料亦随之变成非法财物。从最高人民法院的司法判例中可知，建筑材料属于当事人的合法财产。

行政机关在对违法建设实施强制拆除的过程中，若违反法定程序或采取的手段、方式不适中、不正当，导致建筑材料受到明显不合理、过度毁损的，应当根据建筑材料的合理价值、违法强制拆除行为造成的合理损失等因素承担相应的赔偿责任。因此，行政机关在进行违法建筑拆除时不能超出必要的限度。

四、强拆诉讼中主张行政赔偿、补偿时举证责任的分配问题

主张行政赔偿、补偿的请求一般发生在提起确认强拆违法诉讼中或强拆行为被确认违法后另行提起的赔偿诉讼中。由此在法院审理过程中，如何确认物品损毁的数量及责任承担就显得尤为重要。

依据《行政诉讼法》第38条第2款的规定，在行政赔偿、

补偿的案件中，原告应当对行政行为造成的损害提供证据。因被告的原因导致原告无法举证的，由被告承担举证责任。

也就是说，在行政赔偿案件中，涉及违法建筑强制拆除的，对违建内存放物品价值存在争议的，法院如何分配举证责任？司法实践中一般认为行政机关的拆除行为被确认违法后，由该行为导致相对人存放于违建内的物品毁损的，行政机关应承担相应赔偿责任。

如果当事人对物品价值存在争议，行政机关未依法通知相对人到场、未依法履行制作室内存放物品财物清单等证据的固定义务，导致违建内的物品毁损情况事实不清的，如相对人可以提供初步证据证明违建内的物品情况，行政机关无相反证据的，法院将酌情确定赔偿数额、判决行政机关承担相应的赔偿责任。

五、强拆行为无主体负责的，如何认定或确定强拆主体

由最高人民法院裁判案例确定的裁判规则可知，行政诉讼的适格被告应当根据"谁行为，谁被告；行为者，能处分"的原则确定。一般情况下，行政行为一经作出，行为的主体也就能确定下来。

但近年来在征迁实务中，也存在这样一种特殊情形，即行政行为的适格主体在起诉时始终难以确定，这类型的案例在强拆行为中尤其突出，我们看到，一些政府部门迫于各种压力，不得不实施强拆，但强拆之后又不愿意承担因程序违法所带来的法律后果，所以此类案件当事人往往很难找到在法律上满足起诉条件的适格主体。这种类型案件，如果当事人前期确实穷尽一切手段也无法取得谁是强拆主体的明确证据，还可以寄希望于法院通过审理并运用举证责任规则作出判断。

1. 国有土地征迁过程中强制拆除行为主体的推定

依据《国有土地上房屋征收与补偿条例》第4条规定，①市、县级人民政府负责本行政区域的房屋征收与补偿工作。②市、县级人民政府确定的房屋征收部门组织实施本行政区域的房屋征收与补偿工作。第5条规定，①房屋征收部门可以委托房屋征收实施单位，承担房屋征收与补偿的具体工作，房屋征收实施单位不得以营利为目的。②房屋征收部门对房屋征收实施单位在委托范围内实施的房屋征收与补偿行为负责监督，并对其行为后果承担法律责任。

由上述规定可知市、县级人民政府及房屋征收部门、实施单位之间因房屋征收补偿工作产生的法律责任，司法实践中一般认为，在无主体对强拆行为负责的情况下，人民法院应当根据职权法定原则及举证责任作出认定或推定。

如果存在用地单位、拆迁公司等非行政主体实施强制拆除的情形，应当查明是否受行政机关委托实施，确实存在委托关系的，则由委托机关承担责任。

2. 集体土地征迁过程中强制拆除行为主体的推定

根据《土地管理法》第46条规定，国家征收土地的，依照法定程序批准后，由县级以上地方人民政府予以公告并组织实施。《土地管理法实施条例》第25条规定，征收土地方案经依法批准后，由被征收土地所在地的市、县人民政府组织实施。

由此可知，在集体土地征收过程中，有且仅有市、县级人民政府才具有依法征收土地及其附属物的职权，发布公告亦是其履行职权的表现。也就是说，在被强制拆除房屋位于市、县级人民政府确定的征收范围内时，除非市、县人民政府能够举证证明房屋确实是在其不知情的情况下由其他主体违法强拆，否则人民法院可以依据上述法律规定，推定涉案违法强制拆除行为系市、县级人民政府或其委托的主体实施。

例如，司法裁判中原告（被拆迁方）可以初步证明被告（拆迁方）负有涉案房屋所在区域征收与补偿的法定职责，在双方未达成补偿安置协议且涉案房屋已被强制拆除的情况下，除非有相反证据证明涉案房屋系因其他原因灭失，否则举证责任应由被告承担。在被告无法举证证明非其所为的情况下，可以推定其实施或委托实施了被诉强拆行为并承担相应责任。

六、法院不介入非诉强制拆除违法建设项目

2013年4月3日实施的《最高人民法院关于违法的建筑物、构筑物、设施等强制拆除问题的批复》宣告了法院不再介入非诉"拆违"。理由是：根据行政强制法和城乡规划法有关规定，对涉及违反城乡规划法的违法建筑物、构筑物、设施等的强制拆除，法律已经授予行政机关强制执行权，人民法院不受理行政机关提出的非诉行政执行申请。

1. "非诉行政执行申请"概述

（1）何谓"非诉行政执行申请"？所谓"非诉行政执行申请"，是指当事人在法定期限内不申请行政复议或者提起行政诉讼，又不履行行政决定，没有行政强制执行权的行政机关可以自期限届满之日起3个月内，依法向人民法院提出强制执行申请。

其直接依据来自于《行政强制法》第53条、《行政诉讼法》第66条以及最高人民法院有关司法解释的规定。申请主体是行政机关，申请执行的依据是其作出的生效的行政决定。从最高人民法院的表述可知，其重在强调人民法院不受理行政机关提出的有关限期拆除决定等的非诉行政执行申请。

（2）强调"非诉"的意义是什么？首先，在于严格区分是

否属于诉讼中的强制执行。在诉讼案件中，根据《行政诉讼法》第65条和《最高人民法院关于适用〈中华人民共和国行政诉讼法〉的解释》第83条的规定，对发生法律效力的行政判决书、行政裁定书、行政赔偿判决书和行政赔偿调解书，负有义务的一方当事人拒绝履行的，对方当事人可以依法申请人民法院强制执行。即属于诉讼中的"申请人民法院强制执行"情形。至于一些地方行政机关在诉讼中申请人民法院"先予执行"被诉行政行为的，原则上不得准许，而非诉行政强制执行的前提是"非诉"。其次，在于严格区分行政机关有无行政强制执行权。只有无行政强制执行权的行政机关才可以向法院提出非诉行政执行申请。而行政强制法、城乡规划法已经授权县级以上人民政府可以责成有关部门强制拆除。

2. 行政机关如果因拆违侵害公民、法人和其他组织合法权益，人民法院能够提供哪些司法保护与救济？

概括地讲，人民法院对拆违涉及的行政侵权可以在三个环节发挥司法保护作用。

第一个环节，行政机关以当事人违反《城乡规划法》为由作出责令停止建设、限期改正、限期拆除等决定后，当事人有权向人民法院提起行政诉讼。被告通常是作出上述决定的市、县人民政府城乡规划主管部门或乡、镇人民政府。人民法院对上述决定进行合法性审查，对违法情形可以作出撤销上述决定或确认违法、要求限期重作等判决。司法审查中认定无证建筑、临时建筑是否构成违法建筑时，要综合考虑有无非因当事人一方过错的行政因素、历史因素、实际建设和使用状况等作出全面审查，不能简单一判了之。

第二个环节，在限期改正、限期拆除等决定作出后，强制拆除活动进行前，行政机关如果依照行政强制法作出强制执行决定，当事人有权提起行政诉讼。拆违领域的行政强制执行存在《城乡规划法》第68条规定的县级以上人民政府"责成"等程序以及《行政强制法》第25条、第37条规定的催告、作出强制执行决定等程序，相关的配套性规定目前尚不健全，司法实践中应注意把握的标准是，如果县级以上人民政府以自己名义作出的"责成"行为直接产生外化效果（如作出"责成决定书""强制执行决定书"等直接通知当事人），当事人可以县级以上人民政府为被告提起行政诉讼；如果强制执行决定是由被责成的部门作出的，则当事人可以该部门以及作出责成行为的县级以上政府为共同被告。人民法院审查重点在于判断强制执行决定的定性及程序的合法性，如是否符合违法建筑构成及是否按要求经过法定的"责成"、催告程序等，人民法院根据审查情况作出相应的裁判。

第三个环节，当事人针对行政机关实施的强制拆除行为本身也可以依法提起诉讼。《行政强制法》第8条第1款规定："公民、法人或者其他组织对行政机关实施行政强制，享有陈述权、申辩权；有权依法申请行政复议或者提起行政诉讼；因行政机关违法实施行政强制受到损害的，有权依法要求赔偿。"强制拆除行为作为一种行政行为具有可诉性，即使对违法建筑物、设施、构筑物等的行政处罚决定和强制执行决定本身合法有效，也可能存在实施主体不适格，执行对象错误，擅自扩大执行范围，没有采取适当的动产登记、封存、保管等措施，造成被执行人或其他人合法财产损失，以及违反《行政强制法》第43条规定在夜间或法定节假日实施，或者对居民生活采取停止供水、供电、供热、供燃气等方式实施等情形，当事人对此可依法提起行政诉讼或行政赔偿诉讼。需加说明的是，这一环节中当事人原则上只能针对行政强制执行行为本身的合法性提起诉讼，人民法院一般不对原具体行政行为的合法性进行审查。通常，直接实施的行政机关或者以自身名义委托他人实施的行政机关是被告，人民法院对违法的行政行为可以作出确认违法判决或者行政赔偿判决等。

第五节 涉及违法建设类型案件的管辖问题

一、地域管辖

如果涉及与违法建设查处有关的信息公开案件，或者是行政机关不履行举报答复职责的案件，应当由被告所在地法院管辖。

如果是因限期拆除决定、强拆拆除决定、强制拆除行为，以及因为行政机关作出的举报事项不成立等答复引起的诉讼，由不动产所在地的法院管辖。

在这里需要注意一下关于行政机关履行监管职责的案件怎么确定管辖的问题，通俗地讲就是，当事人向行政机关举报要求查处违法建设，行政机关如果没有作出答复，由该行政机关就是被告所在地的法院管辖，如果行政机关针对举报已经作出了答复，但是当事人认为该答复不合法，需要起诉到法院的话由不动产所在地的法院管辖。

二、级别管辖

目前绝大部分的违法建设查处、强制拆除都是由城管部门和镇政府来实施的，所以对此类处罚实施主体的案件都是由基层法院进行管辖，但是有些案件是由多部门联合执法的，如果有证据证明是多部门联合执法所实施的行为，那么就由联合执法的部门中级别最高的部门来确定最终的管辖，比如联合执法的主体有市政府，那么该案一审就应当由中级人民法院管辖。

第六节 政府信赖利益问题

一、什么是政府信赖利益

政府信赖利益也称行政信赖利益保护，是指行政机关的行政行为作出后，公民、法人或其他组织可以根据对行政行为的信赖而合理安排生产生活，因此实际产生的和预期可能发生的经济利益应受到法律的保护，如果因特殊情形需要变动行政行为且对行政相对人会造成损失的，应当予以合理补偿。这就要求行政行为具有确定力，没有法定事由和法定程序不得随意撤销、变更或者废止。也就是说政府对已经作出的行政行为应当守信用，不得随意变更，不得反复无常。

信赖利益保护原则适用的要件包括：

第一，存在行政行为，随着依法行政以及法治政府建设的推进，信赖利益保护不仅局限于《行政许可法》第8条的规定，包括但不限于可诉的行政许可等行为，其他行政指导行为、行政合同行为中的信赖利益保护等也越来越受到重视；

第二，存在信赖的事实，就是行政相对人基于行政行为实施了某项事务或活动，耗费了必要的人力、物力和财力；三是行政相对人属于善意，就是要求行政相对人没有主观过错，如果以欺诈或贿赂的方式使行政机关作出行政行为而产生的利益不属于此原则适用范围。

二、行政合同是否可诉

2004年《最高人民法院关于规范行政案件案由的通知》中明确列举了行政合同的案由。

2015年修订的《行政诉讼法》进一步明确了行政合同的可诉性。根据《行政诉讼法》第12条第1款第11项，"认为行政机关不依法履行、未按照约定履行或者违法变更、解除政府特许经营协议、土地房屋征收补偿协议等协议的"可以提起行政诉讼。

《最高人民法院关于适用〈中华人民共和国行政诉讼法〉若干问题的解释》（法释［2015］9号）第11条则进一步明确行政合同诉讼的受案范围指向"行政机关为实现公共利益或者行政管理目标，在法定职责范围内，与公民、法人或者其他组织协商订立的具有行政法上权利义务内容的协议"，包括但不限于政府特许经营协议和土地房屋征收补偿协议。

根据以上界定，纳入行政诉讼受案范围的行政合同需具备三个基本要件：第一，合同主体双方的恒定性；第二，以实现公共利益或者行政管理为目标；第三，以设定、变更或消灭行政法上权利义务为内容。

此外，从司法实践看，判断行政机关作为一方主体签订的合同是否应受行政法规范的调整，法院还会考虑行政机关是否在合同中享有行政优益权。

三、通过政府招商引资的证照不齐全的企业，在面临违章拆除时是否应当获得补偿？

招商引资是地方政府在20世纪80、90年代发展经济的重要举措和日常工作内容之一，当时招商引资的形式多样，土地和税收是很多地方政府常用的吸引投资的方式。

地方政府为了能够快速地让招商引资项目落地，通常都会允许项目"先上马后审批"，尤其是对于手续繁复的土地审批手续，大多都允许边建设边补办手续，争取以最快的速度展开生产建设，将各项投入转化为GDP。在这一特殊背景下，"先上车后买票"成了不少地方招商引资的变通办法。

这些"先上车后买票"的企业一部分后期通过国土部门的处罚后，补办了土地使用权证和房屋产权证等手续，但是有相当一部分因为集体土地性质的制约，建设用地指标紧缺等原因，始终没有能够办理土地使用权证和房产证，这就造成了在全国范围内的城乡接合部均存在一部分有政府招商引资背景而又证照不齐全的房屋。

笔者认为，这部分房屋即使证照不齐全确实在法律上可以定性为违法建设，但是也不能没有任何补偿，实践中不少判例也是支持这个观点的，下面我们就来具体分析总结一下理由：

1. 招商引资合同是在招商引资的过程中，投资者与政府或者政府授权的有关部门签订的合同，其显著特征是合同的一方是政府或政府授权的有关部门。

这类型的合同中通常会约定政府一方须配合投资方办理立项、用地、建设规划等手续。对建筑是否合法的认定职权归于政府下属的国土规划部门，而招商引资又是经政府文件予以认可的，而政府已经先用招商引资的形式对企业建筑合法性表示了认可，可以认为是有认定建筑合法性的职权部门已经认可企业建筑合法。

而且由于政府及其相关的职能部门对企业来此建厂经营从开始就是知情并认可的，企业建设厂房并长期经营纳税而没有被查处，对政府招商引资行为及在此过程中认可自身合法性的事实具有信赖利益，政府就不能轻易地出尔反尔，更改当年招商引资的合作内容，将此类建筑认定为违法建筑，依据就是行政法中的基本原则之一——信赖利益保护原则。

这一原则指的就是行政主体对其行政过程中形成的值得信

赖的、可预期的行为、承诺、规则等因素，必须遵守信用，保证履行，禁止随意变更。

▶ 案例5-8

莱州市人民法院
行政判决书（节选）

原告陈某红，女，1966年7月19日出生，汉族，城镇居民，住龙口市。

被告招远市国土资源局。住所地：招远市初山路110号。

法定代表人李某勇，局长。

原告陈某红因与被告招远市国土资源局行政赔偿一案，于2013年5月14日在向烟台市中级人民法院请求确认强制拆除育苗场行为违法的同时一并提起行政赔偿诉讼，烟台市中级人民法院指定本院审理。

本案现已审理终结。

原告陈某红诉称，因招远市辛庄镇东良村招商引资，原告于2001年7月8日同招远市辛庄镇东良村签订土地承包合同，承包了东良村原林业队北部海滩进行育苗场经营。原告投资420多万元修建了育苗场，按照招远市环保局对原告育苗场的核定标准缴纳了排污费，同时向招远市辛庄镇人民政府缴纳了农业特产税。

2012年5月10日，原告接到东良村委通知，称因滨海新区海天大世界项目建设需要，招远市人民政府要对包括原告承包的林业队北部海滩在内的土地实施征收，并要求解除土地承包合同。2012年5月25日，招远市征地指挥部对原告的育苗场进行了清点，指挥部承诺：根据清点结果，要对原告的育苗场资产进行评估，根据评估结果，指挥部于 2012 年 6 月 15 日前将全部补偿款支付给原告，原告于 2012 年 6 月 15 日前拆除育苗场及相关设施。双方签订协议一份，征地指挥部负责人杨某杰签字确认。指挥部签订协议后对原告育苗场资产进行了清点，但并未评估。

2012 年 8 月 17 日，被告及招远鸿发工程有限公司强行控制原告及家人，将原告厂房设施全部拆除，三千多斤海参苗被压于废墟。被告为实施海天大世界商业开发项目，为达到对原告不补偿、少补偿的目的，强行拆除原告厂房及生产设施的行政行为程序违法。请求依法判令被告赔偿原告损失 1500 万元。

原告提供了以下证据：①招远市辛庄镇财政所于 2002 年 5 月 24 日收取原告农业特产税征收收据复印件一份、招远市环境保护局于 2003 年 3 月 31 日收取原告育苗场排污费收据复印件一份，证明原告使用土地和经营育苗场的合法性；②原、被告双方共同清点的 2009 年 4 月 29 日"拆除育苗场及附属设施勘估表"一份和 2012 年 5 月 25 日育苗场物资清单一份；原告于 2012 年 8 月 19 日记录的物资清单附件一份；③原告约于 2009 年 6 月 14 日左右拍摄的光盘一张；④杨某杰签字的协议，证明被告持有清点资产的清单但拒不提交；⑤招远鸿发工程有限公司的领取清单通知书，其中载明有物品一宗，足以证明被告有证据但拒不提交；⑥证人于某旺、栾某红、李某涛出庭作证，证明原告育苗场被强拆时被限制人身自由、灭失物资及海参苗养殖等情况。

被告招远市国土资源局辩称：第一，原告的育苗场房屋及附属设施已被依法认定为违法占地的建筑物，处罚决定已发生法律效力，原告对其育苗场房屋及附属设施不具有合法权益。第二，经原一、二审法院判决认定，被告拆除违法占地建设的育苗场建筑和附属设施未经法定程序拆除，是程序违法。第三，招远市辛庄镇东良村委和招远鸿发工程有限公司在实施拆除原告的违法占地育苗场建筑物和附属设施后，拆除后的物资放置在原违法建筑物院内保管，被告没有损坏原告的合法财产，不应承担法律上的赔偿责任。第四，因原告是违法占地建设育苗场房屋及附属设施，被告虽然拆除程序违法，因原告对该育苗场建筑物和附属设施不具有合法权益即不享有所有权，因此被告对该非法建筑的拆除不承担行政赔偿责任。同时，非法建筑在征收中不予补偿。因此，原告非法占地建设的育苗场也不应当给予征收补偿。综上，原告的起诉没有事实证据和法律依据，其行政赔偿诉求依法不能成立，请求驳回原告的诉讼请求。

被告向本院提交了以下证据：原、被告双方于2009年4月29日共同清点的"拆除育苗场及附属设施勘估表"原件一份。

经庭审质证原告提交的证据，被告对原告提交的农业特产税和排污费收据的真实性无异议，但认为不能证实原告取得了合法的土地使用权；对原告提交的原、被告双方于2009年4月29日共同清点的"拆除育苗场及附属设施勘估表"一份的真实性无异议，认可其中与被告提交勘估表中一致的内容，对原告自行添加的内容不认可；对原告提交的2012年5月25日育苗场物资清单一份、2012年8月19日原告记录的物资清单附件一份的真实性不认可，认为均系原告单方清点记录，不能证明本案违法建筑拆除时物资的财产状况；对原告提交的光盘，认为是原告单方拍摄、拍摄内容不只限于原告育苗场地段，对其中与2009年4月29日原告签字的"拆除育苗场及附属设施勘估表"中一致的认可，不一致的内容不认可；对原告提交的杨某杰签署的协议因是复印件，被告不同意质证；对清点通知书，被告称没有见到也不知情，和被告没有任何关系，不能证明被告掌握原告的资产状况;对证人证言,认为李某涛证言与栾某红、于某旺证言相矛盾,栾某红和于某旺都否认陈某红回购海参苗,但李某涛称原告回购海参苗;于某旺所称物资清单根本不是其在拆迁现场清点所见,且于某旺承认收过原告的钱,于某旺与原告有利害关系,其证言不能作为证据使用;栾某红出庭作证时,对其丈夫说过原告给过钱的事矢口否认,说明事先有人教唆作伪证,其本人在法庭作证时是不诚实的,其证言不能作为证据使用。

原告辩驳称,根据《最高人民法院关于赔偿委员会适用质证程序审理国家赔偿案件的规定》第6条第(3)项规定,通过协议和物品领取通知书,均可以证明被告在拆迁前对物资进行了清点,但被告在举证期限内拒不举证,应认定被告无证据;根据协议和物品领取通知书,结合证人证言足以证明被告在实施强制拆除时,限制了原告的人身自由,导致原告对自己的财产失去了管理权,财产灭失应由被告承担责任;为进一步查清事实,原告申请三名证人出庭作证,三证人在接受质证时,回答问题确有不一致的情况,因强拆事实发生在2012年,在2015年对其进行调查,出现一些小的出入属于常情常理,更能说明证人陈述事实的真实性,可以确定被告对原告的厂房属于暴力性拆除的事实;因被告将原告育苗场的物资进行了处理,所以被告如无相反证据证明原告育苗场物资清单存在的客观性,应以该物资清单作为定案的依据;证人于某旺作证时只说陈某红在年底的时候给赏,并不是给钱,也没说拿到了钱;原告与于某旺一家是相互协助关系,不存在金钱交易;往年很少回购海参苗,但2011年孩子考大学,原告要去陪读,这一年多期间没请技术员,为有效利用车间才回购海参苗,这样可以养活工人,孙某亮也有事可干。

第五章　结合裁判案例看实务中的常见问题

经质证被告提交的证据，原告对其真实性无异议。

本院对上述证据认证如下：

1. 原告提交的招远市辛庄镇财政所于 2002 年 5 月 24 日出具的农业特产税征收收据复印件一份、招远市环境保护局于 2003 年 3 月 31 日出具的排污费收据复印件一份虽系复印件，但能够证实原告自建设经营育苗场以来，相关行政机关向原告收取税费等，本院对其真实性予以确认。

2. 原告提交的原、被告双方于 2009 年 4 月 29 日共同清点的"拆除育苗场及附属设施勘估表"一份与被告提交的勘估表系同一证据，原告提交的证据中有自行添加的内容，被告不认可，原告没有证据证明添加物资存在，本院对被告提交的该份证据予以确认。

3. 原告提交的 2012 年 5 月 25 日育苗场物资清单一份及杨某杰签字的协议一份，系复印件亦没有加盖被告公章，被告不认可，但因被告未向本院提交拆除现场的视频资料或照片，原告提交清单上所署时间与杨某杰"协议"中"经我局工作中与育苗场孙某亮多次沟通，对其资产进行了清点，于 2012 年 5 月 25 日 11 点清点完毕"内容能够相互印证，证实原告主张的双方协商补偿的经过，且该清单上的物资系原告经营育苗场的必需品，存在合理性，本院对该二份证据予以采信。

4. 原告于 2012 年 8 月 19 日书写的物资清单附件一份，被告不认可，因系育苗场拆除后原告单方制作且无其他证据佐证，本院不予采信。

5. 原告提交的大约于 2009 年 6 月 14 日左右自行拍摄的光盘一张，其中与 2009 年 4 月 29 日"拆除育苗场及附属设施勘估表"及原告提交的 2012 年 5 月 25 日物资清单中内容一致的部分，本院予以采信。

6. 招远市鸿发工程有限公司制作的领取清单通知书一份,双方当事人均无异议,本院予以采信。

7. 证人于某旺、栾某红、李某涛的证言,因相互矛盾,本院不予采信。

本院依法委托双方当事人共同选定的烟台宏正资产评估事务所有限公司,于2016年9月27日出具了烟宏评报字[2016]第110号评估报告。经质证,原告提出异议称,莱州当地对大棚的评估价格是每平方米600元,可报告上评估价却是450元或550元;锅炉于2006年购买时是16.3万元,热交换器和紫外消毒机购买时是19.27万元,还不包括配件;2011年购买的电脑花了2000元,评估却按50%对折;总体定价太低,折旧折的太高。被告提出异议称,①饵料大棚等设施建成时间是2001年,原告承包土地期限为30年,该大棚的使用已超过10年,成新率应当在60%~70%比较合理,但评估报告却按照2012年基准价评估,90%成新率评估过高;②表4中所列低值易耗品的具体数量不能确定,对评估价值为18万多元不予认可。

本院认为,双方当事人对评估报告提出的异议均无证据及依据,烟宏评报字[2016]第110号评估报告鉴定程序合法、鉴定结论依据充分,本院予以采信,对本案事实有证明力。

经审理查明,2001年7月8日,招远市辛庄镇东良村民委员会(甲方)与原告(乙方)订立了一份土地承包合同,合同约定:甲方将原村委林业队北部海滩承包给乙方育苗场使用,承包时间暂定为30年,还约定了双方可协商中止合同、乙方负责按期拆除建设,如遇国家统一规划须服从国家征用,等等。原告建设和经营育苗场期间,招远市辛庄镇财政所收取过其农业特产税、招远市环境保护局收取过其排污费。2009年5月28日,被告招远市国土资源局发布拟征收土地公告,征收范围包括原告育苗场所在土地。该土地征收被山东省人民政府鲁政土字〔2009〕1272号批复批准后，征收工作依法由被告组织实施。被告与招远市辛庄镇东良村民委员会签订了《征收土地协议书》，并下发了招国土资告字〔2009〕第50号《征收土地补偿安置方案公告》。征收过程中，因与原告就其育苗场及附属设施补偿达不成协议，自2012年5月份开始，被告以原告违法占地为由对原告进行查处，认定其育苗场属违法占地并于同年7月份送达了行政处罚决定书。同年8月17日，被告组织拆除了原告的育苗场。招远鸿发工程有限公司于当日向原告送达了"物品领取通知书"一份，告知原告"我公司依据程序对你所建之位于东良后海地点的违章建筑予以拆除，建筑内物品一宗（见记录表），先放置在违章建筑院内地点，请及时查收。"通知书中所载"记录表"没有同时给付原告。2013年5月14日，原告提起行政诉讼，人民法院生效判决已确认被告于2012年8月17日实施的强制拆除原告陈某红育苗场的行政行为程序违法。

本案审理中，被告未提交拆除现场相关证据及上述记录表。2016年9月12日，被告申请对原告育苗场及附属设施被拆除后的原材料可利用成本进行鉴定。同年9月18日，本院委托双方共同协商选定的烟台宏正资产评估事务所有限公司对原告育苗场及附属设施进行评估，评估要求是参照2012年8月17日的地上建筑物及附着物的征地市场补偿价值，扣除相应的土地使用权补偿。2016年9月27日，该事务所向本院出具烟宏评报字〔2016〕第110号评估报告：陈某红育苗场地上附着物资产评估价值为2 765 982元。

本院认为，原告于2001年承包招远市辛庄镇东良村民委员会的土地建设并经营育苗场，有关行政机关收取其排污费、税费等，原告有理由相信自己建设和经营育苗场的行为合法，故原告建设和经营育苗场存在信赖利益应予保护。被告招远市国土资源局在征收原告育苗场所在土地过程中，因未与原告就育苗场及附属设施的补偿达成协议，进而认定原告的育苗场为违法占地所建，并强制拆除原告育苗场，人民法院生效判决业已确认该强制拆除行为程序违法。行政机关违法拆除原告育苗场，对原告建筑物及附属设施的占有权益造成的实际损失，依法应当予以合理赔偿。在违法强制拆除原告育苗场及附属设施的情形下，原告获得的行政赔偿数额不应低于被拆除时征收土地的地上建筑物及附着物的市场补偿价值。否则，因违法强制拆除育苗场行为，行政机关付出的行政赔偿数额还要低于其合法征收应支付的补偿价值，其实质效果是鼓励行政机关违法进行强制拆除。

鉴于此，在违法强制拆除原告育苗场的情形下，应以被拆除时土地征收地上建筑物及附着物的市场补偿价值对原告予以行政赔偿。被告主张"违法建筑"不应赔偿、应以"违法建筑"的材料成本价对原告进行赔偿，理由不当，本院不予采纳。由于被告未向本院提交强制拆除原告育苗场时的现场视频、照片及记录表等相关证据，因此，本院对原告关于相关证据原件及物资灭失的主张予以采信，并根据原告提交的证据认定物资情况、据以评估相应损失。但原告关于海参苗的赔偿主张，因该育苗场所在土地自 2009 年开始征收，其后原、被告双方一直在协商补偿、拆除事宜，原告在该情势下还进行海参苗养殖活动违背常理，且证人证言相互矛盾；原告关于蒙煤、海泥、马尾藻粉、夏利车、物品一宗的赔偿主张，没有相应证据佐证；原告关于剩余 19 年经营损失的赔偿主张，不属于国家赔偿范围；原告关于精神损失费的诉求，未能举证证明被告的行为致

第五章　结合裁判案例看实务中的常见问题

其精神损害并造成严重后果,故对原告的以上诉讼主张,本院均不予支持。

综上,依照《中华人民共和国行政诉讼法》第76条、《中华人民共和国国家赔偿法》第4条第4项、第6条第1款、第36条第4项、《最高人民法院关于审理行政赔偿案件若干问题的规定》第29条的规定,判决如下:

被告招远市国土资源局于本判决生效之日起十日内赔偿原告陈某红育苗场及附属设施损失2 765 982元。

鉴定费50 000元,由被告负担(已交纳)。

如不服本判决,可以在判决书送达之日起十五日内向本院递交上诉状,并按对方当事人的人数提出副本,上诉于山东省烟台市中级人民法院。

2. 根据《城乡规划法》第64条的规定,对于尚可采取改正措施消除对规划实施的影响的,限期改正,并处以罚款。

政府招商引资一般对招商引资使用的土地如何利用有所规划,因而往往此类企业用地是符合规划的,只是没有办理相关手续,属于该条规定的情况,应当同意补办相关手续,而不能直接拆除。

此外,在早些年间,一些政府自身法律意识不强,又急于拉动经济建设,有时会在招商时作出允许项目先上马后审批、边建设边办证等承诺,这就还可能涉及行政允诺的问题,我国目前对行政允诺还没有相关的法律规定,不过一般认为,违法的行政允诺虽然无效,但是企业由于善意相信这一允诺而造成的损失也不应由企业自身承担。从这个角度看,政府也应当对企业予以保护,对于能够补办手续使之合法的情况同样应当补办手续,而不能一概予以拆除。

即使是无法消除对规划实施影响的建筑,必须予以拆除的,在拆除此类建筑之后,补偿也与拆除一般违法建筑不同。按照《国家赔偿法》第2条,国家机关和国家机关工作人员行使职权,有本法规定的侵犯公民、法人和其他组织合法权益的情形,造成损害的,受害人有依照本法取得国家赔偿的权利。

因违建本身不属于合法权利,所以一般无法就违建本身的不动产价值获得赔偿,只能根据在拆除中政府是否遵守相应的法律程序,是否侵犯当事人的其他合法利益,而主张补偿。但是,对于经招商引资而来的企业建筑来说,由于企业的损失是由于政府违背信赖保护原则而造成的,无论政府实施拆除的程序是否合法,有没有对企业其他合法权益带来损失,因拆除建筑本身导致的企业信赖利益受损都应当进行补偿,否则无异于鼓励政府不诚信。

案例5-9

山东省高级人民法院
行政判决书(节选)

上诉人(一审原告):滨州群蓝宝商贸有限公司。住所地:滨州市滨城区渤海三路中段。

法定代表人:李某,经理。

上诉人(一审被告):滨州市规划局。住所地:滨州市滨城区黄河八路355号。

法定代表人:周某,局长。

上诉人(一审被告):滨州市滨城区人民政府。住所地:滨州市滨城区黄河十六路创业大厦。

法定代表人:张某亮,区长。

被上诉人(一审第三人):中海沥青股份有限公司(以下简

称中海沥青公司)。住所地:滨州市滨城区黄河七路817号。

法定代表人:王某,总经理。

滨州群蓝宝商贸有限公司(以下简称群蓝宝公司)诉滨州市规划局(以下简称市规划局)、滨州市滨城区人民政府(以下简称滨城区政府)行政强制拆除及行政赔偿一案,莱芜市中级人民法院于2013年12月3日作出[2013]莱中行初字第1号行政判决。群蓝宝公司、市规划局、滨城区政府不服,向本院提起上诉。本院受理后,依法组成合议庭,于2014年4月8日公开开庭审理了本案。

本案现已审理终结。

一审法院查明:原告群蓝宝公司是2004年依法成立的企业法人,作为招商引资项目,该公司于2005年在涉案土地上进行厂区建设,主要从事服装加工和产品出口项目。其于2005年6月22日向滨城区政府上报群蓝宝公司招商引资项目可行性研究报告。2005年9月1日,原告与滨城区梁才街道办事处(以下简称梁才街道办)签订了《征用土地补偿协议》,征用土地49.5867亩,使用期限为50年。双方约定,协议签订后,梁才街道办积极配合原告尽快办理征用土地手续,确保依法合理用地。2005年9月22日,市规划局出具了滨规函[2005]481号《关于群蓝宝公司服装加工项目的选址意见》,同意其选址意见,望尽快按有关规定办理相关手续。2006年3月24日,梁才街道办以"建设施工进展缓慢、项目没有实质性进展"为由向原告发出催告函,要求加快建设进度。

2008年12月14日,被告滨城区政府下发滨城政字[2008]81号《关于撤销梁才街道办事处与滨州市滨城区益通电动车厂等单位土地租赁合同的决定》(2005年9月1日梁才街道办与群蓝宝公司未经有权的人民政府审批,私自签订征用土地补偿协议，占用梁才街道办周马村土地49.59亩，进行非农业建设，要求将占用的土地归还给原村委会）。12月18日，被告滨城区政府下发滨城政字［2008］82号《关于收回滨州市滨城区益通电动车厂等单位非法占用土地的通知》，收回益通电动车厂等单位占用土地，并限于2008年12月25日前退还给原村委会恢复耕种。

2009年3月11日，原告与梁才街道办签订补充协议，双方约定梁才街道办为原告办理土地征用手续，若原告受到行政处罚，梁才街道办承担原告所有损失及违约金，违约金为损失额的20%。

2009年7月10日，滨州市建设局颁布拆迁公告，确定进行中海沥青公司含酸重质油综合利用与产品质量升级项目，拆迁范围包括西起东海一路、东至滨小铁路、北起黄河七路、南至黄河五路，原告即在拆迁范围内。梁才街道办与原告多次就拆迁补偿事宜进行协商，经评估，原告院落内房屋价值为1 418 871.17元，原告不认可，双方未能达成拆迁补偿安置协议。2010年8月17日被告市规划局向李某作出了《责令限期改正通知书》，要求其于2010年8月24日前无偿自行拆除违章建筑。2011年4月2日，被告市规划局向李某作出了《规划行政处罚告知书》及《规划行政处罚听证告知书》。4月7日，被告市规划局向李某作出了《规划行政处罚决定书》。2011年5月7日，被告市规划局向李某作出了《强制拆除告知书》，要求其于5月19日前自行拆除违章建筑，逾期拒不拆除的，滨城区政府将组织有关部门依法实施强制拆除。

2011年7月9日，被告市规划局向原告群蓝宝公司作出了滨规责改字［2011］第30108号《责令限期改正通知书》（以下简称《通知书》），依据《中华人民共和国城乡规划法》（以下简称《城乡规划法》）第40条、第64条、《中华人民共和国行政处罚法》第23条的规定，责令原告于2011年7月10日前自行无偿拆除违法建筑，恢复原貌。2011年7月11日，被告市规划局向原告作出了《强制拆除告知书》（以下简称《告知书》），责令原告于7月14日前自行拆除违法建设的房屋，逾期拒不拆除的，滨城区政府将依法组织相关部门实施强制拆除。2011年7月25日滨州市人民政府向第三人中海沥青公司颁发了滨国用〔2011〕第8475、8476号土地证，确定涉案土地由第三人使用。2011年7月27日，被告滨城区政府对原告厂区实施强制拆除。拆除过程中，被告滨城区政府将原告的财产一宗异地保管（其中包括电盘1个、变压器1台、吊扇2个、电线50米、钢筋500斤、竹梯1架、木梯3架、台扇1台、单轮铁车1辆、双轮铁车3辆、木床1张、小桌1张、沙发1组、写字台1张、塑料管15根、磅秤1台、自行车1辆、暖瓶2把、铁炉子1个、搅拌机1个、铁锹4把、被子4床、石英钟1个、塑料小桶2个、自吸泵1台、塑料大桶1个、传送带1条）。第三人中海沥青公司未参与强拆。

一审法院认为：《中华人民共和国土地管理法》第43条第1款规定："任何单位和个人进行建设，需要使用土地的，必须依法申请使用国有土地；……"第44条规定："建设占用土地，涉及农用地转为建设用地的，应当办理农用地转用审批手续。……在土地利用总体规划确定的城市和村庄、集镇建设用地规模范围内，为实施该规划而将农用地转为建设用地的，按土地利用年度计划分批次由原批准土地利用总体规划的机关批准。在已批准的农用地转用范围内，具体建设项目用地可以由市、县人民政府批准。本条第2款、第3款规定以外的建设项目占用土地，涉及农用地转为建设用的，由省、自治区、直辖市人民政府批准。"第63条规定:"农民集体所有的土地的使用权不得出让、转让或者出租用于非农业建设;但是,符合土地利用总体规划并依法取得建设用地的企业,因破产、兼并等情形致使土地使用权依法发生转移的除外。"第78条规定:"无权批准征收、使用土地的单位或者个人非法批准占用土地的,超越批准权限非法批准占用土地的,不按照土地利用总体规划确定的用途批准用地的,或者违反法律固定的程序批准占用、征收土地的,其批准文件无效,对非法批准征收、使用土地的直接负责的主管人员和其他直接责任人员,依法给予行政处分;构成犯罪的,依法追究刑事责任。非法批准、使用的土地应当收回,有关当事人拒不归还的,以非法占用土地论处。……"原告群蓝宝公司作为招商引资项目,于2005年在租赁土地上进行厂区建设,该《征用土地补偿协议》实质是以租代征,违反法律强制规定,为无效协议,梁才街道办作为滨城区政府的派出机构,无权批准征收、征用土地。本案涉案土地为农用地,原告群蓝宝公司在涉案土地上进行生产建设,应当依法办理农用地转用审批手续。至强制拆除时,原告群蓝宝公司未办理相关土地审批手续,原告在涉案土地上进行建设属非法占地行为。原告群蓝宝公司诉请被告归还原告征用的土地缺乏事实及法律依据,一审法院不予支持。

《城乡规划法》第40条第1款规定:"在城市、镇规划区内进行建筑物、构筑物、道路、管线和其他工程建设的,建设单位或者个人应当向城市、县人民政府城乡规划主管部门或者省、自治区、直辖市人民政府确定的镇人民政府申请办理建设工程规划许可证。"第64条规定:"未取得建设工程规划许可证或者未按照建设工程规划许可证的规定进行建设的,由县级以上地方人民政府城乡规划主管部门责令停止建设;尚可采取改正措

第五章 结合裁判案例看实务中的常见问题

施消除对规划实施的影响的，限期改正，处建设工程造价百分之五以上百分之十以下的罚款；无法采取改正措施消除影响的，限期拆除，不能拆除的，没收实物或者违法收入，可以并处建设工程造价百分之十以下的罚款。"行政规划部门对违规建设单位有责令限期改正和限期拆除的权力。本案中，原告群蓝宝公司未向相关规划部门申请办理建设工程规划许可证，被告市规划局于 2011 年 7 月 9 日对原告作出并送达《通知书》，要求其对违法建筑限期自行拆除。并于 2011 年 7 月 11 日对原告作出并送达了《告知书》，责令原告于 7 月 14 日前自行拆除违法建设的房屋，逾期拒不拆除的，滨城区政府将依法组织相关部门实施强制拆除。被告市规划局作出上述《通知书》有法律及事实依据。但在上述行政程序中，被告市规划局未依法作出限期拆除决定书，未告知行政相对人获取权利救济的途径及依法保障当事人陈述、申辩的权利，程序违法。原告群蓝宝公司诉请确认被告市规划局责令强行拆除原告建筑物和附属物的行为违法的请求依法应予支持。

《城乡规划法》第 68 条规定："城乡规划主管部门作出责令停止建设或者限期拆除的决定后，当事人不停止建设或者逾期不拆除的，建设工程所在地县级以上地方人民政府可以责成有关部门采取查封施工现场、强制拆除等措施。"即直接实施强制拆除活动的主体，须由县级以上地方人民政府责成有关部门组织实施。本案中，被告滨城区政府作为强拆权利主体未经法定责成程序组织实施强拆，且强拆实施前未将强拆对象、强拆依据等内容予以公告，强拆程序违法。原告群蓝宝公司诉请确认被告滨城区政府强拆行为违法的请求依法应予支持。第三人中海沥青公司未参与强拆，原告诉请确认第三人参与强拆的请求缺乏事实依据，不予支持。

原告所建厂房虽然违反滨州市城市利用总体规划,但其系经政府招商引资而设立和投资建设的,时间较长,投资较大,被告应当予以适当补偿,其认定为违法建筑不予补偿欠当。《最高人民法院关于行政诉讼证据若干问题的规定》第5条规定:"在行政赔偿诉讼中,原告应当对被诉具体行政行为造成损害的事实提供证据。"原告群蓝宝公司诉请赔偿经济损失7.32亿元人民币,但未对其诉状中所述的曼地亚红豆杉树和东北红豆杉树、中国珍稀枣树等植被、石灰粉的数量、价格、出口玻璃器皿的数量及价格以及附属设备提供有效证据予以证明,其诉请理由不成立。但依据公平公正的原则,可参照被告滨城区政府提供的《关于群蓝宝商公司房屋拆迁补偿价格的评估报告》(以下简称《评估报告》)中不动产评估价格1 418 871.17元、拆除前被告滨城区政府依据同期涉案区域拆迁补偿标准单方认可的原告院墙树木价格101 437.33元、苗圃及其他附属设施价格229 763.9元予以补偿。

关于原告庭后追加诉讼请求问题,《最高人民法院关于执行〈中华人民共和国行政诉讼法〉若干问题的解释》第45条规定:"起诉状副本送达被告后,原告提起新的诉讼请求的,人民法院不予准许,但有正当理由的除外。"原告群蓝宝公司无正当理由于庭后向一审法院提交追加诉讼请求的申请,一审法院依法不予准许。

综上,依照《最高人民法院关于执行〈中华人民共和国行政诉讼法〉若干问题的解释》第56条第4项、第57条第2款第2项之规定,遂判决:①确认被告市规划局未作出限期拆除决定书的行为违法。②确认被告滨城区政府于2011年7月27日强制拆除原告厂房的具体行政行为违法。③被告市规划局和滨城区政府赔偿原告群蓝宝公司损失1 750 072.4元,自判决生效

第五章 结合裁判案例看实务中的常见问题

之日起十日内履行。④被告滨城区政府返还所保管的原告物资一宗（详见本判决第15页所列物资清单）。⑤驳回原告其他诉讼请求。案件受理费50元，由被告市规划局、滨城区政府负担。

一审原告群蓝宝公司不服一审法院判决，上诉称：

1. 市规划局、滨城区政府、中海沥青公司应共同赔偿上诉人群蓝宝公司损失7.32亿元。

（1）上诉人在一审中向法庭提交的强拆现场照片能够证明中海沥青公司组织人员和挖掘机参加了强拆，一审庭审中中海沥青公司认可2011年7月25日取得涉案土地使用权证，其2011年7月26日有权在自己土地上平整土地，即间接承认了2011年7月26日深夜与7月27日凌晨参与了强拆，且上诉人一审中提交的证据15、16、17、47亦证明了上述事实。所以，中海沥青公司应与市规划局、滨城区政府共同承担赔偿责任。

（2）一审法院判决市规划局、滨城区政府赔偿上诉人损失1 750 072.4元，明显不公。法院在确定上诉人具体损失金额时，原则上应由上诉人对损失的事实和具体金额承担举证责任，但由于被上诉人强制拆迁时没有依法制作公证笔录和公证清单，简单粗暴执法，导致上诉人对其种植的220万棵曼地亚和东北红豆杉树及10万多棵中国珍稀枣树、3万吨石灰粉、20万只出口的玻璃器皿和上诉人其他财产的价值无法充分履行举证责任。在上诉人已提供初步证据证明财产损坏灭失的情况下，即发生举证责任的转移，被上诉人应当对其强制拆除没有造成上诉人财产损失的主张承担举证责任，并承担举证不能的后果。另，被上诉人也认可上诉人涉案土地上种植的各种树木应当按照上诉人树木的实际价值赔偿，而不能参照2006年5月24日的《滨州市城市房屋拆迁补偿参考价格》和《滨州市城市房屋拆迁补助费参考标准》,且被上诉人没有补偿上诉人因拆迁而造成的停产停业损失。同时,上诉人有证据进一步证明上诉人的实际损失。

2. 上诉人一审中追加诉讼请求有正当理由,一审法院应予准许而未准许错误。

3. 一审中被上诉人提供的《评估报告》系政府单方委托,应属无效。且该《评估报告》中评估的不动产价格明显过低,楼房面积和补偿价格明显有误,上诉人一直不予认可。上诉人对被上诉人提供和计算的楼房面积、曼地亚和东北红豆杉树、中国珍稀枣树等财产有异议,但一审法院并没有对是否要求评估及不申请评估的不利后果,向双方当事人释明,属于程序违法。

综上,上诉人请求:①确认被上诉人作出强制拆除决定的具体行政行为违法;②将一审法院判决第二项内容改为确认滨城区政府于2011年7月26日深夜至7月27日凌晨强制拆除上诉人楼房的具体行政行为违法,并确认被上诉人滨城区政府在实施强拆过程中程序违法;③撤销判决第三至五项内容,依法改判由市规划局、滨城区政府、中海沥青公司共同赔偿上诉人7.32亿元损失;④一、二审诉讼费用和相关强拆案件诉讼费由被上诉人承担。

一审被告市规划局不服一审法院判决,上诉称:

1. 一审法院判决认定上诉人市规划局具体行政行为违法没有事实及法律依据。

(1) 上诉人对被上诉人群蓝宝公司作出《通知书》的具体行政行为符合法律规定,程序合法。根据《城乡规划法》第40条的规定,被上诉人群蓝宝公司在城市规划区域内新建建筑物或构筑物等,必须持有关批准文件向上诉人提出申请,由上诉

第五章　结合裁判案例看实务中的常见问题

人根据城市规划提出的规划设计要求,核发建设工程规划许可证后方可施工建设,但被上诉人群蓝宝公司建设涉案房屋并未依法办理建设工程规划许可证,针对被上诉人群蓝宝公司的违法行为,上诉人依法在 2011 年 7 月 9 日对其作出并送达《通知书》,2011 年 7 月 11 日对其送达《告知书》,告知其如逾期不拆除,滨城区政府将组织相关部门依法实施强制拆除,造成的一切后果自行承担,要求群蓝宝公司对违法建筑自行拆除。上诉人该具体行政行为有明确的法律及事实依据。

(2) 一审法院判决既认定上诉人作出《通知书》有法律及事实依据,又认定在上述行政程序中未依法作出限期拆除决定书,未告知行政相对人获得救济的途径及依法保障当事人陈述、申辩的权利,程序违法,明显不当。目前,法律没有规定上诉人在《通知书》送达后必须再作出限期拆除决定书,上诉人在作出《通知书》后向被上诉人又送达了《告知书》,上诉人的具体行政行为适当、全面,一审法院判决显然扩大了上诉人的行政义务。即使上诉人未告知行政相对人获得救济的途径及依法保障当事人陈述、申辩的权利,也只是具体行政行为存在程序瑕疵,在该程序瑕疵没有实际影响当事人行使权利的情况下,不能据此认定具体行政行为程序错误。

2. 一审法院判决上诉人市规划局共同赔偿被上诉人群蓝宝公司 1 750 072.4 元无法律及事实依据。

(1) 根据《国有土地上房屋征收与补偿条例》第 24 条之规定,拆除违章建筑依法不予补偿。一审法院判决已认定被上诉人在涉案土地上建设属非法占地行为,从而涉案建筑应为违法建筑,上诉人依法要求被上诉人限期改正违法行为,并已通知其逾期将导致涉案建筑被依法强制拆除,但被上诉人拒不履行拆除义务,导致违法建筑被滨城区政府组织依法强拆,此后果应由被上诉人自行承担。

（2）一审法院依据公平公正原则作出的赔偿判决明显不当。公平原则的适用应以被上诉人占地、建设等相应行为合法为前提，而本案被上诉人的行为显然不具有这样的前提条件。

（3）一审法院判决认定 1 750 072.4 元赔偿数额没有有效充足的客观证据予以支持，该判决认定事实不清，证据不足。综上，请求依法撤销一审法院判决第 1、3 项，并改判；一、二审诉讼费由被上诉人群蓝宝公司承担。

一审被告滨城区政府不服一审法院判决，上诉称：（一）上诉人责成有关部门拆除被上诉人群蓝宝公司违法建筑于法有据，程序合法。因被上诉人未经规划部门审批，违规建设房屋，违反了《城乡规划法》第 40 条的规定，上诉人依据《城乡规划法》第 68 条的规定责成规划、公安、执法等相关部门依法实施强制拆除，认定事实清楚，适用法律正确，程序合法。且《城乡规划法》并未规定责成有关部门强拆的程序要求，也没有细化的实施条例或部门规章进行具体规范，即上诉人并非必须履行对强拆对象、强拆依据等内容予以公告的程序，而一审法院以上诉人作为强拆权利主体未经法定责令程序组织实施强拆，且强拆时未将强拆对象、强拆依据等内容予以公告，判决上诉人具体行政行为违法显然没有法律依据。

3. 一审法院判决上诉人赔偿被上诉人 1 750 072.4 元无法律依据。

（1）根据《国有土地上房屋征收与补偿条例》第 24 条之规定，拆除违章建筑依法不予补偿。被上诉人应当自行承担违章建筑被拆的后果。一审法院依据公平原则作出的赔偿判决与法律规定相冲突。法律原则只有在没有相关成文法规定的前提下作为补充进行适用，但不能违背相关法律的成文性规定。因此，一审法院判决无法律依据。

（2）一审法院赔偿判决的依据为《评估报告》，但该报告仅仅是诉讼前上诉人为尽快完成拆迁工作，综合考虑被上诉人的实际情况后给予其的补偿预算，该补偿数额高于被上诉人实际损失，不能作为判决赔偿的依据。且该《评估报告》是采用重置成本法进行的，已明确是以重建该房产所需各项费用之和为主要依据，再加上地面附着物、经济作物及区位价、搬迁补助费、临时安置费等费用确定评估对象的拆迁补偿价格。一审法院判决在本次总价基础上将被上诉人的院墙树木、苗圃及其他附属设施重复计算，属于认定事实不清。综上，一审法院判决认定事实不清，证据不足。请求撤销一审法院判决第2、3项中对上诉人的判决，并依法改判；一、二审诉讼费由被上诉人承担。

被上诉人中海沥青公司庭前未提交书面答辩意见。

二审庭审中，合议庭确定案件的审理重点是：一审法院判决认定事实是否清楚、适用法律是否正确。

针对审理重点，上诉人群蓝宝公司认为：

1. 根据《城乡规划法》第64条的规定，市规划局具有三项处罚权，即责令限期改正、限期拆除处罚决定、没收违法收入，其并没有强制拆除的告知权利。因此，市规划局作出《告知书》的行为没有法律依据，应被确认违法。且本案中在市规划局没有作出限期拆除决定的情况下，滨城区政府就责成相关部门强行拆除上诉人的楼房、附属设施及地上建筑物，明显违法。

2. 上诉人群蓝宝公司是2005年经滨城区政府批准的招商项目，立项后滨城区政府承诺帮助上诉人办理土地、建设等相关手续，但一直未给予办理。因此，虽然上诉人占用的土地为农用地，未办理土地征收等手续，但滨城区政府仍应当给予上诉人拆迁补偿费。一审法院依据《评估报告》判决赔偿数额，但该报告是滨城区政府伪造的，并未经庭审质证，因此不能成为认定上诉人损失的有效依据。根据上诉人在一审中提交的证据33及二审提交的新证据，可以证明上诉人的实际损失为7.32亿元。因市规划局、滨城区政府、中海沥青公司共同实施了强制拆除行为，故应当共同承担赔偿责任。

上诉人市规划局认为：①因群蓝宝公司未取得建设项目规划许可证，2011年7月9日与7月16日上诉人分别向其下达了《通知书》和《告知书》，群蓝宝公司在一审中自认已经收到，因此上诉人作出上述行政行为符合法律规定。②因上诉人只是依法确认涉案房屋为违章建筑，并限期责令拆除，并没有参与强制拆除行为，因此，不应当成为共同赔偿主体。

上诉人滨城区政府认为：①市规划局作出《通知书》和《告知书》具有法律依据并符合程序性规定，因群蓝宝公司未在规定的期限内自行拆除，上诉人滨城区政府才依法责成有关部门对违法建筑实施强制拆除。且该强制拆除行为不属于行政处罚，不适用《中华人民共和国行政处罚法》的相关规定，也不适用《建设行政处罚程序暂行规定》。因此，滨城区政府责令强拆行为合法。②根据法律规定，违章建筑不予赔偿。滨城区政府在责令有关部门强制拆除时，对群蓝宝公司的资产进行了登记并转移保管，因此不应赔偿其任何损失。且上诉人在一审中提交了群蓝宝公司2007年至2010年的年检报告以及视频资料，均能证明群蓝宝公司主张7.32亿元的损失没有事实依据。一审法院判决上诉人赔偿群蓝宝公司175万余元损失，但其中群蓝宝公司院墙树木的101 437.33元及苗圃及其他附属设施的价格229 763.9元，已经包含在《评估报告》1 418 871.17元内，故一审法院判决赔偿认定事实不清。

第五章　结合裁判案例看实务中的常见问题

被上诉人中海沥青公司认为：《告知书》及强制拆除行为均与中海沥青公司无关，群蓝宝公司没有有效证据证明中海沥青公司参与了强制拆除行为，因此中海沥青公司也不应当承担赔偿责任。

各方当事人在一审中提交的证据已随案卷移送，上述证据在一审庭审中已经质证。经审理，本院同意一审法院判决对证据的认证意见。二审中，上诉人群蓝宝公司新提交18份证据：证据1：群蓝宝公司建厂的总图布局照片；证据2—17：涉案房屋强制拆除后土地现状；证据18滨州市滨城区黄河房屋拆迁服务中心设立登记情况。以上证据用以证明涉案房屋及地上附着物被拆除前后的情况，以及强拆给上诉人造成的损失。市规划局对证据1的真实性有异议，并认为该证据不能直接证实与涉案争议具有关联性；对证据2—17的真实性有异议，且不能证实群蓝宝公司的主张，与本案不具有关联性；证据18是复印件，不符合证据的形式，与本案没有关联性。滨城区政府、中海沥青的质证意见同市规划局。本院认为，上诉人群蓝宝公司二审中提供的18份证据不符合《最高人民法院关于行政诉讼证据若干问题的规定》第52条的规定，不属于新的证据，本院不予采纳。

本院认为：

1. 关于市规划局与滨城区政府实施的强拆行为是否合法的问题。

《城乡规划法》第68条规定："城乡规划主管部门作出责令停止建设或者限期拆除的决定后，当事人不停止建设或者逾期不拆除的，建设工程所在地县级以上地方人民政府可以责成有关部门采取查封施工现场、强制拆除等措施。"根据上述规定，在滨城区政府责成相关部门强拆前，市规划局应当首先作出限期拆除决定书，告知行政相对人获取权利救济的途径及依法保障当事人陈述、申辩的权利。直接实施强制拆除活动的主体，须由县级以上地方人民政府责成有关部门组织实施。本案中，市规划局并未履行上述行政程序；滨城区政府作为强拆权利主体亦未经法定责成程序组织实施强拆，且强拆实施前未将强拆对象、强拆依据等内容予以公告。因此，一审法院判决市规划局未作出限期拆除决定书的行为违法、确认滨城区政府于2011年7月27日强制拆除群蓝宝公司厂房的具体行政行为违法并无不当，应予维持。

2. 关于一审法院判决滨城区政府返还所保管的群蓝宝公司物资并驳回其他诉讼请求认定事实是否清楚、证据是否充分的问题。

根据滨城区政府提交的视听资料可以显示，其在实施强拆过程中对现场物品进行了保全，并进行异地保管。因此，一审法院判决滨城区政府返还所保管的群蓝宝公司物资一宗认定事实清楚，证据确实充分，应予维持。

《最高人民法院关于执行〈中华人民共和国行政诉讼法〉若干问题的解释》第45条规定："起诉状副本送达被告后，原告提起新的诉讼请求的，人民法院不予准许，但有正当理由的除外。"由于群蓝宝公司一审庭审后向法院提交追加诉讼请求的申请时，并未说明正当理由，因此不符合上述法律规定，一审法院不予准许并无不当。

根据《中华人民共和国土地管理法》第43条第1款、第44条、第63条、第78条的规定，梁才街道办作为滨城区政府的派出机构，无权批准征收、征用涉案土地，其与群蓝宝公司签订的《征用土地补偿协议》实质是以租代征，违反法律强制规定。本案涉案土地原为农用地，群蓝宝公司在涉案土地上进行生产建设，应当依法办理农用地转用审批手续，而至强制拆除时，群蓝宝公司并未办理相关土地审批手续，因此群蓝宝公司诉请市规划局和滨城区政府归还征用的土地缺乏事实及法律依据，一审法院不予支持，并无不当。

另，虽然群蓝宝公司主张中海沥青公司参与实施了强拆行为，但并未提供有效证据予以证实，因此群蓝宝公司该项主张缺乏事实依据，本院不予支持。

3. 关于市规划局和滨城区政府是否应赔偿群蓝宝公司1 750 072.4元损失的问题。

《国有土地上房屋征收与补偿条例》第24条第2款规定："市、县级人民政府作出房屋征收决定前，应当组织有关部门依法对征收范围内未经登记的建筑进行调查、认定和处理。对认定为合法建筑和未超过批准期限的临时建筑的，应当给予补偿；对认定为违法建筑和超过批准期限的临时建筑的，不予补偿。"本案中，虽然上诉人群蓝宝公司至强拆前一直未办理涉案土地的审批、规划、建设等相关手续，但市规划局于2005年9月22日出具了滨规函［2005］481号《关于群蓝宝公司服装加工项目的选址意见》，同意其选址意见，且群蓝宝公司与滨城区梁才街道办事处签订《征用土地补偿协议》征地49.5867亩（即涉案土地）后，才从事服装加工和产品出口的项目。基于信赖利益的保护，滨城区政府应当给予群蓝宝公司适当赔偿。根据《最高人民法院关于行政诉讼证据若干问题的规定》第5条的规定："在行政赔偿诉讼中，原告应当对被诉具体行政行为造成损害的事实提供证据。"

本案中，群蓝宝公司诉请赔偿经济损失7.32亿元人民币，但一审中只向法院提供了其自列的曼地亚红豆杉树和东北红豆杉树、中国珍稀枣树、石灰粉、出口玻璃器皿及附属设备等数量、价格明细表及部分照片,仅根据上述证据无法证明上诉人群蓝宝公司的实际损失,其诉请市规划局和滨城区政府共同赔偿7.32亿元证据不足。一审法院依据公平公正的原则,根据滨城区政府提供的《评估报告》中不动产评估价格及拆除前滨城区政府依据同期涉案区域拆迁补偿标准单方认可的群蓝宝公司院墙树木、苗圃及其他附属设施价格共计1 750 072.4元予以赔偿,合法适当。虽然上诉人群蓝宝公司主张该《评估报告》未经庭审质证,不能作为法院赔偿判决的依据,但一审法院调取《评估报告》后向上诉人群蓝宝公司进行了出示,并听取其意见,因此一审法院将该《评估报告》作为赔偿判决依据并无不当。

另,上诉人滨城区政府主张《评估报告》中已包含群蓝宝公司院墙树木、苗圃及其他附属设施价值,一审法院赔偿判决部分存在重复计算的问题。但该《评估报告》第一部分致委托方函中称:"……对委托评估的房地产(即本报告所述估价对象)进行了评估测算,确定上述房产在估价时点的市场价格为人民币小写:1 418 871.17元。"第四部分房地产估价结果报告,第三项估价对象显示:"估价对象为群蓝宝公司所有的房地产,位于黄河五路以北、黄河七路以南、东海一路以东、滨小铁路以西。"且该《评估报告》未附技术报告及项目明细,上诉人滨城区政府亦未提供其他证据证明《评估报告》评估的房地产价格包含院墙树木、苗圃及其他附属设施的价值。因此,上诉人滨城区政府的该项主张不能成立,本院不予支持。

综上,一审法院判决认定事实清楚,适用法律正确,审判程序合法,依法应予维持。上诉人的上诉理由不能成立,本院不予支持。依据《中华人民共和国行政诉讼法》第61条第1项之规定,判决如下:

驳回上诉，维持原判。

二审案件受理费 50 元，由上诉人滨州群蓝宝商贸有限公司、滨州市规划局、滨州市滨城区人民政府负担。

本判决为终审判决。

第七节 独立可诉的违法建设处罚行为

违法建设行为查处的过程中，需要经历立案、调查取证、限期自行拆除、强制拆除等阶段，执法机关在这些阶段需要作出不同的法律文书，这些法律文书有的以催告书的形式作出，有的是以决定书的形式作出，并非每个执法机关作出的文书都是可诉的，在这个过程中，只有独立的、会对当事人合法权益造成实际影响的具体行政行为才具有可诉性。

根据《最高人民法院关于违法的建筑物、构筑物、设施等强制拆除问题的批复》以及北京市第三中级人民法院关于涉违法建设行政案件裁判观点，可以提起行政诉讼的处罚行为有以下三种：限期拆除决定、强制拆除决定及强制拆除行为。限期拆除决定直接认定违法建设的性质，是强制拆除决定及行为的基础；强制拆除决定是限期拆除决定的延续行为，是行政机关强制拆除违法建设的依据；强制拆除行为则是对强制拆除决定的具体执行。

这三种行为都是独立可诉的具体行政行为，法院拆除违法建设涉及的行政侵权可以在这三个环节发挥司法保护作用。

第一个环节：限期改正、限期拆除决定书。执法机关以当事人违反城乡规划法为由作出责令停止建设、责令限期拆除决定书的，当事人有权以作出该决定的行政机关向人民法院提起行政诉讼。人民法院对上述决定的执法主体、认定事实、适用法律、程序正当等方面进行全面的合法性审查，对存在违法情形的可以作出撤销上述决定或者确认违法、要求限期重新作出具体行政行为等判决。实践中执法部门作出的上述决定名称又可能表现为"限期拆除通知""公告""拆除通知""责令限期改正通知"等，只要该决定书上有认定违法建设，要求责令限期拆除的内容，对当事人权利义务构成实质影响的，不管该决定书是以公告还是通知的形式作出，当事人均可以到法院起诉。但是这里也有一点需要注意，限期改正、限期拆除决定书之前有一个前置性的告知程序，即告知当事人作出处罚决定的事实、理由及依据，并告知当事人享有陈述、申辩的权利，该事先告知程序不是具体行政行为，是不可诉的。

第二个环节：强制拆除决定书。在限期改正、限期拆除等决定作出后，强制拆除活动进行前，行政机关依照行政强制法作出强制执行决定的，当事人针对该行政强制执行决定书有权提起行政诉讼。人民法院对强制拆除决定书审查的重点在于判断强制执行决定的定性及程序的合法性，如是否符合违法建设构成及是否按要求经过法定的责成、催告程序等，人民法院会根据审查情况作出相应的裁判。

第三个环节：强制拆除行为。当事人针对行政机关实施的强制拆除行为本身也可以依法提起诉讼。《行政强制法》第8条规定："公民、法人或者其他组织对行政机关实施行政强制，享有陈述权、申辩权；有权依法申请行政复议或者提起行政诉讼；因行政机关违法实施行政强制受到损害的，有权依法要求赔偿，"强制拆除行为作为一种具体行政行为，具有可诉性。

因为即使对违法建筑物、设施、构筑物等行政处罚决定和强制拆除决定本身合法有效，也可能存在强制拆除实施主体不适格、执法对象错误、擅自扩大执行范围、没有采取适当的动产登记、封存、保管等措施，造成被执行人或者其他人的合法财产受损失，以及违反《行政强制法》第 43 条规定在夜间或法定节假日实施强拆，或者对居民生活采取停止供水、供电、供热、供燃气等方式实施强拆等情形，当事人对此可依法提起行政诉讼和赔偿诉讼。

需要说明的一点是，这一环节中当事人原则上只能针对行政强制执行行为本身的合法性提起诉讼，人民法院一般不对原具体行政行为的合法性进行审查。但是如果执法部门在没有作出限期拆除决定书和强制拆除决定书的情况下就实施了强制拆除，当事人诉到法院的，法院应当对建筑物的定性及强制行为本身进行全面审查。

第八节　针对规划部门对执法部门回函的可诉性分析

城管部门和镇政府目前是违法建设行为的主要执法部门，但是城管部门和镇政府对违法行为只有执法权，没有认定权。因为对于房屋是否具备规划审批手续，是否存在违法行为，只有规划部门掌握客观的情况，也只有规划部门对建设行为是否违法具有认定权。因此，城管部门和镇政府在调查取证的过程中，需要向规划部门去函查询涉案房屋的规划审批情况，规划部门会根据客观情况对城管部门或镇政府要求查询的内容作出一个回函。实务中针对该回函是否具有可诉性，不同的法院有不同的观点，形成了不同的审判结果。下面我们就来看一下不同法院针对不同情形在实务中的不同判例。

一、规划部门回函不可诉的案例及裁判观点总结

案例5-10

王栋与北京市规划和国土资源管员会其他一案二审行政裁定书（节选）

上诉人（一审原告）王某。

被上诉人（一审被告）北京市规划和国土资源管理委员会，住所地东城区和平里北街2号。

法定代表人魏某林，主任。

上诉人王某因规划审批情况函一案，不服北京市海淀区人民法院［2016］京0108行初768号行政裁定上诉至本院。本院受理后依法组成合议庭，公开进行了审理。

经查，2015年6月25日，北京市规划和国土资源管理委员会（以下简称市规土委）作出规（海）执函［2015］133号《关于王某在北京市海淀区清河四街西南大街X处所建房屋规划审批情况的函》（以下简称被诉函），告知北京市海淀区城市管理综合行政执法监察局（以下简称海淀区城管监察局），北京市海淀区清河四街西南大街X处所建的一处房屋（总建筑面积358.23平方米）（以下简称涉案房屋）未依法取得建设工程规划许可证。

王某不服被诉函，以海淀区城管监察局对其作出京海城管罚字［2015］000071号《限期拆除决定书》之前，向市规土委发函查询涉案房屋的建房规划审批情况，被诉函是行政违法行为等为由，诉至一审法院，请求法院判决予以撤销。

诉讼中，双方当事人均认可被诉函是因海淀区城管监察局

第五章 结合裁判案例看实务中的常见问题

查询涉案房屋的情况而作出的。

一审法院裁定认为,当事人提起行政诉讼,应当属于人民法院行政诉讼的受案范围,具备法定的起诉条件。

本案中,市规土委向海淀区城管监察局出具被诉函中明确表明:"经查,位于北京市海淀区清河四街西南大街X处所建的一处房屋(总建筑面积358.23平方米)未依法取得建设工程规划许可证。"根据市规土委出具的上述函的内容,可以认定该函系市规土委为配合海淀区城管监察局的执法行为出具的"查档复函",是海淀区城管监察局的取证行为,并非直接对王某所建房屋进行违法建设的确认,市规土委作出的该行为不具有可诉性。因此王某起诉的事项不属于人民法院的受案范围。

综上,一审法院依照《中华人民共和国行政诉讼法》第49条第4项、《最高人民法院关于适用若干问题的解释》第3条第1款第1项的规定,裁定驳回了王某的起诉。

王某不服,以海淀区城管监察局正是依据被诉函作出京海城管罚字〔2015〕000071号《限期拆除决定书》及公告,侵害了其合法财产,对其产生了重要的影响,市规土委作出被诉函既没有调查核实,又没有告知当事人,明显属于违法行政行为,一审法院的认定没有事实和法律依据为由上诉至本院,请求撤销一审裁定,指令一审法院继续审理。

市规土委同意一审裁定,请求予以维持。

本院认为,根据《中华人民共和国行政诉讼法》第49条第4项规定,公民、法人或者其他组织提起行政诉讼应当属于人民法院行政诉讼受案范围。

本案中,被诉函是市规土委应海淀区城管局的查询要求作出的,是该委对其档案记载的相关事实进行的反馈,并非依行政职权对王某所建房屋进行违法建设确认的行为,被诉函不属于对公民权利义务产生实际影响的行政行为。

故一审法院关于被诉函不具有可诉性,王某对被诉函提起的诉讼不属于人民法院行政诉讼的受案范围之认定正确,据此驳回王某的起诉正确,本院应予维持。

王某的上诉理由均缺乏事实及法律依据,其上诉请求本院不予支持。

综上,依照《中华人民共和国行政诉讼法》第89条第1款第1项之规定,裁定如下:

驳回上诉,维持一审裁定。

本裁定为终审裁定。

▶ 案例5-11

杨某勇与杨某力、杨某泉、南京市规划局江宁分局城市规划管理(规划)行政确认二审行政判决书(节选)

上诉人(原审起诉人):杨某泉,男,1940年7月10日生,汉族。

上诉人(原审起诉人):杨某勇,男,1970年3月2日生,汉族。

上诉人(原审起诉人):杨某力,男,1971年11月25日生,汉族。

杨某泉、杨某勇、杨某力向原审法院起诉称:南京市江宁区人民政府于2013年6月28日做出征收决定,征收范围为起诉人居住地江宁区淳化街道桥头社区骆家渡自然村,征收实施单位为南京市江宁区人民政府淳化街道办事处(以下简称淳化街道)。

2013年7月30日,淳化街道向江宁规划分局发出《关于给予桥头社区22户建筑进行违建认定的请示》(以下简称《来函》),江宁规划分局于2013年8月2日作出《关于对淳化街道桥头社区杨某才等22户违法建设认定的复函》(以下简称《复函》),对杨某才等22户作出违法建设认定,淳化街道据此对起诉人175.37平方米的房屋没有补偿就进行了强拆。

因江宁规划分局认定其175.37平方米房屋为违法建筑系适用法律、法规错误,故根据法律规定,诉至法院,请求判令:1.江宁规划分局作出的江宁规函[2013]183号《复函》违法;2.对其房屋性质进行公正、客观、合理的评判、定性;3.江宁规划分局承担本案诉讼费。

原审法院查明,2015年4月20日,南京市江宁区人民法院(以下简称江宁法院)受理了杨某才诉江宁规划分局,要求确认江宁规划分局作出的江宁规函[2013]183号《复函》违法一案,法院经审理后认为,公民、法人或者其他组织认为行政机关和行政机关工作人员的具体行政行为侵犯其合法权益,有权向人民法院提起行政诉讼,但起诉应符合法定条件。

本案中,江宁规划分局作为规划行政主管部门,负责本辖区内有关规划制定、实施、答复等工作。

淳化街道向江宁规划分局发函,要求对杨某才等22户村民在骆家渡村擅自建设的建筑是否严重影响城市规划进行认定。

后江宁规划分局依据法定职责向淳化街道回函,出具了被诉的《复函》,故江宁规划分局作出《复函》的行为仅是对淳化街道《来函》的答复,并未对外发生法律效力,对当事人的权利义务亦并未产生实际影响,该《复函》属于政府机关内部公文往来,不是可诉行政行为,不属于行政诉讼审理范畴。据此，江宁法院裁定驳回杨某才的起诉。

原审法院认为，起诉人要求确认江宁规划分局作出的江宁规函［2013］183号《复函》违法的诉讼请求已为人民法院生效裁定的效力所羁束。

本案起诉人的第二项诉讼请求亦不属于人民法院行政案件受案范围，据此裁定，对杨某泉、杨某勇、杨某力的起诉不予立案。

上诉人杨某泉、杨某勇、杨某力不服原审裁定，向本院上诉称：江宁规划分局制作的《复函》不实，违法行为对上诉人权利义务产生影响，请求撤销一审裁定书，依法确认《复函》违法。

本院认为，上诉人的请求已为人民法院生效裁定的效力所羁束。

故原审法院对上诉人的起诉裁定不予受理并无不当，依照《中华人民共和国行政诉讼法》第89条第1款第1项之规定，裁定如下：驳回上诉，维持原裁定。

本裁定为终审裁定。

笔者针对以上及类似案件的审判观点，对"认为规划部门的回函不属于独立可诉的具体行政行为"的主要观点总结如下：

1. 规划部门针对执法部门在调查过程中作出的回函，属于政府部门之间的内部公文往来，不对外产生法律效力。该回函并非向行政相对人作出，不具备具体行政行为的法定要件，因此不属于具体行政行为。

2. 该回函是对城管来函的内部查档，属于城管部门的取证行为，不具有独立性。规划部门的认定如果没有直接对当事人建筑的合法性进行确认，而是仅仅经过内部查档，对当事人建筑是否具有相关证件进行客观的事实性陈述，则不属于规划部门依职权进行的违法审查,应当属于城管部门的取证行为。

3. 该回函不对当事人的权利义务造成直接影响,对当事人的权利义务产生影响的是城管部门的处罚行为,所以当事人可以就城管的处罚行为寻求司法救济,如果在此司法救济以外就其中某一环节的取证行为另行起诉,是对诉权的滥用和对司法资源的浪费。

总的来说,不同意规划回函可诉的审判观点普遍认为该回函属于程序性行为,不对外产生效力且不对当事人产生直接的权利义务影响,因此不可诉。

二、规划回函可诉的案例及裁判观点总结

▶ 案例5-12

綦某来与山东利津经济开发区管理委员会一审行政判决书(节选)

原告:綦某来,男,1973年12月11日出生,汉族。
被告:山东利津经济开发区管理委员会。
法定代表人:韩某强,职务:主任。
原告綦某来不服被告山东利津经济开发区管理委员会(以下简称利津开发区管委会)作出的《违法建设规划影响认定书》,于2014年1月24日向本院提起行政诉讼。
本案现已审理终结。
2013年5月7日利津县城市管理行政执法局(以下简称利津县城管局)就綦某来所建房屋的性质向被告利津开发区管委会发出询问函,征询綦某来在利八路西延路北,某村东北角建设的房屋是否位于城市规划区,有没有取得建设工程规划许

可证。

被告利津开发区管委会当日针对綦某来所建房屋作出《违法建设规划影响认定书》，认定綦某来的建设行为未取得建设工程规划许可证，不符合利津县城市总体规划，该建筑属违章建筑，且对周边影响较大，应当无条件拆除。

原告綦某来诉称，原告于2006年在利津镇某村宅基地上建设了房屋用于居住，此住宅是全家唯一的住宅。2013年5月7日被告作出了《违法建设规划影响认定书》，认定原告的房屋属于违章建筑。原告认为被告作出认定书主体不合法，事实不清，证据不足，程序违法，适用法律错误，请求人民法院依法予以撤销。

被告利津开发区管委会辩称：

1. 被告作出《违法建设规划影响认定书》不是具体行政行为，不具有可诉性。

本案涉及的《违法建设规划影响认定书》是被告根据利津县城管局《关于綦某来所建房屋性质的询问函》而作出的回复，只是给利津县城管局出具的答复意见。该意见仅是利津县城管局作出行政处罚的证据，是一种证明行为。这种证明意见是被告与城管执法部门工作配合的内部往来文件，不具有单独的可诉性。

2. 本案涉及原告的违法建筑已由利津县城管局依法作出行政处罚，原告对行政处罚不服已向利津县人民法院提出了行政诉讼，且案件正在审理过程中。

原告已依法行使了法律所规定的救济权利，并且被告出具的《违法建设规划影响认定书》只是行政处罚案件的一份证明，是行政处罚案件的一个组成部分，不是单独的具体行政行为。

原告就同样的行政处罚案件再次对被告提出行政诉讼，违

第五章　结合裁判案例看实务中的常见问题

反了"一事不再理"的诉讼原则。综上所述,请求人民法院查明事实,依法驳回原告的起诉。

本案原、被告双方争议的焦点是:

1. 被告利津开发区管委会应利津县城管局《关于綦某来所建房屋性质的询问函》,作出《违法建设规划影响认定书》的行为是否具有可诉性?

2. 原告綦某来已就利津县城管局对其所建房屋作出的限期拆除行政处罚行为提起了行政诉讼,法院受理本案是否属于就同样的行政处罚再次处理,是否违反"一事不再理"的原则?

3. 被告利津开发区管委会有无应利津县城管局的询问作出《违法建设规划影响认定书》的职权?

4. 被告利津经济开发区管委会作出《违法建设规划影响认定书》,认定"原告建设房屋未取得建设工程规划许可证且不符合利津县城市总体规划,该建筑属违章建筑"的证据是否充分?

被告在法定期限内向本院提交了以下作出《违法建设规划影响认定书》的证据、依据:

1. 山东省人民政府《关于济南槐荫工业园区等设立为省级开发区的通知》(鲁政字〔2006〕71号,2006年3月6日)。

2. 山东省人大常委会于1994年1月17日颁布实施的《山东省经济技术开发区管理条例》。

3. 山东省人民政府于1998年1月19日颁布实施的《山东省省级经济开发区管理暂行办法》。

4. 利津县人民政府办公室《关于印发利津经济开发区管理委员会职能配置内设机构和人员编制规定的通知》(2007年11月5日印发)。

5. 利津县机构编制委员会《关于部分行政区划调整后有关机构编制问题的通知》(利编发〔2010〕2号,2010年1月19

日印发)。

被告用以上证据,证明利津开发区属省政府批准设立的省级开发区。经利津县人民政府授权,利津开发区管委会负责开发区内建设工程项目管理,核发建筑工程规划许可证等职权。

6.《利津县城市总体规划文本(附图)》。

7. 东营人民政府2004年7月7日《关于〈利津县城市总体规划〉的批复》。

被告用证据6、7,证明原告綦某来所建房屋位于利津县城市总体规划区内,且不符合利津县城市总体规划。

8. 利津县城管局于2013年5月7日向被告发出的《关于綦某来所建房屋性质的询问函》(询问函同时附房屋现场勘验图一份、勘验照片6张)。

被告用证据8证明原告綦某来建设房屋的所处位置以及作出的《违法建设规划影响认定书》系应利津县城管局的询问而作的回复。

9.《中华人民共和国城乡规划法》。

被告用证据9证明其认定原告所建房屋属违章建筑,应当无条件拆除符合法律规定。

经庭审质证,原告的意见为:对证据1没有异议;对证据2,该条例第二条规定,本条例适用于本省行政区域内经国务院批准设立的经济技术开发区,而被告利津开发区系经省政府批准设立的省级经济技术开发区,故证据2与本案没有关联性;对证据3、4、5的真实性无异议,但该三份证据不能证明被告具有认定违法建筑的职权;对证据6、7的真实性无异议,但被告没有证据证明原告房屋所在的位置,仅以城市规划图不能证明原告所建房屋违反城市规划;对证据8,即利津县城管局《关于綦某来所建房屋性质的询问函》及所附的房屋现场勘验图、勘验照片，原告认为被告没有进行调查即直接作出认定，主要证据不足，程序违法；对证据9没有异议，但认为《城乡规划法》规定县级以上地方人民政府规划主管部门有权作出规划影响认定，而被告没有相应的法定职权。

经庭审质证，本院对被告提交的证据作如下认证：对证据1，原告没有异议，应作为本案的有效证据。该证据能够证明被告利津开发区系经山东省人民政府2006年3月6日批准设立的省级开发区。

对证据2，因该条例适用于山东省行政区域内经国务院批准设立的经济技术开发区，故原告认为该证据与本案没有关联性的质证意见成立，该证据不能作为本案的有效证据。对证据3、4、5，原告对其真实性无异议，故应作为本案的有效证据。该三份证据能够证明被告利津开发区管委会在其管辖范围内具有建设项目规划以及核发建筑工程规划许可证等职权。对证据6、7、8，原告对其真实性无异议，本院认为应作为本案的有效证据。该三份证据能够证明原告所建房屋位于利津县城市总体规划区内。对证据9原告无异议，应作为本案有效证据。

经庭审质证，认证，本院查明以下事实：利津县城管局在巡查中发现，原告綦某来在利津县凤凰城街道某村东北角、利八路西延路北侧建设有平房、东屋及西厂房，遂于2013年5月7日向被告发出询问函，征询原告所建房屋是否位于城市规划区内，是否取得建设工程规划许可证。

被告利津开发区管委会当日向利津县城管局作出《违法建设规划影响认定书》，认定原告綦某来的建设行为未取得建设工程规划许可证，不符合利津县城市总体规划，该建筑属违章建筑，且对周边影响较大，应当无条件拆除。

利津县城管局依据被告的《违法建设规划影响认定书》及

其他相关证据对原告作出了限期拆除的行政处罚决定。

本院认为，被告利津开发区系经山东省人民政府批准设立的省级经济技术开发区，按照《山东省省级经济开发区管理暂行办法》的规定以及利津县人民政府的授权，被告利津开发区管委会在其管辖范围内具有规划管理工作的行政职权。

被告利津开发区管委会应利津县城管局的询问，作出《违法建设规划影响认定书》，实质上是对原告所建房屋的性质进行了认定，该认定是城管部门作出限期拆除行政处罚的事实依据，对原告綦某来的权利义务产生实际影响，故对被告利津开发区管委会称该答复不具有可诉性的答辩意见，本院不予采纳。

被告作出违法建设规划认定属于行政确认行为，而利津县城管局作出限期拆除决定属于行政处罚行为，两者行政主体不同，行政行为的性质不同，所依据的事实及程序不同，故原告提起本案诉讼不违反"一事不再理"的诉讼原则。

被告利津开发区管委会在没有进行调查询问的情况下，即认定原告的建设行为未取得建设工程规划许可证，不符合利津县城市总体规划，其建筑属违章建筑，证据不足，应予以撤销。

依照《中华人民共和国行政诉讼法》第54条第2项之规定，判决如下：

撤销被告山东利津经济开发区管理委员会于2013年5月7日向利津县城市管理行政执法局作出的《违法建设规划影响认定书》。

案件受理费50元，由被告山东利津经济开发区管理委员会负担。

如不服本判决，可在判决书送达之日起十五日内提起上诉，向本院递交上诉状，并按对方当事人的人数递交上诉状副本，上诉于山东省东营市中级人民法院。

案例5-13

上诉人孙某民、杨某芳行政纠纷一案
行政裁定书（节选）

上诉人（原审起诉人）杨某芳，女，1970年6月26日生，汉族。

上诉人（原审起诉人）孙某民，男，1968年8月16日生，汉族。

上诉人杨某芳、孙某民不服江宁区人民法院［2014］江宁行诉初字第54号不予受理的行政裁定，向本院提起上诉。

上诉人认为，江宁区城市管理行政执法局、江宁区淳化街道以南京市规划局江宁分局给淳化街道办事处出具的江宁规函［2014］67号《关于对淳化街道骆家渡村杨某芳、杨某福违法建设认定的复函》作为依据定性上诉人的房屋性质，损害了上诉人的利益。请求依法撤销原审裁定，发回原审人民法院重审，查清事实后，支持上诉人的诉讼请求。

本院认为，南京市规划局江宁分局根据法定职责对南京市江宁区人民政府淳化街道办事处的发函作出江宁规函［2014］67号《关于对淳化街道骆家渡村杨某芳、杨某福违法建设认定的复函》，该行为虽属于内部行政行为，但由于南京市江宁区城市管理行政执法局直接将该复函付诸实施并对行政相对人的权利义务产生实际影响，故上诉人的起诉符合人民法院行政诉讼的受理条件，原审法院对上诉人的起诉裁定不予受理不当，依法应予纠正，依照《中华人民共和国行政诉讼法》第41条之规定，裁定如下：

一、撤销南京市江宁区人民法院［2014］江宁行诉初字第

54号行政裁定；

二、本案由南京市江宁区人民法院依法立案受理。

本裁定为终审裁定。

笔者比对不同判例的审判观点，对"认为规划部门的回函属于独立可诉的具体行政行为"的主要观点总结如下：

1. 具有相对独立性

一般而言，完整的行政处罚权可分解为事实调查权、违法行为认定权和处罚决定权，通常这三种权力的行使分别属于一个行政处罚行为的不同阶段，由享有行政处罚权的行政机关统一行使，不具有独立性，当事人不能针对一个行政处罚的阶段性行为单独提起诉讼。但在城市管理行政处罚权相对集中的背景下，城市管理行政处罚权集中由城管行使，不能就此推定相应领域所包含的事实调查权、违法行为认定权、处罚决定权均由县城管局行使。规划部门对当事人房屋是否违反规划的认定过程实质上是依职权启动的独立的违法行为认定程序，在此情形下实施的违法行为认定权具有独立的法律效果。

2. 对当事人的权利义务产生实质影响

若规划部门的函件明确认定当事人建筑属违章建筑，实质上就是具有法律效力的认定，具有拘束力，将直接导致城管部门将当事人房屋作为违章建筑予以处理，后续的处罚行为直接以此为依据，已经完全外化。事实上，该文件对当事人的权利义务产生了实际影响。

3. 不可诉将剥夺当事人的司法救济权利，影响客观公正

若否定规划部门作出的认定具有可诉性，则当事人仅可就城管部门作出的行政处罚提起诉讼。但如此，城管部门必然将规划部门作出的认定作为证明其处罚决定合法的主要证据。因司法审查的对象是城管部门作出的处罚决定，规划部门不是案

件当事人，城管亦无须提交证明该认定合法的证据，在行政处罚诉讼案件中，法院实际上无法对此认定进行合法性审查。而且由于该认定属于公法上的职权行为，法院通常只能认可其效力，这就相当于从根本上剥夺了当事人的司法救济权。

三、规划回函不可诉的原因分析

遍观法院看法，一般认为此类回函或答复不可诉的主要原因有三个：

第一，认为回函是政府部门内部公文往来，属于调查的一个程序，对外不产生法律效力。

第二，认为并非是对违法与否的确认，仅系查档后对是否具有相应权证的事实性陈述，不属于依职权启动的违法审查行为。

第三，认为不直接影响当事人的权利义务，需要依附于城管部门的处罚决定才能对当事人造成影响，不具有独立性。

对此笔者有不同观点：

第一，规划部门的认定作为城管部门作出处罚决定的最主要依据，已经外化，不能单纯的认为对外没有法律效力。

第二，往往该认定不仅仅包括对当事人是否拥有相应权证的事实性陈述，还包括当事人建筑物是否属于可以改正消除对规划影响的建筑，甚至直接认定当事人建筑是否属于合法建筑，这已经超出了内部查档的范畴，属于调取证据后对涉案建筑物进行违法性确认的认定行为，应当被视为依据职权启动的违法审查程序，是一个独立的具体行政行为。

第三，由于城管部门进行行政处罚的最主要依据就是规划部门出具的这一文件，这显然已经对当事人的权利义务造成影响。

如果仅对城管行政处罚提起诉讼而不能对此单独提起诉讼，就会导致法院仅能审查处罚过程中的程序性问题，而对建筑是否违法本身只能依据规划部门的认定，但是对于这一认定是否合法，因为无法启动专门针对规划部门，且由规划部门参与举证质证的庭审，实质上就是无法全面审查的案件，笔者认为，这对保护当事人的权利十分不利。

现实中就有此类案件的发生，涉案企业已经取得建设用地规划许可证，也有相关的选址意见书，但是规划部门回函的结论却以没有建设工程规划许可证为理由，认定其属于违法建设，对此类案件应当如何看待规划部门颁发的其他规划文件？已经取得建设用地规划许可证的企业是否仍然可以被认定违反了城乡整体规划？有了选址意见书是否属于可以补办手续的类型？如果没有独立的诉讼审查，在规划部门无需到庭，无需参与举证质证的情况下，这些问题没有办法查明，这些问题也得不到实质解决。因此，笔者认为，对于规划部门对涉案房屋作出属于违法建设定性的回函，应当是独立可诉的具体行政行为。

当然我们也应看到，实践中有些规划部门为了规避诉讼风险，对城管部门请求确认建筑违法的函件不正面予以作答，仅仅将建筑是否具有规划审批文件的客观情况作客观描述，并没有关于是否属于违法建设的定性，也未对是否属于可以消除影响的情形作出评价，从而以此来证明其没有启动违法性审查，规避被诉讼的风险。

但是根据《城乡规划法》第64条之规定，对于尚可采取改正措施消除对规划实施影响的建筑，应当处以限期改正和罚款的处罚，只有无法消除影响的才可以处以限期拆除的处罚。也就是说，如果规划部门没有对此问题作出定性，这个回函从证据的角度其实无法作为城管部门直接认定违法建设的直接依据。

四、规划回函具有可诉性的标准

考察学界看法,规划部门对城管部门要求确认是否属于违建的回函是一种行政确认行为或行政答复行为,二者均属于准行政行为。准行政行为并非行政主体意思表示的外化形式,而是行政主体就某种具体事实所作的观念表示和判断,且仅对相对人产生间接的法律效果,并不直接为相对人设定权利义务。一般认为此类行为是否可诉需要满足下列标准:

1. 主体性标准。准行政行为的主体只能是行政主体,包括行政机关和法律、法规授权的组织。

2. 职权性标准。系指只有对行政主体在行使行政职权或履行行政职责过程中所实施的行为才能提起行政诉讼。

3. 成熟性标准。该标准源于美国司法审查的"成熟"原则。其含义是:被指控的准行政行为只有对相对人发生了实际不利影响才有可能接受司法审查。所谓实际不利影响是指对相对人已经造成了实质损害,或者是相对人权利受到限制,亦或是相对人义务无故增加。

4. 外部性标准。意指仅准行政行为针对的外部相对人才具有提请司法审查的主体资格。

5. 必要性标准。指对行政主体的准行政行为如果错失司法救济,相对人就没有其他救济选择,故必须赋予法院对这类行为的司法审查权,才能根本保护公民、法人和其他组织的合法权益,体现了法院在处理行政争议案件上的谦抑精神。

6. 可能性标准。指根据法律、法规的规定,司法机关有对准行政行为的合法性作出明确判断的可能,并且这种司法审查权尚未被法律明示排除。

根据以上观点,规划部门显然属于行政主体,也具有查处规划违法的行政职权，其认定导致当事人建筑物可能面临拆除的情形，对当事人的权利义务确有不利影响。尽管该回函不是直接对当事人作出的，但该当事人显然系权利义务实质受影响的外部相对人，如果该回函不可诉，当事人权利将无法得到全面救济。因此，笔者认为，规划部门出具的此类认定符合上述全部六项标准，在理论层面也具有可以提起诉讼的基础。

实践中之所以会出现部分法院认为可诉，部分法院认为不可诉的不同意见，根本原因还是在违法建设处罚中的认定环节，缺乏明确的认定标准和程序性依据。

根据《城乡规划法》的相关规定，规划部门对城乡规划有管辖权，并且对于违反规划有认定权，这点是没有争议的，这也是我们的执法部门（城管部门或镇政府）在执法过程中为什么需要向规划部门调函以查明该建设是否属于规划违法。

但是根据目前的立法，《城乡规划法》对于认定违法建设的标准，以及认定违法建设的程序没有明确、详细的规定，这就导致了实践中各地方执法部门关于对违法建设的认定内容、形式、程序等方面要求各式各样。

从目前的立法来看，只有部分地方性法规，如《上海市拆除违法建筑若干规定》中有要求执法部门向规划部门调函。笔者认为，对于认定违法建设这种带来严重后果的行政行为，这样简单的规定是无法满足复杂现实需求的，这是实践中执法以及司法实践观点不一致的根本原因。

第九节　拆除违法建设中的行政赔偿问题

根据《国有土地上房屋征收与补偿条例》的相关规定，对违法建设是不予补偿的，也就是说作为违法建设，建筑物本身的价值灭失及利用违建从事经营、出租等获利行为无法继续的损失不再提起行政赔偿之列。

但是如果执法机关在违法建设拆除的过程中程序严重违法，给当事人造成其他的不必要的损失的，根据《国家赔偿法》第2条的规定："国家机关和国家机关工作人员行使职权，有本法规定的侵犯公民、法人和其他组织合法权益的情形，造成损害的，受害人有依照本法取得国家赔偿的权利"，可以申请国家赔偿。

虽然违法建设本身不能以不动产受到损害为理由获得国家赔偿，但是建筑人对建造建筑物花费的建筑材料、装饰装修以及屋内家具、设备等项目仍然具有单独的合法权利，如果该部分由于执法机关的严重过错造成不必要的损失，对该部分可以以成本价折算"成新"后获得赔偿。

笔者认为，在诉讼中并不能一概以非法利益为由剥夺原告对其合法利益遭受损害请求国家赔偿的权利，因此在行政赔偿案件中，区分合法利益与非法利益十分关键。

理论上行政赔偿获赔的金额应当是政府违法强拆所造成的实际损失与当事人如果自行拆除建筑可能造成的损失之间的差额（参见案例一），其中视政府部门强拆过程中具体的违法情况，获赔的情况也不尽相同。

实践中常见的政府部门程序违法导致的损失有以下两种情形。

一、执法部门未履行或未完全履行前置性法律程序就实施强拆

这种情况说的是执法部门在实施强制拆除前，没有按法律规定作出限期拆除决定、强制拆除决定，也没有经过催告，没有告知当事人进行陈诉申辩、复议诉讼的权利，给予当事人自

行拆除的时间过短，或进行突击拆除、夜间拆除等，导致剥夺了当事人自行谨慎拆除建筑物，尽可能减少损失的机会，以致于将损失扩大化。

对于此种情况，法院的做法有两处值得注意。

1. 损失金额是以建材价值为准，还是要减去当事人自行拆除所不可避免的损失

从理论上来说，以后者为准更合乎逻辑，但是实际情况中，由于当事人房屋已经被拆除，进行司法鉴定的难度可能较大，所以实际情况中存在直接以建材成本折算"成新"后酌情予以赔偿的做法。

2. 建材成本的计算范围包括哪些

有的法院认为如砖墙、钢筋、水泥等建材虽然当事人具有合法所有权，但其已经成为建筑物不可分割的一部分，在拆除中无法单独保留其价值，一旦拆除就失去全部价值，不能以"成新"率计算赔偿，能够获赔的只有门窗、附属装修等可以取下，重复利用率高的部分（参见案例二）。而对于其他的诸如交通费等间接相关费用，法院一般不认为属于直接损失，不予考虑。

二、执法部门在强拆实施时未尽注意义务导致房屋内财物造成不必要的损失

此种情况指的是政府在实施强制拆除过程中，没有按规定对屋内财产进行搬离、登记造册、妥善保管，或是因强拆损害了违法建筑范围之外的合法权益。

对于这种情况，根据《最高人民法院关于适用〈中华人民共和国行政诉讼法〉的解释》第27条、《最高人民法院关于行政诉讼证据若干问题的规定》第5条规定，在行政赔偿诉讼中，

原告对因受被诉行为侵害而造成损失的事实承担举证责任。《最高人民法院关于审理行政赔偿案件若干问题的规定》第 32 条规定:"原告在行政赔偿诉讼中对自己主张承担举证责任,被告有权提供不予赔偿或者减少赔偿数额方面的证据。"

当事人需要对损害的存在承担举证责任,但在实际情况中,由于房屋已经灭失,原告方作为弱势一方,很难对损害数额进行充分的举证,此时,原告只要能对损害事实进行初步举证,符合常情常理,往往能获得法院的支持(参见案例三),而超出常识常理如果没有确凿证据则不能获得支持(参见案例四)。

因此,如果房屋内存在价值超出一般市场价格的家具、设备等的情况,应当在可能的情况下事先留存证据以证明其价值,否则法院难以支持。

另外,在强制拆除后,留存的建材物料的所有权归当事人所有,如果政府自行清理,当事人则可以就此要求赔偿(参见案例五),反之,如果建材残料留存现场,因当事人自身疏于管理以至于生锈、霉变导致损失,则不能因此获得赔偿(参见案例一)。

此外,根据《最高人民法院关于行政诉讼证据若干问题的规定》第 69 条规定,原告确有证据证明被告持有的证据对原告有利,被告无正当理由拒不提供的,可以推定原告的主张成立。而政府在强拆过程中往往会使用录像等手段留存强拆时的证据,可以以此为由要求政府提供,证明原告方的屋内财产情况。

由于《国家赔偿法》修订后,并不要求行政主体行政行为违法才能申请行政赔偿,重心转移至原告合法利益遭受损害应得到救济的层面。所以即使政府不存在程序违法,仍然有可以申请行政赔偿的可能,例如案例一中存在因强拆导致周围苗木枯死以及建筑周围围墙损毁的情况,如果能举证二者之间存在因果关系,无论强拆是否存在程序违法,都可以就此申请行政赔偿。

案例5-14

上海市浦东新区人民法院
行政判决书（节选）

原告戴某某。

被告上海市浦东新区城市管理行政执法局。

法定代表人曹某中。

原告戴某某诉被告上海市浦东新区城市管理行政执法局（以下简称浦东执法局）要求确认拆除行为违法并行政赔偿一案，原告于2013年2月28日起诉来院。本案现已审理终结。

原告戴某某诉称：原告系浦东新区宣桥镇南六公路×××弄建德南郊别墅××××室房屋的业主。2012年12月，原告在该房屋西北侧搭建四间建筑面积共约100平方米房屋并加高围墙。2013年1月24日上午，被告在未进行任何形式的通知及认定的情况下，突然强行组织人员拆除了原告的上述房屋及围墙，使原告蒙受巨大损失。

因此，要求判令：①确认被告拆除浦东新区宣桥镇南六公路×××弄××××室西北侧属原告所有的建筑面积100平方米房屋及围墙的行为违法；②被告将错拆的房屋及围墙恢复原状。

庭审中，原告变更第2条诉讼请求为要求被告行政赔偿人民币（以下币种均为人民币）250 000元，包括围墙恢复原状的费用，3棵被损名贵树木以及钢管、木料的费用。

审理过程中，原告自愿放弃对其中一棵香樟树要求赔偿的主张。

被告浦东执法局辩称：其不同意原告诉讼请求。

①对于原告所称的被拆除的违法建筑物,被告正在查处中,具体行政行为还没有作出,也没有组织人员进行强拆。原告无证据证明是被告实施的强拆行为,故而被告主体资格不适格;②本案所涉的拆房行为被告不知道是哪个部门实施的,也不知道谁在现场指挥;③原告被拆除的是违法建筑,原告要求赔偿的是非法利益,不应得到保护。请求驳回原告诉讼请求。

原告提交以下证据:

1. 沪房地南字[2005]第011229号上海市房地产权证,证明原告是本市浦东新区宣桥镇南六公路×××弄××××室房屋的权利人之一,该房有证建筑面积365.2平方米。

2. 原告于2012年12月28日与案外人张某国签订的民用土建工程合同、于2013年1月18日与案外人尤某兴签订的木工施工合同以及施工设计图纸,证明被拆除的房屋位置在"建德南郊别墅×号别墅",为原告所有,该房屋被拆除时正在封顶。

3. 照片11张,其中4张是现场人员照片,2张是被拆除房屋照片,2张是被告宣桥分队副队长冯某在办公室门口的照片,1张是冯某在现场指挥,1张是手拿摄像机、戴眼镜的男子穿着执法局制服,1张是姓陆的执法局队员穿着棉衣制服,证明被拆除房屋是被告所拆。

4. 2013年2月27日由上海建玮物业管理有限公司南郊管理部经理冯某出具的情况说明及身份证复印件,证明原告搭建的房屋,是由当地镇政府召集,由被告出面,镇房地办、物业公司配合下拆除的。

5. 上海市公安局案(事)件接报回执单,证明宣桥派出所拆除当天接到原告电话报警,有两位民警到现场,其中一位是桂某弟,在核查了现场人员身份后,民警认为是城管在执法。

6. 由原告家人拍摄的强拆现场情况光盘1张,证明视频

0255中第24秒出现在最左边、穿制服、拿摄像机、戴眼镜的男子,与最右边穿棉衣制服、姓陆的男子都是被告队员;第40秒也出现了上述拿摄像机、戴眼镜男子;第54秒出现在右边第二位的是被告宣桥分队队长瞿某峰;1分18秒出现在车旁的是姓陆的被告队员,现场还有冯某。

7. 原告财产受损证据:基础开土和回土费用收据及混凝土土方费用收据各一张;基础混凝土土方发货单4张;黄沙、石子、天沟、螺纹钢、砂浆、水泥、多孔砖等送货单23张;卷材出库单;本案律师费发票计10 000元;冲洗照片收据2张计1300元;建房费收条2张各50 000元;木工工资收条1张计20 000元。

另外,原告还认为因围墙(砖混结构,长5米、高1米)被被告破坏,原告自行修复花费5000元,被压死的果树、香樟树及银杏树各1棵,共计价值45 000元。

以上共计289 302.5元,原告主张其中的250 000元,且表示无法计算具体的分项。

经质证,被告对原告提供的证据1真实性没有异议;对证据2合同真实性、关联性认为无法确认,且合同目的违法;对证据4的真实性不予确认,认为证人应该到庭作证;对证据5真实性没有异议,但认为只能证明公安机关接到报警,不能证明被告现场执法情况;对证据3照片的真实性、证据6光盘中拍摄的视频是被拆房屋现场没有异议,确认视频中站在水池边、戴眼镜男子是被告宣桥分队副队长冯某,但认为冯某没有穿执法识别服、没有指挥动作,视频及5张有冯某的现场照片均不能证明是被告在执法,被告只是派冯某去现场看一下,2张冯某在办公地点的照片与本案无关;确认视频中拿摄像机、戴眼镜的男子是其宣桥分队的队员,但认为其未着执法识别服,不是在执法;视频中出现在车旁的人因看不清楚,无法辨认;认为被告执法必须带执法证、穿执法识别服、两人以上,执法识别服应该有肩章、领章和胸牌;但被告同时确认执法识别服的肩章、领章及胸牌是可以活动的;确认发放过冬季保暖服,冬季保暖服无肩章、领章和胸章,不作为执法识别服。

视频中没有身穿识别服的队员,原告视频中出现的并非识别服;对证据7认为,基础开土和回土费用收据及混凝土土方费用收据均没有签收人,不是收条,基础混凝土土方发货单没有直送地点,也没有盖章,不清楚是否为原告建房所用,23张送货单均没有送货单位与收货单位的盖章,与本案无关,对律师费发票真实性没有异议,但不知道是否为本案律师费,对照片冲洗是否与本案有关也有异议。

被告不认为围墙是被告本次拆房所破坏,对树的价值不予认可,认为与被告无关。

被告浦东执法局提交以下证据:

1. 2013年1月4日现场检查笔录、现场查勘记录及照片2张,证明被告于2013年1月4日9:30—9:50对原告房屋违法搭建进行调查,经测量,原告在其主房上搭建的第三层房屋建筑面积为217.45平方米。

2. 2013年1月10日现场检查笔录、现场查勘记录及照片1张,证明被告于2013年1月10日对原告房屋违法搭建情况进行复查,原告在将1002号房屋二层平顶结构改成三层人字屋顶基础上,又在房屋北侧花园搭建砖混结构建筑物,正在砌墙阶段,长14.1米、宽5.2米,占地面积73.32平方米,此即本案中原告陈述的100平方米房屋。

3. 被告2013年1月11日对宣桥镇房屋管理办事处工作人员唐某军的询问笔录及其身份证明、被告对建德南郊别墅物业管理人员邵某冲的询问笔录及身份证明，证明被告于2013年1月11日调查中得知，原告主房加层建筑面积为217.45平方米，2013年1月6日开始在北侧花园搭建面积73.32平方米房屋，当时已完成一层砖墙搭建，还没封顶。

4.（浦-433）城管协认字［2013］第0002号协查认定函，证明被告发函给上海市浦东新区宣桥房屋管理办事处，协助调查原告将二层平顶结构改成三层加人字屋顶，北侧花园搭建砖混结构建筑物是否属于违法建筑，协查认定属于违法建筑物。

5. 谈话通知书及邮寄信函回执，证明被告通知原告于2013年2月7日8时至宣桥镇下盐路××××号接受调查原告搭建三层楼的问题，投递人员多次上门投送无人，被退回。

6. 上海市房地产登记簿房屋状况及产权人信息，证明宣桥镇南六公路×××弄××××号房屋权利人戴某某、郑某某、戴某、戴某某、戴某，房地产权证号南200501××××，建筑面积365.2平方米；与原告房地产权证信息一致。

经质证，原告对被告证据1的真实性有异议，认为经向物业公司了解，被告没有到现场，照片不一定是2013年1月4日拍的；有关房屋建造的进展情况，2013年1月4日到第一次庭审时的情况没有变化；确认证据2中建筑物是原告所有，认可照片是2013年1月10日拍的，但认为不能确定1月10日被告是否到过现场；对证据3表示不认识唐某军，认识邵某冲，但对两人的笔录内容没有异议；对证据4、5的真实性没有异议，但认为原告没有收到过认定函及谈话通知书，原告白天不在被告寄送的地方，晚上才回去，且认为被告通知谈话时已经拆除了原告房屋；对证据6无异议。

庭审中，原告确认所搭建的房屋无批准文件，被拆除后的材料都留在现场，但有所损坏。现原告已自行修复围墙。

第五章　结合裁判案例看实务中的常见问题

因原告申请，本院于 2013 年 4 月 2 日到上海市公安局浦东分局宣桥派出所调查取证，并调取民警桂某弟、胡某明警员证复印件、上海市公安局 110 三级反馈单 2 份、上海市公安局 110 接警登记表 1 份。

民警桂某弟陈述：其为建德别墅片警，2013 年 1 月 24 日上午确实接到过报警，但出警的不是其本人，而是另一名民警胡某明与一名协警。

一个月之后，桂某弟曾接到一个自称××××室业主的电话询问是否出警，桂某弟回答不是自己出警，听同事说是城管在执法，桂某弟不认识业主。

民警胡某明陈述：2013 年 1 月 24 日上午接到报警后，胡某明与一名协警到现场，看见现场有 10 多个穿迷彩服的人在动手拆除房屋，有两名穿制服的执法局队员在旁观，物业公司的人也在。

胡某明不认识那两名执法局队员，但是确认穿迷彩服的拆房人员是专门拆违章建筑的，因为胡某明经常接到居民关于拆违的报警，出警时经常会看到他们，对他们的长相比较熟悉。

经质证，原、被告对上述证据的真实性均无异议。

但原告认为，桂某弟在接原告电话时说是执法局在执法，警察不好处理，没讲到其本人是否去现场。

被告认为上述证据不能达到原告证明目的，桂某弟说不是其出警，听同事讲是执法局在执法，没有证明力；报警记录是报警人陈述的，报警记录与反馈单都没有说是被告在执法，胡某明对穿迷彩服人员面熟也不能证明被告执法。

为确定本案赔偿额，本院委托上海市中世建设咨询有限公司鉴定，结论为：被强拆引起的建筑材料及辅料的损失鉴定工程总造价为 31 468 元；如果上述建筑物由搭建人自行小心拆除而引起的建筑材料及辅料的损失为19 853元；两格金属围墙及两个水泥墩的价值为2168元。

经质证，原、被告对该工程造价司法鉴定意见书均无异议。

据此，本院确认以下事实：原告戴某某系本市浦东新区宣桥镇南六公路×××弄建德南郊别墅××××室房屋的业主。

2012年12月，原告在未取得任何审批手续的情况下，在该房屋西北侧搭建房屋，并对围墙进行加高。

被告浦东执法局对原告的该搭建行为已作现场检查、查勘及调查，但尚未作出书面处理决定。

2013年1月24日上午，原告搭建的上述房屋被拆除，拆除时一层砖墙已经砌好，尚未封顶。

拆除后，所有建材均被留在现场。

关于拆除原告搭建房屋及两格围墙的主体问题，根据到现场出警的宣桥派出所民警胡某明陈述，有穿制服的被告队员在拆除现场，现场穿迷彩服的拆房人员是经常从事拆除违章建筑的人员。

再根据原告提交的现场照片及视频，拆除现场有被告宣桥分队的副队长及手拿摄像机的队员在场。

即使被告队员未穿制服或识别服，或所穿的服装上未戴肩章、领章和袖章，也不能排除其是在参加执法活动的可能性。

被告既有两名队员参与本次拆除行为，又称不知道是哪个单位组织实施的说法，说服力不足，本院难以采信被告辩称。

根据原告提供的证据材料及庭审陈述，经本院现场查勘，有两格围墙被破坏。

结合对被强拆房屋与围墙之间的位置、距离，考虑拆房机械进入被拆除房屋的通道途径，不能排除两格围墙为拆房机械进入被拆除房屋时所破坏的可能性。

第五章　结合裁判案例看实务中的常见问题

被告称围墙不是其拆除，但在有队员拿摄像机出现在现场的情况下，不能向本院提交对其有利的相关视频资料，本院对此采信原告的主张。

综上，本院认定此次拆除原告主房西北侧所搭建的房屋并损坏两格围墙的行为应由被告承担责任。

本院认为，根据《中华人民共和国行政强制法》第34条、第37条及第44条的规定，行政机关依法作出行政决定后，经催告，当事人逾期仍不履行行政决定，且无正当理由的，具有行政强制执行权的行政机关才有权依法作出强制执行决定，对违法的建筑物需要强制拆除的，应当由行政机关予以公告，限期当事人自行拆除。

当事人在法定期限内不申请行政复议或者提起行政诉讼，又不拆除的，行政机关可以依法强制拆除。

本案中，被告对原告的搭建行为正在调查中，尚未作出行政决定，被告在此情况下即实施拆除行为，属程序违法。

因被告在实施拆除行为前未通知原告，客观上剥夺了原告自行小心拆除、尽量保留建材使用价值的机会，故应对其违反法定程序实施的行为对原告造成的经济损失承担一定的行政赔偿责任。

被告应对其强制拆除原告搭建房屋时所引起的建筑材料及辅料的损失与原告自行小心拆除而引起的损失之间的差额进行赔偿，即11 615元。

因被告从围墙处进入强拆现场，破坏了围墙的两个水泥墩及两格金属围墙，价值为2168元，被告应予以赔偿。

原告主张的照片冲洗费因不能证明全部与本案相关，由本院酌定为200元。

以上三项合计13 983元。

因原告搭建房屋系未经任何部门批准，故原告主张的人工费用不能列入行政赔偿范围。

原告搭建的房屋被拆除后，所有建材均留在原地，此后因原告未妥善保管而产生的建材生锈、霉变等损失，亦不在行政赔偿范围内。

律师费不能作为国家赔偿的内容。

原告主张的3棵树木，经现场查勘，只有一棵主干部直径约10厘米的香樟树已经枯萎死亡，从外观上看，香樟树仍然带枯叶直立，并未断裂，故无证据证明死亡原因系由被告拆除行为引起，原告在审理中也自愿撤回此项赔偿要求，本院予以准许。

另一棵银杏树、一棵果树均存活，原告认为今后也无法存活的论断没有依据，故对原告主张的树木损失不予支持。

综上，根据《最高人民法院关于执行〈中华人民共和国行政诉讼法〉若干问题的解释》第56条第4项、第57条第2款第2项，《中华人民共和国国家赔偿法》第2条、第4条第4项、第5条第2项之规定，判决如下：

1. 确认被告上海市浦东新区城市管理行政执法局于2013年1月24日上午拆除原告戴某某位于上海市浦东新区宣桥镇南六公路×××弄××××室主房西北侧搭建的房屋及两格围墙的行为违法。

2. 被告上海市浦东新区城市管理行政执法局应于本判决生效之日起十五日内赔偿原告戴某某人民币13 983元。

3. 驳回原告戴某某的其他诉讼请求。

案件受理费人民币50元（原告已预缴），由被告上海市浦东新区城市管理行政执法局负担；鉴定费人民币1500元（原告已预缴），由被告上海市浦东新区城市管理行政执法局负担。

根据《中华人民共和国民事诉讼法》第253条规定，被执行人未按判决、裁定和其他法律文书指定的期间履行给付金钱义务的,应当加倍支付迟延履行期间的债务利息。

如不服本判决,可在判决书送达之日起十五日内,向本院递交上诉状,并按对方当事人的人数提供副本,上诉于上海市第一中级人民法院。

案例5-15

韶关市中级人民法院
行政判决书(节选)

上诉人(原审原告):欧某贵,男,1955年3月5日出生,汉族,广东省韶关市人,农民。

被上诉人(原审被告):韶关市武江区龙归镇人民政府(以下简称:"龙归镇政府")。

法定代表人:洪某陶,镇长。

被上诉人(原审被告):韶关市国土资源局(以下简称:"韶关市国土局")。

法定代表人:王某安,局长。

原审第三人:韶关市武江区龙归镇社区居民委员会(以下简称:"龙归镇社区居委会")。

诉讼代表人:张某党,主任。

本院查明:2014年5月间,欧某贵在尚未领取乡村建设规划许可证的情况下,购买建筑材料在广东省韶关市武江区龙归镇河滨新街18号处拆除旧房屋重新建造新房屋,打了地基并砌起约1米高的围墙,建起一层房屋支撑水泥柱的钢筋架。

2014年5月13日,"龙归镇政府"发现欧某贵上述行为,发出了《关于限期拆除"两违"建筑的通知》，内容为："欧某贵：你在位于河滨新街（龙归林业站旁）私自建设房屋，并未经向相关部门申报办理手续，属于'两违'建筑。现限你在本月28日前自行拆除，否则，我镇将上报区政府并组织相关部门依法拆除。特此通知。"

2014年5月20日，"韶关市国土局"作出韶国土资执法（武龙归）字[2014]第86号《责令停止国土资源违法行为通知书》，内容为："欧某贵：你（单位）在龙归镇龙归村委会河滨新街私自建房的行为，违反了《中华人民共和国土地管理法》第62条的有关规定，根据《中华人民共和国土地管理法》第77条规定，现责令立即停止上述违法行为，听候处理。"

此后，欧某贵在已建起的支撑水泥柱钢筋架上浇筑了混凝土。

2014年6月11日，"龙归镇政府"将欧某贵在广东省韶关市武江区龙归镇河滨新街18号处所砌约1米高的围墙以及发出《关于限期拆除"两违"建筑的通知》后在房屋支撑水泥柱钢筋架上浇筑形成的混凝土水泥柱强行拆除。

2014年7月28日，欧某贵向原审法院提起行政诉讼，诉讼请求：第一，依法撤销《关于限期拆除"两违"建筑的通知》。第二，依法撤销《责令停止国土资源违法行为通知书》。第三，确认"龙归镇政府""韶关市国土局"强制拆除欧某贵位于河滨新街（龙归林业站旁）房屋的具体行政行为违法。第四，判令"龙归镇政府""韶关市国土局"赔偿欧某贵经济损失16 971元。第五，判令诉讼费由"龙归镇政府""韶关市国土局"承担。

另查明：2013年期间，欧某贵写了一份《申请建房用地报告》，内容为："本人欧某贵是韶关市武江区龙归镇龙归村委会车角岭村村民，现有人口6人，住房面积121平方米，现住房由

第五章 结合裁判案例看实务中的常见问题

于年长月久,已成危房,为了解决本人住房的实际困难,需申请在韶关市武江区龙归镇社区居委会河滨新街 18 号处拆旧建新房屋 121 平方米,该地东至巷道,南至刘某明房屋,西至丘某明房屋,北至空地,权属清楚,无争议。"在该报告结尾"申请人"处,签有"欧某贵"的名字,没有填写年月日。在该报告的下半部分,写有:"社区居委会意见:经调查,欧某贵是上述土地的唯一合法使用者,我村委同意其在武江区龙归镇社区居委会河滨新街 18 号处建房用地 121 平方米。"在结尾"社区居委会"处,签有"张某强"的名字,在(居委会盖章)处,盖有"龙归镇社区居委会"的印章,没有填写年月日。

欧某贵领取了《建房用地填写指南》,该指南明确从申请建房用地到呈批至用地范围均需村民委员会盖章同意。

欧某贵填写了《私人建房用地呈批表》,该表注明"申请人:欧某贵""职业:务农""家庭常住人口:6""用途:住房""地址:武江区龙归镇龙归村委会车角岭村 44 号"。此外,在该呈批表"申请人所在单位或居委会意见"一栏,写有"经我村民小组会议三分之二代表通过,同意申请建房用地 121 平方米。"以及签有"欧某原"名字,没有填写年月日;在"村委会意见"一栏写有"该户符合一户一宅,同意申请建房用地 121 平方米,请有关部门批准。"及加盖了"龙归镇社区居委会"的印章,没有填写年月日;在"国土所意见"一栏,写有:"根据村委会意见,经审查该户及其村委、镇政府提供的有关资料,并现场查看,该户符合镇总体规划,四至界址清楚,无争议,同意该户用地,面积 121 平方米,报上级批,未经批准,不得动工。"及签有"赖某孝"之名,加盖"韶关市国土资源局武江分局龙归国土资源所"的印章,没有填写年月日。

"龙归镇社区居委会"写了一份《村委证明》,内容为:

"兹有龙归镇龙归村委会车角岭村村民欧某贵在社区居委会河滨新街18号处建房用地,已经我居委会调查核实,批准同意其申请拆旧建新建房用地121平方米,该地四至界址和权属清楚,无争议,不是耕地,并符合一户一宅申请条件,请给予办理有关用地手续。"在结尾部分,写有"属实,张某强"等,加盖了"龙归镇社区居委会"的印章,没有填写年月日。

2013年6月24日,"龙归镇社区居委会"写了一份《公示证明》,内容为:"兹有我龙归镇龙归村委会车角岭村村民欧某贵在社区居委会河滨新街18号处的建房用地,经三分之二以上村民同意,其申请在韶关市武江区龙归镇龙归村委会社区居委会河滨新街18号处建房用地面积121平方米。权属无争议,四至界址清楚,符合我村村庄规划要求及一户一宅的规定,并经我村委会公示15天后无异议。"

"龙归镇社区居委会"出示了一份《公示》,内容为:"兹有我村委会车解岭村民欧某贵在武江区龙归镇社区居委会河滨新街18号处申请建房用地面积121平方米,公示期间如有异议,请在公示日期内向村委反映。""公示时间:[ ](注:空白)年[ ]月[ ]日至[ ]年[ ]月[ ]日"。此外,在"龙归镇社区居委会"盖章处,没有填写年月日。

韶关市国土资源局武江分局龙归国土资源所写了一份《地类核查证明》,内容为:"龙归镇龙归村委会车角岭村村民欧某贵申请使用位于武江区龙归镇社区居委会河滨新街18号处的土地121平方米建住宅。经查,该地符合土地利用总体规划,是宅基地,属拆旧建新情况属实。"在结尾处盖有韶关市国土资源局武江分局龙归国土资源所的印章,没有填写年月日。

案经原审法院审理后认为:

1. 根据《中华人民共和国城乡规划法》第61条的规定:在

乡村规划区内，未依法取得乡村建设规划许可证进行建设的，由乡、镇人民政府责令停止建设、限期改正；逾期不改正的，可以拆除。

欧某贵未依法取得乡村建设规划许可证便进行建设，属违法建设。"龙归镇政府"经核实后，发出限期自行拆除的通知正确。限期自行拆除属限期改正范畴，是命令违法行为人履行即有的法定义务，纠正违法，恢复法律关系原状。实践中经常以"布告""通知"等形式表现。2013年11月12日，韶关市人民政府就针对违法建设的整治、包括停止建设，限期拆除或强制拆除等处理内容发布了的通告。欧某贵未在指定期限自行拆除改正，"龙归镇政府"报韶关市武江区人民政府后，对违法建筑物实施强制拆除，该强制拆除行为是对限期拆除违法建筑物通知的执行行为。"龙归镇政府"对违法建筑实施的强制拆除行为已不具有可撤销内容。但"龙归镇政府"在强制拆除前，未履行相关告知义务，程序上确实存在瑕疵。

2. 违法建筑物依法不受法律的保护。因此，不存在对违法建筑物的赔偿，只是对拆除后建筑物的材料，欧某贵可自行收取处置。根据《最高人民法院关于审理行政赔偿案件若干问题的规定》第33条的规定，具体行政行为违法，但未造成合法财产权益损害的，赔偿请求不予支持。

本案欧某贵在韶关市人民政府发布通告后仍进行违法建设，且拒不在"龙归镇政府"指定期限自行拆除改正，"龙归镇政府"是在限期欧某贵自行拆除而未拆除后，对违法建筑物即地面上所建的柱子实施拆除，既无证据证明其扩大对欧某贵其他建筑物的拆除情形，也没有证据证明其擅自使用或毁损拆除后的建筑材料及其物品等。因此，欧某贵要求"龙归镇政府"赔偿的请求，没有法律根据，不予支持。

3. "韶关市国土局"作出的责令停止违法行为通知书,是针对欧某贵违法建筑物违法占用土地,且欧某贵明知自己不是"龙归镇社区居委会"居民,却向该居委会申请用地建房,《中华人民共和国城乡规划法》第41条第4款规定:"建设单位或个人在取得乡村建设规划许可证后,方可办理用地审批手续。"《中华人民共和国土地管理法》第62条规定:"农村村民建住宅,应当符合乡(镇)土地利用总体规划。农村村民住宅用地,经乡(镇)人民政府审核,由县级人民政府批准。"鉴于"韶关市国土局"发出的通知书仅是要求欧某贵停止违法占地行为,并非是对违法建筑的拆除,且未实施对违法建筑物的拆除,其与"龙归镇政府"各自行使不同的职权,作出的行政行为亦不相同,本案不宜合并处理。欧某贵如认为"韶关市国土局"发出的停止违法占地行为通知书违法并造成财产损失,可另行主张权利。欧某贵称建房是为了居住,也应当符合法律规定,并依法申请办理相关手续。欧某贵不是"龙归镇社区居委会"居民,该居委会出具的符合一户一宅的证明,不具有证明力,不予确认。至于涉及占用土地的权属问题,不属本案审理范围。综上所述,依照《最高人民法院关于执行〈中华人民共和国行政诉讼法〉若干问题的解释》第57条第2款第2项、第56条第4项的规定,判决:第一,确认"龙归镇政府"在强制拆除中程序违法。第二,驳回欧某贵的其他诉讼请求。

上诉人欧某贵不服原审法院判决上诉称:原判认定事实不清。欧某贵合法拥有位于河滨新街龙归林业站旁房屋,在该宅基地上已居住多年,有村民小组及居委会作证,并提供了长期居住的水电费缴费单据,原房屋照片佐证。欧某贵属于拆旧建新,并持有《地类核查证明》及《私人建房用地呈批表》,欧某贵按程序早已向"龙归镇政府"提交所有材料,"龙归镇政府"故意拖延不批准不回复,并告知欧某贵先行拆除旧房重建新房,然后再利用政府权力,强行将欧某贵再建新房违法拆除。欧某贵未取得乡村建设规划许可证错不在欧某贵,错在"龙归镇政府"长期拖延既不批准也不答复。且欧某贵已经取得《地类核查证明》及《私人建房用地呈批表》,只要补办手续即可,不存在行政强制拆除的必要,"龙归镇政府""韶关市国土局"在未告知欧某贵应该补办手续的情况下扩大欧某贵的损失,理应赔偿。同时,欧某贵拆旧建新所在的大多数人建房均无所谓的乡村建设规划许可证。原判认为欧某贵属于韶关市武江区龙归镇龙归村民委员会车角岭村民小组村民,不应该向"龙归镇社区居委会"申请拆旧建新是错误的。

(1) 欧某贵拆旧建新所在地块是龙归村民委员会的宅基地,也在居委会辖区,属于欧某贵所有的插花地,其后方地块也正是欧某贵亲属欧某所有,这在"龙归镇政府""韶关市国土局"都有显示,"龙归镇政府""韶关市国土局"无法证明该宅基地及欧某贵原所有的旧房属于违法建筑。

(2) 居委会是历史事实的见证人,起到证人证言的作用,"龙归镇政府""韶关市国土局"没有任何证据证明居委会的证明内容违法或者违反事实。因此,欧某贵的拆旧建新合法,不是违法建筑物,"龙归镇政府""韶关市国土局"的行政强制拆除行为违法。

4. 原判适用法律错误。原判适用《最高人民法院关于审理行政赔偿案件若干问题的规定》第33条:"被告的具体行政行为违法但尚未对原告合法权益造成损害的,或者原告的请求没有事实根据或法律根据的,人民法院应当判决驳回原告的赔偿请求。"认为该法条的理解为但未造成合法财产权益损害的,得出违法建筑物不受法律保护。该理解是曲解,该法条的核心是

· 251 ·

"但尚未",应理解为还未造成损害,没有具体行动接触,没有行政强制拆除行为所以不会造成损害。

(1)"龙归镇政府""韶关市国土局"至今无法向法庭证明欧某贵的房屋属于违法建筑物,反而欧某贵已经向法庭证明合法拥有该房屋,而且"龙归镇政府""韶关市国土局"的答辩与相关行政机关的证明相矛盾。

(2)既然"龙归镇政府""韶关市国土局"行政强制拆除违法,就要承担违法拆除的责任。即使欧某贵有过错,那也应当共同分担过错。因此,"龙归镇政府""韶关市国土局"应对本次行政强制拆除违法付出相应的代价。

5. 原判认为"被上诉人国土局未实施对违法建筑物的拆除"认定事实错误。"龙归镇政府""韶关市国土局"的两个文书是同时粘贴在欧某贵建筑物上,足以认定他们是联合执法,根据《中华人民共和国国家赔偿法》第7条:"两个以上行政机关共同行使行政职权时侵犯公民、法人和其他组织的合法权益造成损害的,共同行使行政职权的行政机关为共同赔偿义务机关,承担连带赔偿责任。"原判没有任何证据,仅凭"龙归镇政府""韶关市国土局"的陈述,更认定"韶关市国土局"没有参与,理据不足。

原判结果为:"龙归镇人民政府在强制中程序违法"属于法律文书不规范。行政诉讼判项写法只有"确认具体行政行为违法",没有规定还要区分程序还是实体。因此,原审法院的判决书在判项上的表述不规范。上诉请求:第一,撤销原判,并依法改判支持欧某贵的请求:即(一)撤销《关于限期拆除"两违"建筑的通知》。(二)撤销《责令停止国土资源违法行为通知书》。(三)确认"龙归镇政府""韶关市国土局"强制拆除欧某贵位于江滨新街龙归林业站旁房屋的具体行政行为违法。

(四) 由"龙归镇政府""韶关市国土局"赔偿欧某贵经济损失16 971元。第二，本案诉讼费用由"龙归镇政府""韶关市国土局"承担。

被上诉人"龙归镇政府"答辩则认为：

1. 欧某贵所建的建筑物水泥柱等属于"两违"建筑物，不受法律保护。欧某贵原在龙归旧街租用旧地税所宿舍（后该宿舍产权转给开发商林某德）居住，后其以占用为目的，搭建简易房于原龙归旧市场专卖猪苗范围内即其租用房屋的北面河滨（此建筑物已被开发商约于1999年拆除），该旧市场原属曲江县（现为广东省韶关市曲江区）市场物业管理服务站所有、管理。2004年该站因行政撤并至龙归镇政府，其原物（旧市场、现新市场）归并"龙归镇政府"。2014年欧某贵拆除上述简易房屋并试图建楼房，在没有取得合法批准用地和合法建设许可的情况下，不顾"韶关市国土局"2014年5月20日签发的韶国土资执法（武龙归字［2014］第86号）《责令停止国土资源违法行为通知书》及"龙归镇政府"2014年5月13日所发的《关于限期拆除"两违"建筑的通知》，继续施工，"龙归镇政府"遂于2014年6月11日与国土部门在上报区政府情况下按市政府（韶府［2013］66号）《韶关市人民政府关于开展打击"两违"行为的通告》予以拆除。

2. 欧某贵所建的建筑物水泥柱等所在地并不是其户籍所在地，且没有合法来源。欧某贵属于龙归镇龙归村民委员会车角岭村民小组的村民，其所在村民小组在"龙归镇社区居委会"辖区内不应该享有土地所有权。而且，欧某贵也没有出具该土地的合法来源。综上所述，请求二审法院驳回欧某贵的四项上诉请求，维持原审法院的判决。

被上诉人"韶关市国土局"答辩则认为：

1. "韶关市国土局"派出机构工作人员在巡查中发现欧某贵存在违反土地法律、法规行为,及时发出《责令停止国土资源违法行为通知书》韶国土资执法(武龙归)字〔2014〕第86号,责令欧某贵立即停止违法行为事实清楚,程序合法。

2. 欧某贵未取得乡村建设规划许可证建设房屋,"龙归镇政府"依法发出通知后对欧某贵的违法建筑进行拆除合法。"韶关市国土局"未参与实施拆除欧某贵违法建筑的行为,欧某贵要求"韶关市国土局"承担赔偿损失的责任没有依据。综上所述,原判认定事实清楚,适用法律正确,欧某贵的上诉主张没有事实和法律依据,请求二审法院依法驳回上诉。

原审第三人"龙归镇社区居委会"没有书面答辩,其口头辩称:要求法院公平公正处理本案。

经二审询问,欧某贵陈述如下:"审:该房子在拆除的时候是什么状态?陈某杰:属于正在建设首层,做好了地基、立柱,首层上盖还未完成。审:在建设过程中内部有何其他财产?陈某杰:没有。审:你们提到是拆旧建新,旧房是什么时候建的?欧某贵:在1989年建的。审:当时有没有办理相关手续?欧某贵:没有。审:包括土地方面、城乡建设方面的手续都没有是吗?欧某贵:没有……审:照片中讲的是什么?欧某贵:是拆除之前的状况。审:拆除那天是什么情况?欧某贵:已经起了周围一米高的墙。"

本院认为:欧某贵起诉时提出的诉讼请求分别为:一、依法撤销《关于限期拆除"两违"建筑的通知》。二、依法撤销《责令停止国土资源违法行为通知书》。三、确认"龙归镇政府""韶关市国土局"强制拆除欧某贵位于河滨新街(龙归林业站旁)房屋的具体行政行为违法。四、判令"龙归镇政府""韶关市国土局"赔偿欧某贵经济损失16 971元。五、判令诉

第五章　结合裁判案例看实务中的常见问题

讼费由"龙归镇政府""韶关市国土局"承担。

欧某贵上诉提出的诉讼请求为：第一，撤销原判，并依法改判支持欧某贵的请求：即①撤销《关于限期拆除"两违"建筑的通知》。②撤销《责令停止国土资源违法行为通知书》。③确认"龙归镇政府""韶关市国土局"强制拆除欧某贵位于江滨新街龙归林业站旁房屋的具体行政行为违法。④由"龙归镇政府""韶关市国土局"赔偿欧某贵经济损失 16 971 元。第二，本案诉讼费用由"龙归镇政府""韶关市国土局"承担。

综合上述请求，可以归纳欧某贵向法院起诉提出涉及实体内容的诉讼请求共四项，即：①撤销"龙归镇政府"所发《关于限期拆除"两违"建筑的通知》。②撤销"韶关市国土局"所发《责令停止国土资源违法行为通知书》。③确认"龙归镇政府""韶关市国土局"强制拆除欧某贵位于河滨新街房屋的具体行政行为违法。④判令"龙归镇政府""韶关市国土局"赔偿欧某贵经济损失 16 971 元。

据此，依照《中华人民共和国行政诉讼法》第 5 条有关"人民审理行政案件，对具体行政行为是否合法进行审查"的规定，本院对上列欧某贵提起诉讼的三个具体行政行为及一个行政赔偿请求审查如下：

1. 有关"龙归镇政府"于 2014 年 5 月 13 日发出的《关于限期拆除"两违"建筑的通知》是否合法的问题。如本院查明一节所述，"龙归镇政府"所发《关于限期拆除"两违"建筑的通知》有关"……并未经向相关部门申报办理手续，属于'两违'建筑……"的表述，存在超越职权的行为，因为依照《中华人民共和国城乡规划法》的规定，乡（镇）级人民政府只有对违反乡镇规划的行为具有确认、处理的职权，没有对违反土地管理行为进行处理职权，此其一；其二，限期自行拆除措施，不是《中华人民共和国城乡规划法》中行政处罚类别，《中华人民共和国城乡规划法》第65条规定授权行政机关进行行政处罚的概念类别是"责令停止建设、限期改正"，而"限期自行拆除"是《中华人民共和国行政强制法》行政机关强制执行程序中"催告"程序中的概念。依照《中华人民共和国行政强制法》第34条有关"行政机关依法作出行政决定后，当事人在行政机关决定的期限内不履行义务的，具有行政强制执行权的行政机关依照本章规定强制执行"的规定，本案"龙归镇政府"在没有依照《中华人民共和国城乡规划法》第65条的规定作出"责令停止建设、限期改正"处罚的情况下，直接实施行政强制执行程序违法。原判未确认"龙归镇政府"的该行为违法不当，应予纠正。

2. 有关"韶关市国土局"所发《责令停止国土资源违法行为通知书》是否合法的问题。如本判决书"案经原审法院审理后"一节所述，原审法院对欧某贵该诉讼请求，作出了有关："三、'韶关市国土局'作出的责令停止违法行为通知书，是针对欧某贵违法建筑物违法占用土地，且欧某贵明知自己不是'龙归镇社区居委会'居民，却向该居委会申请用地建房，《中华人民共和国城乡规划法》第41条第4款规定：'建设单位或个人在取得乡村建设规划许可证后，方可办理用地审批手续。'《中华人民共和国土地管理法》第62条规定：'农村村民建住宅，应当符合乡（镇）土地利用总体规划。农村村民住宅用地，经乡（镇）人民政府审核，由县级人民政府批准。'

鉴于'韶关市国土局'发出的通知书仅是要求欧某贵停止违法占地行为，并非是对违法建筑的拆除，且未实施对违法建筑物的拆除，其与'龙归镇政府'各自行使不同的职权，作出的行政行为亦不相同，本案不宜合并处理。欧某贵如认为'韶关市国土局'发出的停止违法占地行为通知书违法并造成财产损失,可另行主张权利。欧某贵称建房是为了居住,也应当符合法律规定,并依法申请办理相关手续。欧某贵不是'龙归镇社区居委会'居民,该居委会出具的符合一户一宅的证明,不具有证明力,不予确认。至于涉及占用土地的权属问题,不属本案审理范围"的论述,即原判对有关"韶关市国土局"的具体行政行为不合并审理的意见,符合《中华人民共和国行政诉讼法》第26条有关:"当事人一方或者双方为二人以上,因同一具体行政行为发生的行政案件,或者因同样的具体行政行为发生的行政案件,人民法院认为可以合并审理的,为共同诉讼"的规定。

3. 有关欧某贵所诉"龙归镇政府""韶关市国土局"强制拆除位于广东省韶关市武江区龙归镇河滨新街房屋的具体行政行为"韶关市国土局"是否实施了强拆以及原判主文是否规范的问题。

(1)《最高人民法院关于执行〈中华人民共和国行政诉讼法〉若干问题的解释》第27条第1项规定:"原告对下列事项承担举证责任:(一)证明起诉符合法定条件,但被告认为原告起诉超过起诉期限的除外;"《中华人民共和国行政诉讼法》第41条第3项规定:"提起诉讼应当符合下列条件……(3)有具体的诉讼请求和事实根据;"这表明,原告提起行政诉讼,对其证明被诉具体行政行为存在承担举证责任。

本案欧某贵提起行政诉讼,认为"韶关市国土局"与"龙归镇政府"于2014年6月11日共同实施了行政强制执行行为,应当提供证据予以证明。由于欧某贵没有提供相关证据证明,故其应当承担举证不能的法律后果。在没有任何证据的情况下,原告称:"仅凭'龙归镇政府''韶关市国土局'的陈述,更认定'韶关市国土局'没有参与，理据不足。"等，不予采纳。对于欧某贵在上诉中提出："'龙归镇政府''韶关市国土局'的两个文书是同时粘贴在欧某贵建筑物上，足以认定他们是联合执法……"等，只是一种推断。因为众所周知，同时张贴法律文书与同时实施强制执法行为，分属两种不同的行为；同时张贴文书并不能确定两个主体同时实施强制行为，欧某贵以此为由认为"韶关市国土局"实施了行政强制行为，依法不予采信。而且，依照《中华人民共和国城乡规划法》第65条、第69条的规定，有关城乡规划行政行为，行政机关具有强制执行权；依照《中华人民共和国土地管理法》第83条的规定，对于建设单位或个人在行政处罚期满不起诉又不自行拆除的，由作出处罚决定的机关依法申请人民法院强制执行。可见，欧某贵以"韶关市国土局"张贴了《责令停止国土资源违法行为通知书》从而推断"韶关市国土局"必然共同实施了行政强制行为，不符合逻辑。

（2）"龙归镇政府"实施行政强制执行行为，不符合《中华人民共和国城乡规划法》第65条，《中华人民共和国行政强制法》第34条、第35条、第36条、第37条、第44条的规定，违反了法定程序。所以，原判认定"龙归镇政府"于2014年6月11日实施的行政强制行为违反程序正确，本应维持。然而，原审法院在该判决主文当中行文"确认被告龙归镇人民政府在强制拆除中程序违法"不规范，不符合《中华人民共和国行政诉讼法》第54条第2项的规定，以及《最高人民法院关于执行〈中华人民共和国行政诉讼法〉若干问题的解释》第57条第2款的规定，依法应予纠正。

4. 行政赔偿问题。《中华人民共和国国家赔偿法》第2条规定："国家机关和国家机关工作人员行使职权，有本法规定的侵

第五章　结合裁判案例看实务中的常见问题

犯公民、法人和其他组织合法权益的情形，造成损害的，受害人有依照本法取得国家赔偿的权利。"《中华人民共和国行政诉讼法》第67条第1款规定："公民、法人或者其他组织的合法权益受到行政机关或者行政机关工作人员作出的具体行政行为侵犯造成损害的，有权请求赔偿。"明确了公民、法人或者其他组织请求赔偿的前提之一，是其合法权益受到行政机关具体行政行为侵犯。

本案相关证据表明，欧某贵建设的坐落于广东省韶关市武江区龙归镇河滨新街18号的建筑物，是没有依法取得乡村建设规划许可证以及未经批准非法占用土地的建筑物，即"两违建筑"。对于违反城乡规划的违法建筑，与违法建筑混同的建材不应获得行政赔偿。经查，欧某贵的违法建筑只建了地基与混凝土柱、约1米高的地基围墙，没有其他财物，而地基与混凝土柱、约1米高的地基围墙属于与建筑混同的建材，依法不应赔偿。至于欧某贵上诉提出其已办理了相关申报手续不属于违法建筑的问题，经查不能成立。

（1）如本院"另查明"一节所列，从欧某贵提供的相关申请材料表明，其申请办理的是有关"土地管理"方面的手续，不是办理有关"城乡规划"方面的手续，欧某贵的该行为不能认定其已经向有关城乡规划部门或相关行政机关办理了城乡规划方面的手续。

（2）依照《中华人民共和国城乡规划法》第65条的规定，确认违反城乡规划行为的前提条件，是未依法取得乡村建设规划许可证，没有规定申请人已经提出申请尚未领取乡村建设规划许可证便动工兴建的建筑属于合法建筑。如果欧某贵向有关城乡规划部门提出申请，行政机关在法定期限内未依法办理相关许可，欧某贵可以依法向法定机关投诉或者向人民法院对行政不作为行为提起诉讼。除此之外，有关机构也在《私人建房用地呈批表》"国土所意见"一栏中写有："……报上级批，未经批准，不得动工。"的意见，欧某贵未按该意见的要求在获得批准后动工，责任不在相关行政机关、行政机构。

（3）欧某贵称其在建的房屋属于"拆旧建新"，该改建行为不属于违法行为。然而，欧某贵的该主张不符合《广东省城乡规划条例》第41条（注：属于该条例第3章第4节建设工程规划管理之内）第1款有关："建设单位或者个人申领建设工程规划许可证，应当持使用土地的证明文件、建设工程设计方案和法律、法规规定的其他材料，向城市、县人民政府城乡规划主管部门或者省人民政府指定的镇人民政府提出申请。规划条件要求编制修建详细规划的，应当同时提交经审定的修建性详细规划。属于原有建筑物改建、扩建的，应当同时提供房屋产权证明。"第53条有关："在村庄规划确定的建设用地范围内使用国有土地进行工程建设，或者在城市、镇总体规划确定的建设用地范围内利用农村集体所有土地进行农村村民住宅建设的，按照本章第4节建设工程规划管理的有关规定执行"的规定。不仅如此，欧某贵的拆前原建筑物并未依法取得合法的规划许可和土地占用批准手续。这种原来并无取得合法许可、批准手续的建筑，无论是否"拆旧建新"，均应当依法办理相关法定手续，取得城乡规划建设许可与土地占用批准，方可动工兴建。由此可以确认，本案欧某贵在未取得许可和批准手续的情况下，以使用农村集体所有的土地已申报为由动工所建建筑物，不属于合法权益范围。

综上所述，欧某贵上诉请求部分有理，予以采纳；部分理由不充分，不予支持。原判认定事实部分不清，适用法律部分有误，应予纠正；部分认定事实清楚，适用法律正确，程序合法，应予维持。据此，依照《中华人民共和国行政诉讼法》第61条第3项、《最高人民法院关于执行〈中华人民共和国行政诉讼法〉若干问题的解释》第57条第2款之规定，判决如下：

1. 维持韶关市浈江区人民法院［2014］韶浈法行初字第37号行政判决第2项。

2. 撤销韶关市浈江区人民法院［2014］韶浈法行初字第37号行政判决第1项。

3. 确认韶关市武江区龙归镇人民政府于2014年5月13日所发《关于限期拆除"两违"建筑的通知》违法。

4. 确认韶关市武江区龙归镇人民政府于2014年6月11日实施的城乡规划强制执行行为违法。

二审案件受理费50元由欧某贵、韶关市武江区龙归镇人民政府各负担25元。

本判决为终审判决。

案例5-16

沙某保等诉马鞍山市花山区人民政府房屋强制拆除行政赔偿案行政判决书

裁判要旨

在房屋强制拆除引发的行政赔偿案件中，原告提供了初步证据，但因行政机关的原因导致原告无法对房屋内物品损失举证，行政机关亦因未依法进行财产登记、公证等措施无法对房屋内物品损失举证的，人民法院对原告未超出市场价值的符合生活常理的房屋内物品的赔偿请求，应当予以支持。

2011年12月5日，安徽省人民政府作出皖政地［2011］

769号《关于马鞍山市2011年第35批次城市建设用地的批复》，批准征收马鞍山市花山区霍里街道范围内农民集体建设用地10.04公顷，用于城市建设。

2011年12月23日，马鞍山市人民政府作出2011年37号《马鞍山市人民政府征收土地方案公告》，将安徽省人民政府的批复内容予以公告，并载明征地方案由花山区人民政府实施。苏某华名下的花山区霍里镇丰收村丰收村民组B11-3房屋在本次征收范围内。

苏某华于2011年9月13日去世，其生前将该房屋处置给四原告所有。原告古某英系苏某华的女儿，原告沙某保、沙某虎、沙某莉系苏某华的外孙。在实施征迁过程中，征地单位分别制作了《马鞍山市国家建设用地征迁费用补偿表》《马鞍山市征迁住房货币化安置（产权调换）备案表》，对苏某华户房屋及地上附着物予以登记补偿，原告古某英的丈夫领取了安置补偿款。

2012年年初，被告组织相关部门将苏某华户房屋及地上附着物拆除。原告沙某保等四人认为马鞍山市花山区人民政府非法将上述房屋拆除，侵犯了其合法财产权，故提起诉讼，请求人民法院判令马鞍山市花山区人民政府赔偿房屋损失、装潢损失、房租损失共计282 7680元；房屋内物品损失共计10万元，主要包括衣物、家具、家电、手机等5万元；实木雕花床5万元。

马鞍山市中级人民法院判决驳回原告沙某保等四人的赔偿请求。沙某保等四人不服，上诉称：①2012年初，马鞍山市花山区人民政府对案涉农民集体土地进行征收，未征求公众意见，上诉人亦不知以何种标准予以补偿；②2012年8月1日，马鞍山市花山区人民政府对上诉人的房屋进行拆除的行为违法，事前未达成协议，未告知何时拆迁，屋内财产未搬离、未清点，所造成的财产损失应由马鞍山市花山区人民政府承担举证责任；③2012年8月27日，上诉人沙某保、沙某虎、沙某莉的父亲沙某金受胁迫在补偿表上签字，但其父沙开金对房屋并不享有权益且该补偿表系房屋被拆后所签。综上，请求二审法院撤销一审判决，支持其赔偿请求。

马鞍山市花山区人民政府未作书面答辩。

马鞍山市中级人民法院于2015年7月20日作出［2015］马行赔初字第00004号行政赔偿判决：驳回沙某保等四人的赔偿请求。宣判后，沙某保等四人提出上诉，安徽省高级人民法院于2015年11月24日作出［2015］皖行赔终字第00011号行政赔偿判决：撤销马鞍山市中级人民法院［2015］马行赔初字第00004号行政赔偿判决；判令马鞍山市花山区人民政府赔偿上诉人沙某保等四人房屋内物品损失8万元。

法院生效裁判认为：根据《中华人民共和国土地管理法实施条例》第45条的规定，土地行政主管部门责令限期交出土地，被征收人拒不交出的，申请人民法院强制执行。马鞍山市花山区人民政府提供的证据不能证明原告自愿交出了被征土地上的房屋，其在土地行政主管部门未作出责令交出土地决定亦未申请人民法院强制执行的情况下，对沙某保等四人的房屋组织实施拆除，行为违法。

关于被拆房屋内物品损失问题，根据《中华人民共和国行政诉讼法》第38条第2款之规定，在行政赔偿、补偿的案件中，原告应当对行政行为造成的损害提供证据。因被告的原因导致原告无法举证的，由被告承担举证责任。

马鞍山市花山区人民政府组织拆除上诉人的房屋时，未依法对屋内物品登记保全，未制作物品清单并交上诉人签字确认，致使上诉人无法对物品受损情况举证，故该损失是否存在、具体损失情况等,依法应由马鞍山市花山区人民政府承担举证责任。

上诉人主张的屋内物品 5 万元包括衣物、家具、家电、手机等,均系日常生活必需品,符合一般家庭实际情况,且被上诉人亦未提供证据证明这些物品不存在,故对上诉人主张的屋内物品种类、数量及价值应予认定。上诉人主张实木雕花床价值为 5 万元,已超出市场正常价格范围,其又不能确定该床的材质、形成时间、与普通实木雕花床有何不同等,法院不予支持。但出于最大限度保护被侵权人的合法权益考虑,结合目前普通实木雕花床的市场价格,按"就高不就低"的原则,综合酌定该实木雕花床价值为 3 万元。综上,法院作出如上判决。

案例5-17

台州市中级人民法院
行政判决书(节选)

上诉人(原审原告)卢某存。

被上诉人(原审被告)临海东塍镇人民政府,住所地临海市川津路 375 号。

法定代表人郭某杰,镇长。

应诉负责人郑某法,临海市东塍镇人民政府副镇长。

上诉人卢某存诉被上诉人临海市东塍镇人民政府行政赔偿一案,不服临海市人民法院[2016]浙 1082 行赔初字第 3 号行政赔偿判决,向本院提起上诉。本院依法组成合议庭,对本案进行了审理,现已审理终结。

原审法院经审理查明:原告卢某存系临海市东塍镇大房村村民。1991 年 7 月 8 日,临海市国土资源局根据原告提供的坐落在东塍镇大房村房屋用地面积为39.29平方米的临海市土地登记具结书核发了东塍集建［93］字第10071号集体土地建设用地使用证。

1986年原告卢某存申请农村个人建房用地90平方米，经原临海县人民政府审核后批准其建房2间，占地面积共90平方米。后临海市国土资源局在1991年进行的地籍调查和1993年进行的土地登记审批时发现原告实际建房占地110.16平方米，少批多占20.16平方米。1994年11月5日，原告申请补办少批多占20.16平方米的建房手续，并获得原临海市土地管理局东塍镇管理所的同意，并为其补办了建房手续。2001年8月23日，临海市国土资源局在原告的东塍集建［93］字第10071号的集体土地建设用地使用证上加盖"本户因拆除注销"字样，并加盖有临海市人民政府土地登记专用章。2002年1月8日，原告卢某存户签订分居协议书，协议约定原告卢某存分给长子卢某莲新屋两间二层楼房两间平房，分给次子卢某明人民币6000元用于自建房屋。

2014年，被告临海市东塍镇人民政府为实施康居工程建设，对大房村内各类违法建筑进行清理，其中包括原告集体土地建设用地使用证为东塍集建［93］字第10071号老屋墙圈。2014年5月22日，被告临海市东塍镇下属的三改一拆行动领导小组办公室向原告作出限期拆除通知书，后因为原告未主动拆除，被告组织人员拆除了原告东塍集建［93］字第10071号的集体土地建设用地使用证老屋所剩墙圈。

2015年6月29日，原告次子不服向临海市信访局进行信访。被告临海市东塍镇人民政府于2015年7月8日回复，上述老屋土地使用证已于2001年8月23日被注销。2015年8月13日，原告以被告注销老屋土地使用证的行为错误为由诉至临海市人民法院。2015年11月10日，临海市人民法院判决原告老屋属应拆未拆房屋，且该老屋自然毁损严重，主屋已不存在，仅存墙圈。因原告卢某存不主动申请办理老屋东塍集建［93］字第10071号集体土地建设用地使用证注销登记的情况下，临海市国土资源局可以依职权办理注销该建设用地使用证。但在注销前，临海市国土资源局未听取原告陈述与申辩，直接予以注销，显属程序违法，确认临海市国土资源局将原告的东塍集建［93］字第10071号集体土地建设用地使用证注销的行政行为违法。后原告以被告拆除自己房屋违法造成损失为由诉至本院，请求行政赔偿。

原审法院认为，原告卢某存在已有东塍集建［93］字第10071号集体土地建设用地使用证地块房屋的情况下，重新申请农村个人建房用地90平方米，经原临海县人民政府审核后批准其建房2间，占地面积共90平方米，且实际建房占地110.16平方米；少批多占20.16平方米，原告已申请补办了建房手续。

原告卢某存新盖房屋在分家时分给长子卢某莲管业，次子卢某明后经调剂也有两间房屋。原告卢某存原有的东塍集建［93］字第10071号集体土地建设用地使用证地块的房屋按《浙江省实施〈中华人民共和国土地管理法〉办法》第35条第2款以及临海市人民政府临政［1988］19号《临海市土地管理实施办法》规定，可以认定为应拆未拆房屋范围。况且被告在组织拆除时该房屋主屋已倒塌，仅存墙圈。但是被告临海市东塍镇人民政府以临海市东塍镇"三改一拆"行动领导小组办公室名义对原告卢某存下发了限期拆除通知书，"三改一拆"行动领导小组办公室只是临时机构，不具有行政执法主体资格，应确认违法。

按照《中华人民共和国国家赔偿法》第4条第4项之规定，

原告享有取得因该违法拆除行为而造成的财产损害的赔偿的权利。但该老屋自然毁损严重，主屋已不存在，仅存墙圈。原告诉称，自己在被拆房屋处存放有红木及古装红木家具，该诉称不符合常人存放贵重物品的常理，该院不予采信。至于原告要求赔偿的其他损失，无事实和法律依据，理由不足，该院不予支持。

此外原告的房屋属于应拆未拆房屋，故原告要求被告恢复房屋原状的诉讼请求本院不予支持。依照《最高人民法院关于执行〈中华人民共和国行政诉讼法〉若干问题的解释》第56条第4项之规定，判决驳回原告卢某存的诉讼请求。

上诉人卢某存上诉称：①一审法院认定上诉人的房屋为应拆未拆房屋显属错误，因为上诉人是在1986年就已审批建房，而涉案的房屋是在1993年发证的，在2000年进行年检合格，说明上诉人房屋并不属于应拆未拆，属于上诉人的合法财产。②一审法院认为上诉人房屋自然毁损严重，主屋已不存在，仅存墙圈，这种认为不符合客观实际，上诉人的房屋一直在居住，在该房屋内存放上诉人的红木木头及古装红木家具。③被上诉人的违法行为导致上诉人向有关部门申诉、起诉，为此上诉人的损失应由被上诉人承担。

被上诉人临海市东塍镇人民政府辩称：

原审法院对上诉人卢某存原有老屋属"应拆未拆"对象的认定事实正确，适用法律无误，上诉人主张损失10万元缺乏事实根据，被上诉人有充足证据证明强制拆除行为没有造成上诉人财产损失，而上诉人无证实受损事实的相关证据。对原审判决认定被上诉人以"三改一拆"行动领导小组办公室名义对上诉人所作的行政行为系程序违法的事实认定无异议。故原判认定事实清楚，适用法律正确，请求依法维持原判，驳回上诉。

经审理,对原审法院查明的事实本院予以确认。

本院认为,临海市人民法院[2016]台临行初字第6号生效判决书认定,涉案房屋为应拆未拆房屋。被上诉人在组织拆除时该房屋主屋已倒塌,仅存墙圈。上诉人诉称,自己在被拆房屋处存放有红木及古装红木家具,该诉称不符合常理,故上诉人要求恢复原状及赔偿损失缺乏事实依据和法律依据。原审法院判决驳回上诉人的诉讼请求并无不当。上诉人的上诉理由不能成立,本院不予支持。依照《中华人民共和国行政诉讼法》第89条第1款第1项之规定,判决如下:

驳回上诉,维持原判。

本判决为终审判决。

案例5-18

北京三中院指导案例
王某诉某镇政府行政赔偿案

裁判要旨

行政机关的拆除行为被法院生效裁判确认违法后,因行政机关在拆除前未依法给予相对人自行拆除机会,相对人主张行政机关未给其自行清理残值机会而主张返还的,法院可根据双方的举证能力和举证情况,结合建筑物的形成时间、建设面积、建筑材料的独立程度、行政机关拆除行为可能造成的合理损失等因素,酌情确定赔偿数额、判决行政机关承担相应的赔偿责任。

基本案情

王某承包某镇某村鱼池,后在上述承包范围内建设房屋。某镇政府经现场检查、勘验、询问,并经市规划委员会确认,认定王某建房未取得乡村建设规划许可证，违反了《中华人民共和国城乡规划法》第41条的规定，根据该法第65条之规定，作出并向王某送达限期拆除通知书。王某未在规定的期限内自行拆除涉案房屋，镇政府向王某送达强制拆除决定书。后镇政府在该村村委会公告栏、涉案房屋张贴了强制拆除公告，决定对涉案房屋进行强制拆除，并告知王某于强拆当日7时30分前到现场清理标的物。

强制拆除当日，某镇政府对涉案房屋组织实施强制拆除，并自行清理了拆除后的建筑残值。因镇政府在拆除决定复议及诉讼法定期限尚未届满的情况下就实施强制拆除行为，且强拆当日镇政府在王某本人未到现场的情况下未经当地村民委员会确认制作屋内财物清单，故该强制拆除行为被法院生效判决确认违法。

后王某向某镇政府提出行政赔偿申请，要求镇政府返还房屋被强拆后的建筑物料，不予返还则赔偿相应损失，镇政府作出《不予行政赔偿决定书》，王某不服诉至法院要求支持其赔偿请求。

法院裁判

《中华人民共和国国家赔偿法》第2条第1款规定："国家机关和国家机关工作人员行使职权，有本法规定的侵犯公民、法人和其他组织合法权益的情形，造成损害的，受害人有依照本法取得国家赔偿的权利。"根据该法第4条规定，行政机关及其工作人员在行使行政职权时有造成财产损害的其他违法行为的，受害人有取得赔偿的权利。

本案中，某镇政府强制拆除行为，已被法院生效判决确认违法。尽管涉案房屋未经有关部门批准，系王某私自建造，但镇政府并无证据证明实施强制拆除后通知王某限期自行清理拆除物料，也无证据证明存在《国家赔偿法》第5条所列不承担赔偿责任之情形，故镇政府应对其行为给王某造成的上述损失承担赔偿责任。

由于涉案现场早已不存在，且王某亦未提交确凿充分的证据证明涉案建筑被强制拆除后的建筑材料残值情况，法院结合涉案建设的面积、建筑材料、建设时间以及强制拆除等情况，酌定赔偿数额，判决镇政府赔偿王某建筑残值损失人民币5000元。

第十节 "一事不再罚"原则

一、"一事不再罚"原则的概念解析

"一事不再罚"原则是行政处罚过程中一项公认的原则。行政处罚中"一事不再罚"是指行政主体对行政相对人的同一违法行为，原则上不得以同一事实和理由给予两次以上的行政处罚。

但是《行政处罚法》第24条，又进一步规定了"对当事人的同一违法行为，不得给予两次以上罚款的行政处罚"。该条文虽然认可了"一事不再罚"原则，但是却将不再罚的"罚"局限在不得进行两次罚款以上这一处罚形式，排除了其他形式的行政处罚。

这是因为早年间执法部门乱罚款、重复罚款比较严重，所以专门针对这一情况进行了立法。笔者认为，在认定和拆除违法建筑的执法处罚过程中，也应当遵守这一原则。

值得注意的是，"一事不再罚"中的"一事"同样也存在几种不同的理解，很难界定其准确定义。所谓"一事"，即同一违法行为，在实务中可能表现为一种连续或持续的违法行为，

如多日多次无证驾驶是否是"一事";也可能表现为一个行为违反多个法规,如没有经过用地和规划审批擅自建设建筑物,则修建建筑这一个事实行为就违反了土地管理法和城乡规划法两部法律,且修建行为可能分为多次由不同的人进行,那么,这些特殊情形下的行为是否属于法律上的"一事",这些问题都需要我们针对不同的情况进行不同的研究与区分。

总之对于何为同一违法行为,学界争论颇多,但是我国在立法层面并未明确,导致在实务中执法机关有很大的解释权。此处我们对"一事"就不再展开讨论,主要集中于如何整体性地理解这一规则,以及在违法建筑处罚中的适用。

二、一事不再罚原则在认定和拆除违法建筑中的具体表现

1. 执法部门针对违法建筑已经作出过罚款、限期改正等但不予以拆除的行政处罚,就不能再针对同一建筑以同样理由作出强制拆除的行政处罚。

根据《城乡规划法》第64条和第65条的规定,违反规划的违法建筑,并非都应予以拆除,对于可以补办手续消除对规划影响的,可以补办手续。因此对于这种类型的违法建筑来说,如果早年间已经被执法部门查处并予以罚款,且行政相对人也按照处罚决定缴纳了罚款,即使当时因为种种原因,没有补办规划审批手续,还是不应因同样理由被处以强制拆除的行政处罚。之所以这么认为,主要原因有两个:

(1)不符合行政法的"比例原则"。所谓比例原则,是指政府在行政过程中,如果为了达到行政目的需要采取损害行政相对人权益的手段,则应当遵守三个条件,即这一手段确实能起到达成行政目的的作用;除了损害行政相对人权益,没有别的手段可以达成行政目的;在所有符合上述条件的手段中,应当采取损害行政相对人权益最轻微的一种。

回到违法建筑处罚这一情景下,执法机关的行政目的是为了消除建筑的违法状态,则在所有可用手段中应当采取对相对人损害最轻微的,既然这一建筑曾经被处以罚款,而没有被处以强制拆除,则说明建筑是可以通过补办手续消除对规划的影响,以使违法状态归于消除,在这种情况下,强制拆除这一手段对相对人的损害显然远远大于补办手续,不具有正当性。

(2)从"一事不再罚"原则的价值来看,行政相对人在受到一次行政处罚后,便有理由相信自己不会因同一事实同一理由再次受到行政处罚,否则行政相对人就会始终处于不安与焦虑之中,对于社会稳定、发展及行政管理都会带来一定负面影响,也会削弱群众对于政府的信任与信赖,进而损害政府的公信力与威信力。

2. 执法部门对已经形成的一片建筑全面调查后仅认定了其中部分建筑违法,在没有新证据的情况下,之后就不能再认定其他部分建筑违法。如果经过调查,最终没有进行处罚,则在没有新证据的情况下,就不应当推翻原本的调查结果再次作出处罚,可以理解成"一事不再罚"的一种延伸。在违法建筑处罚中,如果执法部门对整片建筑进行了全面调查,最终仅认定了其中部分建筑违法,无异于默认其他建筑属于合法,行政相对人对此就享有信赖利益,应当得到保护。

从信赖保护的角度而言,行政相对人对于行政机关及其所进行的行政管理活动有着信赖利益,该信赖利益因具有合法性、正当性而应得到保护。行政机关不能随意变更已经作出的行政行为,如果行政机关变更,则必须给予行政相对方对应的赔偿。因为政府的建立与存在是建立在群众信任的基础上的,如果没有群众的信赖和支持,政府就无法继续存在,也无法继续运转,因此政府活动需要保护群众的信赖和认同,故信赖保护原则(也称诚实信用原则)也是行政法领域的一项基本原则。

"一事不再罚"原则是对行政相对人合法权益的一个重要保障,也是信赖保护精神的一种体现。

三、实务案例简析

笔者的团队曾经办理过这样一个案件,案情是这样的:

2002年前后,当事人与某国有企业签订了工业园区集资建房开发利用协议,该约定由当事人在经政府批准成立的工业园区内集资建房并享有房屋使用权。合同签订后当事人建设厂房并开展经营。

2005年,规划局针对当事人所建设的厂房作出行政处罚决定,认定当事人自行建设的5000余平方米属于违法建设,决定予以罚款20万元,并要求当事人待该地区规划调整后补办规划手续的处罚。当事人足额缴纳了罚款后厂房并没有被拆除,也没有能够补办后续的规划手续,企业一直合法经营至2015年。后因该地区涉及高铁修建,当事人的厂房再次被执法局认定为违法建设并责令限期拆除。当事人对政府的强拆行为不服,诉至法院要求确认强拆行为违法。

笔者接受委托后,在庭审的代理意见指出,涉案房屋既然已经于十年前作出过罚款,并要求待规划调整后补办手续,为何十年后又针对同一建筑作出了限期拆除的处罚,在这一方面不符合行政法"一事不二罚"的原则。

此外,笔者还认为执法局对本案的案情调查不细致,不知道规划局对涉案房屋在十年前有在先处罚的事实存在。

本案中,如实全面的进行调查,既是执法机关的权力,也是其作出行政处罚前必须履行的义务。

结合这两点，法院经庭审后认定："原告当年的5000平方米违法建设已经被作出过行政处罚，被告对该部分面积房屋的建设行为进行查处，系事实认定不清"。再结合执法机关实施强制拆除前没有作出强制执行决定等程序违法，法院最终判决确认被告即当地执法局实施的强制拆除行为违法。

第十一节　违法建筑的查处不受两年的时效限制

《行政处罚法》第29条规定："违法行为在二年内未被发现的，不再给予行政处罚。法律另有规定的除外。前款规定的期限，从违法行为发生之日起计算；违法行为有连续或者继续状态的，从行为终了之日起计算。"什么是行政违法行为的继续状态一直没有明确、统一的法律规定，在行政执法及司法审查的实务中也一直存有争议，如对于违反规划的违法建筑建成两年后才立案处理的，能否强拆，在追诉时效是否已过问题上存在较大争议。

一、实务中存在的几点争议观点

1. 违法建筑被拆除之日起超过两年的，执法机关不应再进行行政处罚。

执法部门多认为予以拆除没有超过两年追诉时效，而且大多认为违法建筑的存续说明该违法建设行为处于继续状态，应从违法建筑拆除之日起计算两年的处罚追诉时效，也就意味着违法建筑被拆除之日起两年执法机关没有给予行政处罚的，不得再进行行政处罚。

2. 援引刑法理论者，认为应从违法建设行为结束之日起计算起诉期限。

学界也有认为不属于行政违法行为继续状态的，主要理由是援引刑法关于继续犯与状态犯的理论，认为违反规划的已竣工违法建设属于典型的状态犯而非继续犯，追诉时效应从违法建设行为结束即违法建筑形成之日起算，而非从违法建筑物被拆除之日起算。

3. 只要违法建设项目一直存在，执法机关可随时针对违法建设行为进行处罚。

执法实践中还有一种"资格说"的观点支持违反规划的违法建设行为属于继续状态，其认为违反规划的违法建设行为属于违反行政许可法的行为。基本观点为："违法建设行为是一种无资格建设行为（即未获得规划行政许可），违法建设行为活动一旦开始以实物载体出现，只要其存在一天，就处于继续状态，实物载体一天不消除或者当事人对实物载体的拥有权一天不消除，违法行为就不可能终了。对于违法建设行为只要发现，随时可以进行行政处罚。"

二、由刑法关于继续犯的立法理论推定何为"行政违法继续行为"

从目前的立法现状来看，行政法领域并无关于行政违法行为继续状态的明文法律规定或司法解释，建设规划领域也没有对违反规划的违法建设继续状态的相关行政解释及司法解释。

按照刑法关于继续犯的理论，违反规划的已竣工违法建设属于典型的状态犯而非继续犯，追诉时效应从违法建设行为结束即违法建筑形成之日起算，而非从违法建筑物被拆除之日起算，即违法建设项目建成两年后，执法机关不应再对违法建设行为进行处罚。

三、法律及司法解释方面的规定

违反土地管理法、非法用地上的建筑物，该违法建筑建成两年后才立案处理的，是否过了两年追诉时效不能强拆。这与违反规划的违法建筑其实面临同样的问题。

对此，最高人民法院有明确的司法解释，即对非法占用土地的违法行为，在未恢复原状之前，应视为具有继续状态，其行政处罚的追诉时效，应根据《行政处罚法》第29条第2款的规定，从违法行为结束之日起计算；破坏耕地的违法行为是否具有连续或继续状态，应根据案件的具体情况区别对待。

对此司法解释，可解读为：非法占用土地是持续性的违法行为，即用地没有合法来源，其地上建筑物当然为违法建筑，对此处罚的追诉时效从土地恢复原状之日起计算。也即拆除违法建筑不受两年追诉时效限制，拆除后开始计算适用非法占用土地其他行政处罚的两年追诉时效。破坏耕地则需具体分析不法行为与不法状态是否同时继续，以判断是否属于违法行为的继续状态。

从以上司法解释可知，类似违法行为追究时效应当从行为被纠正之日而非发生之日起计算，当事人行为没有纠正之前，都应当视为违法行为处于继续状态尚未结束。

我们可以将前述这种情形归纳称之为"特殊情况下，行政违法行为未被纠正即处于继续状态"，这种对继续状态的认识实际上打破了刑法关于继续犯的理论。而这种观点完全可以用来解释强拆建成后两年才立案处理的违法建筑物这一问题。

四、如何界定行政法意义上的违法行为继续存在

界定行政违法行为继续状态的核心问题即是——刑法中属于状态犯、不能纳入继续犯里面的情形，即在行政法中是否有部分可以纳入继续状态来处理？如果可以，须符合什么条件？正当性和合理性何在？

第五章　结合裁判案例看实务中的常见问题

我们考察一下建筑领域非法占有土地的违法建筑、违反规划的违法建筑等往往在违法行为发生两年后才发现的违法行为，会发现如果按照刑法继续犯原理来适用两年追诉时效以致这类行为产生的违法状态不予纠正，则不法状态的存续会对公共利益持续产生危害，如此来适用行政处罚追诉时效制度并不符合行政法维护公共利益的价值追求，当然如果对此类行为不适用追诉时效则也会有损公民权益。

因此，对"从违法行为被纠正之日起计算追诉时效"这种观点的理解与适用，实际上涉及对公共利益与个人利益的均衡，根据行政法上的比例原则（又称均衡原则、法益相称性原则）的观点，"行政主体为达成行政目的所采取的手段，不能给相对人权益带来超过行政目的的价值侵害，即行政手段对相对人权益的损害必须小于该行政目的所实现的社会公共利益，不能超过这一限度"。以此为标准衡量，对非法占有土地的违法建筑、违反规划的违法建筑等行为的行政处罚适用"从违法行为被纠正之日起计算追诉时效"，是具有合理性的。

第六章 违法建设相关法律法规和案例

第一节 违法建设实体法律法规规定

一、用地违法类

1.《土地管理法》。第 74 条："买卖或者以其他形式非法转让土地的,由县级以上人民政府自然资源主管部门没收违法所得;对违反土地利用总体规划擅自将农用地改为建设用地的,限期拆除在非法转让的土地上新建的建筑物和其他设施,恢复土地原状,对符合土地利用总体规划的,没收在非法转让的土地上新建的建筑物和其他设施;可以并处罚款;对直接负责的主管人员和其他直接责任人员,依法给予处分;构成犯罪的,依法追究刑事责任。"第 77 条："未经批准或者采取欺骗手段骗取批准,非法占用土地的,由县级以上人民政府自然资源主管部门责令退还非法占用的土地,对违反土地利用总体规划擅自将农用地改为建设用地的,限期拆除在非法占用的土地上新建的建筑物和其他设施,恢复土地原状,对符合土地利用总体规划的,没收在非法占用的土地上新建的建筑物和其他设施,可以并处罚款;对非法占用土地单位的直接负责的主管人员和其他直接责任人员,依法给予处分;构成犯罪的,依法追究刑事责任。超过批准的数量占用土地,多占的土地以非法占用土论处。"第78条:"农村村民未经批准或者采取欺骗手段骗取批准,非法占用土地建住宅的,由县级以上人民政府农业农村主管部门责令退还非法占用的土地,限期拆除在非法占用的土地上新建的房屋。超过省、自治区、直辖市规定的标准,多占的土地以非法占用土地论处。"第83条:"依照本法规定,责令限期拆除在非法占用的土地上新建的建筑物和其他设施的,建设单位或者个人必须立即停止施工,自行拆除;对继续施工的,作出处罚决定的机关有权制止。建设单位或者个人对责令限期拆除的行政处罚决定不服的,可以在接到责令限期拆除决定之日起十五日内,向人民法院起诉;期满不起诉又不自行拆除的,由作出处罚决定的机关依法申请人民法院强制执行,费用由违法者承担。"

2.《土地管理法实施条例》。第35条:"在临时使用的土地上修建永久性建筑物、构筑物的,由县级以上人民政府土地行政主管部门责令限期拆除;逾期不拆除的,由作出处罚决定的机关依法申请人民法院强制执行。"第36条:"对在土地利用总体规划制定前已建的不符合土地利用总体规划确定的用途的建筑物、构筑物重建、扩建的,由县级以上人民政府土地行政主管部门责令限期拆除;逾期不拆除的,由作出处罚决定的机关依法申请人民法院强制执行。"

二、规划违法类

1.《城乡规划法》。第64条:"未取得建设工程规划许可证或者未按照建设工程规划许可证的规定进行建设的,由县级以上地方人民政府城乡规划主管部门责令停止建设;尚可采取改正措施消除对规划实施的影响的,限期改正,处建设工程造价百分之五以上百分之十以下的罚款;无法采取改正措施消除影响的，限期拆除，不能拆除的，没收实物或者违法收入，可以并处建设工程造价百分之十以下的罚款。"第65条："在乡、村庄规划区内未依法取得乡村建设规划许可证或者未按照乡村建设规划许可证的规定进行建设的，由乡、镇人民政府责令停止建设、限期改正；逾期不改正的，可以拆除。"第66条："建设单位或者个人有下列行为之一的，由所在地城市、县人民政府城乡规划主管部门责令限期拆除，可以并处临时建设工程造价一倍以下的罚款：（一）未经批准进行临时建设的；（二）未按照批准内容进行临时建设的；（三）临时建筑物、构筑物超过批准期限不拆除的。"第68条："城乡规划主管部门作出责令停止建设或者限期拆除的决定后，当事人不停止建设或者逾期不拆除的，建设工程所在地县级以上地方人民政府可以责成有关部门采取查封施工现场、强制拆除等措施。"

2.《村庄和集镇规划建设管理条例》。第6条："国务院建设行政主管部门主管全国的村庄、集镇规划建设管理工作。县级以上地方人民政府建设行政主管部门主管本行政区域的村庄、集镇规划建设管理工作。乡级人民政府负责本行政区域的村庄、集镇规划建设管理工作。"第18条："农村村民在村庄、集镇规划区内建住宅的，应当先向村集体经济组织或者村民委员会提出建房申请，经村民会议讨论通过后，按照下列审批程序办理：（一）需要使用耕地的，经乡级人民政府审核、县级人民政府建设行政主管部门审查同意并出具选址意见书后，方可依照《土地管理法》向县级人民政府土地管理部门申请用地，经县级人民政府批准后，由县级人民政府土地管理部门划拨土地；（二）使用原有宅基地、村内空闲地和其他土地的，由乡级人民政府根据村庄、集镇规划和土地利用规划批准。城镇非农业户口居民在村庄、集镇规划区内需要使用集体所有的土地建住宅的，应当经其所在单位或者居民委员会同意后，依照前款第（一）项规定的审批程序办理。回原籍村庄、集镇落户的职工、退伍军人和离休、退休干部以及回乡定居的华侨、港澳台同胞，在村庄、集镇规划区内需要使用集体所有的土地建住宅的，依照本条第一款第（一）项规定的审批程序办理。"第19条："兴建乡（镇）村企业，必须持县级以上地方人民政府批准的设计任务书或者其他批准文件，向县级人民政府建设行政主管部门申请选址定点，县级人民政府建设行政主管部门审查同意并出具选址意见书后，建设单位方可依法向县级人民政府土地管理部门申请用地，经县级以上人民政府批准后，由土地管理部门划拨土地。"第36条："在村庄、集镇规划区内，未按规划审批程序批准而取得建设用地批准文件，占用土地的，批准文件无效，占用的土地由乡级以上人民政府责令退回。"第37条："在村庄、集镇规划区内，未按规划审批程序批准或者违反规划的规定进行建设，严重影响村庄、集镇规划的，由县级人民政府建设行政主管部门责令停止建设，限期拆除或者没收违法建筑物、构筑物和其他设施；影响村庄、集镇规划，尚可采取改正措施的，由县级人民政府建设行政主管部门责令限期改正，处以罚款。农村居民未经批准或者违反规划的规定建住宅的，乡级人民政府可以依照前款规定处罚。"第38条："有下列行为之一的，由县级人民政府建设行政主管部门责令停止设计或者施工、限期改正，并可处以罚款：（一）未取得设计资质证书，承担建筑跨度、跨径和高度超出规定范围的工程以及二层以上住宅的设计任务或者未按设计资质证书规定的经营范围，承担设计任务的；（二）未取得施工资质等级证书或者资质审查证书或者未按规定的经营范围，承担施工任务的；（三）不按有关技术规定施工或者使用不符合工程质量要求的建筑材料和建筑构件的；（四）未按设计图纸施工或者擅自修改设计图纸的。取得设计或者施工资质证书的勘察设计、施工单位，为无证单位提供资质证书，超过规定的经营范围，承担设计、施工任务或者设计、施工的质量不符合要求，情节严重的，由原发证机关吊销设计或者施工的资质证书。"第40条："擅自在村庄、集镇规划区内的街道、广场、市场和车站等场所修建临时建筑物、构筑物和其他设施的，由乡级人民政府责令限期拆除，并可处以罚款。"

三、其他特别法的规定

1. 《公路法》。第56条第1款："除公路防护、养护需要的以外，禁止在公路两侧的建筑控制区内修建建筑物和地面构筑物；需要在建筑控制区内埋设管线、电缆等设施的，应当事先经县级以上地方人民政府交通主管部门批准。"

2. 《环境保护法》。第61条："建设单位未依法提交建设项目环境影响评价文件或者环境影响评价文件未经批准，擅自开工建设的，由负有环境保护监督管理职责的部门责令停止建设，处以罚款，并可以责令恢复原状。"

3. 《城市市容和环境卫生管理条例》。第37条："凡不符合城市容貌标准、环境卫生标准的建筑物或者设施，由城市人民政府市容环境卫生行政主管部门会同城市规划行政主管部门，责令有关单位和个人限期改造或者拆除；逾期未改造或者未拆除的，经县级以上人民政府批准，由城市人民政府市容环境卫生行政主管部门或者城市规划行政主管部门组织强制拆除，并可处以罚款。"

4. 《大气污染防治行动计划》。对未通过能评、环评审查的项目，有关部门不得审批、核准、备案，不得提供土地，不得批准开工建设，不得发放生产许可证、安全生产许可证、排污许可证，金融机构不得提供任何形式的新增授信支持，有关单位不得供电、供水。

第二节 强制拆除违法建设的相关案例

一、最高人民法院：拆除违法建设不能超出必要限度

▶ **案例6-1**

（一）裁判要旨

（1）责令限期拆除违法建设，不仅要明确违法建设的具体位置、范围等内容，还应当对相关建设进行甄别，将确因基本居住需要、为保障身体健康而在必要限度内进行的搭建暂时排除在限期拆除的范围之外。

（2）违法建设不属于当事人的合法财产权益，对违法建设的拆除自然不会产生国家赔偿。但建设本身违法并不意味着建筑材料亦随之变成非法财物。建筑材料属于当事人的合法财产。行政机关在对违法建设实施强制拆除的过程中，若违反法定程序及采取的手段、方式不适中、不正当，导致建筑材料受到明显不合理、过度毁损的，应当根据建筑材料的合理价值、违法强制拆除行为造成的合理损失等因素承担相应的赔偿责任。

（二）裁判文书

中华人民共和国最高人民法院
行 政 裁 定 书（节选）

再审申请人（一审原告、二审上诉人）：郭某军。

再审被申请人（一审被告、二审被上诉人）：北京市朝阳区

人民政府。住所地：北京市朝阳区日坛北街××号。

法定代表人：王某，该区人民政府区长。

再审申请人郭某军因诉北京市朝阳区人民政府（以下简称朝阳区政府）行政复议一案，不服北京市高级人民法院［2016］京行终3912号行政判决，向本院申请再审。本院依法组成合议庭，对本案进行了审查。现已审查终结。

朝阳区政府于2015年9月23日作出朝政决字［2015］183号《行政复议决定书》（以下简称183号复议决定）。该机关查明如下事实：郭某军为朝阳区十八里店乡十八里店村新村5排3号房屋的承租人。

2015年4月，郭某军在未取得任何相关建设规划许可手续的情况下，在其公租房东侧墙根处搭建彩钢房，并在其公租房西侧两户已经腾退、正在拆除的房屋上进行彩钢封顶恢复。当郭某军自行搭建的彩钢房和彩钢封顶设施完成后，朝阳区十八里店乡人民政府（以下简称十八里店乡政府）于2015年4月21日对其作出并送达《责令停止建设通知书》（编号：2015048），告知其在十八里店二队建设的彩钢棚，未能出示乡村建设规划许可证、临时乡村建设规划许可证，责令其立即停止建设并接受进一步调查。

同年4月23日，十八里店乡政府向郭某军作出并送达《限期拆除违法建设通知书》，告知其于十八里店村二队的建筑未取得建设工程规划等许可手续，属于违法建设，要求其立即停止违法施工，并将在建和已经建成的违法建设在二日内自行拆除完毕，恢复原貌，逾期未拆除的，将依法查处。

同年4月29日，十八里店乡政府对郭某军自行搭建的彩钢房和彩钢封顶设施进行了强制拆除。郭某军不服，于同年6月15日申请行政复议。该机关认为，根据《北京市禁止违法建设若干规定》第4条的规定，十八里店乡政府具有负责查处本行政区域内违法建设的法定职责。《北京市禁止违法建设若干规定》第3条规定:"违法建设包括城镇违法建设和乡村违法建设……乡村违法建设是指应当取得而未取得乡村建设规划许可证、临时乡村建设规划许可证或者未按照许可内容进行建设的乡村建设工程。"郭某军自行搭建彩钢房、彩钢封顶设施的事实,有其自认,且其未能出示相关许可审批手续,系违法建设。十八里店乡政府对郭某军自行搭建彩钢房、彩钢封顶设施进行查处是依法履行法定职责,但查处程序不符合《北京市禁止违法建设若干规定》中关于拆除违法建设的程序性规定,属于程序违法。另,对于郭某军提出的请求确认十八里店乡政府城管部门越权拆违的行政强制行为违法,赔偿因十八里店乡政府违反法定程序强制拆除行为给其造成的经济损失4.6万元或将暴力强拆房屋恢复原样的行政复议请求,因无事实根据和法律依据,不予支持。该机关据此决定确认十八里店乡政府拆除郭某军违法建设的行为违法。

郭某军不服朝阳区政府所作183号复议决定,向北京市第四中级人民法院起诉称,由于2015年4月29日十八里店乡政府擅自扩大执行范围、违反法定程序破坏性强制拆除的行为,给其造成巨大经济损失。其于同年6月12日以挂号信邮寄的方式向朝阳区政府申请行政复议,请求依据《中华人民共和国行政强制法》第68条的规定,由十八里店乡政府依法给予赔偿。朝阳区政府于同年6月15日收到复议申请。其于同年9月23日当面领取了183号复议决定。其对"违法建设"四字有异议,并认为在被腾退拆除的房屋上铺设彩钢板封顶的行为并不是违法建设行为,且也不在十八里店乡政府出具的《限期拆除违法建设通知书》的范围内。故请求依法判决确认朝阳区政府超期作出183号复议决定的具体行政行为不作为违法,并责令重新作出答复。

北京市第四中级人民法院一审查明如下事实：郭某军于2015年6月15日向朝阳区政府申请行政复议，复议请求为：①确认十八里店乡政府不提前五日在现场公告强制拆除决定的行为违法；②确认十八里店乡政府未告知其实施强制拆除的时间、相关依据、当事人的权利和义务等的行为违法；③赔偿因十八里店乡政府违反法定程序的拆除行为给其造成的经济损失4.6万元。朝阳区政府于同日收到后，于同年6月23日作出朝政复通字［2015］第229号《限期补正通知书》，并于同日邮寄给郭某军。

同年6月29日，朝阳区政府收到郭某军重新提交的《行政复议申请》及补充材料，复议请求调整为：①请求确认十八里店乡政府城管部门越权拆违的行政强制行为违法；②请求确认十八里店乡政府不履行法定程序实施强制拆违的行为违法；③赔偿因十八里店乡政府违反法定程序的强制拆除行为给其造成的经济损失4.6万元或将暴力强拆房屋恢复原样。

同年7月3日，朝阳区政府作出朝政复受字［2015］第229号《行政复议申请受理通知书》并邮寄给郭某军。同年8月27日，朝阳区政府作出朝政复延字［2015］第229号《行政复议延期审查通知书》，决定延长30日作出行政复议决定，同日向复议当事人进行了送达。同年9月23日，朝阳区政府作出183号复议决定。郭某军不服，提起本案诉讼。

一审法院认为，

（1）根据《中华人民共和国行政复议法》第13条第1款的规定，朝阳区政府作为十八里店乡政府的上一级地方人民政府，具有对郭某军的行政复议申请进行审查处理的法定职权。

（2）根据《中华人民共和国城乡规划法》第65条、《北京市城乡规划条例》第41条、第68条的规定，在乡、村庄规划区内，应当取得乡村建设规划许可证而未依法取得进行建设的，由乡、镇人民政府责令停止建设、限期改正，逾期不改正的，可以拆除。根据上述法律法规，北京市制定的《北京市禁止违法建设若干规定》规定乡镇人民政府负责查处本行政区域内的乡村违法建设。根据《北京市禁止违法建设若干规定》第17条的规定，拆除违法建设应当履行限期拆除通知、公告强制拆除决定、通知当事人清理有关物品等程序，并将相关法律文书送达行政相对人以保障其知情、陈述和申辩等权利。在案证据显示，十八里店乡政府在复议程序中，未能提供证据证明其已经依法履行了上述拆除涉案房屋的前置程序，也没有依法作出发生法律效力的拆除决定，当属程序违法。故朝阳区政府作出认定十八里店乡政府拆除行为违法的复议决定正确，予以确认。

(3) 根据《中华人民共和国国家赔偿法》第2条第1款的规定，公民取得国家赔偿，应以其合法权益受到国家机关和国家机关工作人员行使职权行为的侵害为前提条件。本案中，朝阳区政府依据十八里店乡政府提交的材料，认定涉案建筑物未依法取得乡村建设规划许可手续，不属于郭某军的合法权益，且实施拆除过程未造成其他合法财产损失，并无不当。根据本案查明的事实，朝阳区政府未支持郭某军要求十八里店乡政府赔偿拆除行为造成损失的主张，事实清楚，理由充分，予以支持。据此依照《中华人民共和国行政诉讼法》第69条之规定，作出[2015]四中行初字第892号行政判决，驳回郭某军的诉讼请求。

郭某军不服，提起上诉。

北京市高级人民法院二审对一审法院查明的事实予以确认。二审法院认为：

(1) 根据《中华人民共和国行政复议法》第 13 条第 1 款的规定，朝阳区政府具有对郭某军的行政复议申请进行审查处理的法定职权。

(2)《中华人民共和国城乡规划法》《北京市城乡规划条例》实施前后，北京市作为直辖市，新建建筑物均依法实行规划许可审批制度。参照《北京市禁止违法建设若干规定》第 17 条的规定，拆除违法建设应当履行限期拆除通知、公告强制拆除决定、通知当事人清理有关物品等程序，并将相关法律文书送达行政相对人以保障其知情、陈述和申辩等权利。本案中，郭某军自行搭建彩钢房、彩钢封顶设施时，未经规划行政主管部门审批，未依法取得规划许可，十八里店乡政府对此进行查处系依法履行职责。但十八里店乡政府在复议程序中既未提供证据证明其依法履行了上述拆除涉案房屋的前置程序，也没有依法作出发生法律效力的拆除决定。故朝阳区政府作出认定郭某军自行搭建彩钢房等系违法建设、十八里店乡政府拆除行为违法的复议决定并无不当，一审法院予以确认正确。

(3) 根据《中华人民共和国国家赔偿法》第 2 条第 1 款的规定，公民取得国家赔偿，应以其合法权益受到国家机关和国家机关工作人员行使职权行为的侵害为前提条件。本案中，朝阳区政府依据十八里店乡政府提交的材料，认定涉案建筑物未依法取得乡村建设规划许可手续，不属于郭某军的合法权益，且实施拆除过程未造成其他合法财产损失，并无不当。另，对于郭某军提出的请求确认十八里店乡政府城管部门越权拆违的行政强制行为违法，赔偿因违反法定程序的强制拆除行为给其造成的经济损失 4.6 万元或将强拆的房屋恢复原样的复议请求，无事实根据和法律依据。朝阳区政府据此未支持郭某军要求十八里店乡政府赔偿拆除行为造成损失的主张，理由充分，一审

第六章 违法建设相关法律法规和案例

法院予以支持,亦无不当。

(4)郭某军于2015年6月15日申请行政复议,朝阳区政府自收到该申请后,先后作出《限期补正通知书》《行政复议申请受理通知书》和《行政复议延期审查通知书》并进行了送达,直至同年9月23日作出183号复议决定,行政复议程序符合《中华人民共和国行政复议法》《中华人民共和国行政复议法实施条例》的规定,未超过法定期限。一审法院认定朝阳区政府作出的183号复议决定正确并予以确认,并无不当。据此依照《中华人民共和国行政诉讼法》第89条第1款第1项之规定,判决驳回上诉,维持一审判决。

郭某军向本院申请再审称,①一、二审法院审理程序违法。就一审法院的审理程序违法和认定事实不清部分,二审判决未予评判;一、二审法院认定其应当承担主要举证责任,程序违法。②一、二审法院认定事实不清。朝阳区政府未对拆除涉案构筑物的实施主体的职权进行审查;被拆毁构筑物的合法性存在争议;非法实施的拆除行为剥夺其对涉案房屋材料的所有权,拆除行为多拆,超出《限期拆除违法建筑通知书》规定的范围,造成其合法房屋漏水的情况至今未完全修复,其合法权益客观上被侵害。③一、二审法院适用法律错误。④一、二审法院违反公平公正原则判案。故请求撤销一、二审判决,指令一、二审法院重新审理或由本院审理。

朝阳区政府向本院提交意见称,①二审法院对郭某军的上诉意见进行了审查;②在行政复议期间,郭某军对赔偿请求负有义务提供相应的证据;③其已对十八里店乡政府是否具有查处本行政区域内违法建设的职权进行了审查;④其已对涉案建设是否属于违法建设进行了审查,且郭某军认为不属于违法建设,但未提供相关证据。郭某军认为一审法院未全面审查复议程序，缺乏依据。故请求驳回郭某军的再审申请。

本院认为，本案被诉行政行为是再审被申请人朝阳区政府作出的183号复议决定。该复议决定以十八里店乡政府未履行前置法定程序为由确认该机关实施的行政强制拆除行为违法，再审申请人郭某军对此并无异议，其起诉、上诉直至申请再审始终质疑的主要是三个问题：一是十八里店乡政府无权实施行政强制拆除，二是行政强制拆除超出了《限期拆除违法建筑通知书》规定的范围，三是其合法权益遭受损失未得到赔偿。本案应围绕这三个问题进行审查。

第一，关于十八里店乡政府是否有权实施强制拆除的问题。依照《中华人民共和国城乡规划法》第65条和《北京市城乡规划条例》第68条的规定，在乡、村庄规划区内未依法取得乡村建设规划许可证进行建设的，乡、镇人民政府有权责令停止建设，限期改正；逾期不改正的，可以拆除。《北京市禁止违法建设若干规定》第15条亦有类似规定。故十八里店乡政府具有查处本行政区域内违法乡村建设的法定职权，再审被申请人予以审查认定符合法律规定。再审申请人关于十八里店乡政府无权实施行政强制拆除的主张不能成立，本院不予支持。

第二，关于十八里店乡政府是否超出《限期拆除违法建筑通知书》规定的范围实施强制拆除的问题。协调城乡空间布局，改善人居环境，促进城乡经济社会全面协调可持续发展，必须加强城乡规划管理。按照《中华人民共和国城乡规划法》《北京市城乡规划条例》的要求，不仅建设单位或个人进行建设活动不得违反城乡规划，行政机关制止和查处违法建设亦应依法进行。就本案而言，十八里店乡政府对再审申请人作出的《限期拆除违法建筑通知书》既是要求再审申请人在一定期限内为一定行为的行政决定，又是十八里店乡政府实施行政强制拆除的

第六章　违法建设相关法律法规和案例

依据和前提。对于强制拆除的实施，十八里店乡政府应遵循《中华人民共和国行政强制法》《北京市禁止违法建设若干规定》等规定的程序要求，坚持严格规范公正文明执法，按照《限期拆除违法建筑通知书》认定的违法建设范围予以拆除。《限期拆除违法建筑通知书》载明的违法建设位于"十八里店村二队"，但未明确具体位置、范围等内容。对于其搭建的彩钢房、彩钢封顶设施未取得建设规划许可手续，再审申请人未予否认，但主张《限期拆除违法建筑通知书》所指的违法建设不包括其在房屋右侧未拆除房屋上为挡雨铺设的彩钢板，并提交十八里店乡政府控违办郝姓工作人员现场开具该通知书的全程录像为证。再审申请人的这种主张，在复议程序及一、二审诉讼中一再提出，理应引起足够注意。从城乡规划坚持以人为本、妥善处理和协调各种利益关系、维护人民群众根本利益的角度分析，再审申请人的该种主张并非不可能具有客观事实基础，即十八里店乡政府工作人员经实地查勘，对未取得规划审批手续的建设进行甄别，可能将确因基本居住需要、为保障身体健康而在必要限度内进行的搭建暂时排除在限期拆除的范围之外。再审申请人提交的该视听资料有助于确定《限期拆除违法建筑通知书》规定的范围，与案件事实具有关联性，一、二审判决未对此证据进行审核认定，即作出再审被申请人所作183号复议决定正确的结论，构成认定事实的主要证据不足。

第三，关于十八里店乡政府实施的强制拆除是否对再审申请人的合法权益造成损害的问题。依照《中华人民共和国国家赔偿法》第2条的规定，公民、法人和其他组织的合法权益受到损害是取得国家赔偿的基本前提。再审申请人的财产权是否受到十八里店乡政府强制拆除行为的侵犯是判断其应否取得行政赔偿的要端。违法建设不属于再审申请人的合法财产权益，对违法建设的拆除自然不会产生国家赔偿。但建设本身违法并不意味着建筑材料亦随之变成非法财物。建筑材料属于当事人的合法财产。行政机关在对违法建设实施强制拆除的过程中，若违反法定程序及采取的手段、方式不适中、不正当，导致建筑材料受到明显不合理、过度毁损的，应当根据建筑材料的合理价值、违法强制拆除行为造成的合理损失等因素承担相应的赔偿责任。再审申请人坚持主张十八里店乡政府实施破坏性暴力拆除，并提交违法破坏性强制拆除录像（附房屋内被侵犯相邻权的相关照片及拆除现场建筑材料被毁损的照片）为证。再审申请人提交的该视听资料亦属确定其享有所有权的建筑材料是否受到明显不合理、过度毁损的相关证据。一、二审法院未对此证据的关联性、合法性、真实性等进行深入审核认定，且十八里店乡政府是否超出《限期拆除违法建筑通知书》规定的范围实施强制拆除亦涉及赔偿责任问题，故一、二审法院对再审被申请人作出不予支持再审申请人行政赔偿请求的183号复议决定予以认可，亦构成认定事实的主要证据不足。

综上，郭某军申请再审的理由部分成立，其再审申请符合《中华人民共和国行政诉讼法》第91条第3项规定的情形。依照《中华人民共和国行政诉讼法》第92条第2款、《最高人民法院关于适用〈中华人民共和国行政诉讼法〉的解释》第118条第2款之规定，裁定如下：

1. 本案指令北京市高级人民法院再审；
2. 再审期间，中止原判决的执行。

二、北京三中院召开违法建设行政案件新闻发布会实录

2016年12月7日，北京三中院召开涉违法建设行政案件新闻通报会，张美欣副院长介绍审理涉违法建设行政案件有关情

况,蔡英伟庭长介绍典型案例,最后与媒体进行互动交流,直播主持人为王亚楠。

(一)发布会实录丨摘要(王亚楠)

随着我国经济社会的快速发展,城镇化进程的不断推进,伴随而来的违法建设规模和数量居高不下。违法建设的存在,不仅侵蚀城乡发展的公共资源和利益,有时甚至会危害公共安全,对社会公平和秩序造成严重破坏。近年来,本市在开展生态文明和城乡环境整治工作中采取了一系列措施,收到了一定的成效。但与之相伴而来的是大量涉违法建设行政案件的产生。我院调研了三年来涉违法建设行政案件审理情况,对此类案件的基本情况、特点进行了整理、归纳,并在厘清现状的基础上,着重研究了相关问题,以期对行政机关提升执法水平及保护群众合法利益有所帮助。

(二)案件特点和裁判观点(张美欣)

1. 案件特点

第一,被诉行政机关多为乡镇政府。涉违法建设行政案件的被诉机关主要包括规划委员会、乡镇政府、城管执法监察局、国土局,其中乡镇政府占绝大多数。三年中,乡镇政府被诉案件分别占此类案件总数的 68.64%、82.69%、80.85%。这主要有三点原因,一是与我院的辖区特点有关,我院所辖六个区县中只有朝阳一个城区,其余均为近郊及远郊区,而根据《城乡规划法》第 65 条之规定,在乡、村庄规划区内未依法取得乡村建设规划许可证或者未按照乡村建设规划许可证的规定进行建设的,由乡、镇人民政府进行查处;二是近年来,郊区经济建设发展较快,违反规划管理的现象也较为严重;三是国土局从违反土地管理的角度对违法建设进行查处,作出生效的行政处罚决定后没有强制执行权,乡镇政府则具有对违法建设强制拆除的权力。

第二，被诉行为类型固定集中且多被先后或同时起诉。根据《行政强制法》的规定，认定违法建设性质的限期拆除决定、强制执行阶段的强制拆除决定及具体执行强制拆除决定的强制拆除行为系强制拆除违法建设的三个阶段，虽具有独立性但也紧密相连、前后承接。尽管有的行政机关将限期拆除决定制作为"限期拆除通知""公告""拆除通知""责令限期改正通知"等，将强制拆除决定制作为"强制拆除通知""强拆通知"等，但行政相对人起诉的行为类型仍然可以概括为以上三种，只是有的案件起诉其中一个行为，有的同时或先后起诉其中的两个甚至三个行为。

第三，行政赔偿案件占相当比例。涉违法建设的行政赔偿案件，2014年共计49件，占此类案件总数的41.53%；2015年共计16件，占此类案件总数的30.77%；截至2016年11月30日共计18件，占此类案件总数的38.3%。因赔偿责任的决定不仅是合法性审查的逻辑结果，而且是行政争议的最终法律解决，故，凡是起诉时涉案违法建设已被拆除的，无论是强制拆除还是自行拆除，相对人大都会提起行政赔偿之诉。从赔偿请求的内容看，名目繁多且要求赔偿数额较大，有的甚至达到数千万元。2015年，判决赔偿案件2件，赔偿金额分别为40 000元及1 897 400元，均系针对行政相对人有证据证明的合法财产损失，切实维护了相对人的合法权益。2016年截至11月30日判决赔偿案件7件，赔偿金额分别为500 000元、60 000元、3件5000元、3000元及2000元，均系法院综合考虑后，根据案件具体情况对当事人的损失进行酌定赔偿。

第四，程序违法问题严重。从一审法院的审理结果看，2014年、2015年及2016年截至11月30日涉违法建设行政案件的败诉率分别达到 23.93%、25%、31.91%，可以明显看出，被诉行政机关执法的规范性不高，且三年来未有明显变化。仔细查找败诉原因不难发现，有因事实不清、依据不足判决撤销的，有因超越职权并违反法定程序被确认违法的，而绝大多数确认违法案件均系程序原因。上述案件的被诉行政机关均为乡镇政府，说明乡镇政府在查处及强制拆除违法建设过程中没有处理好公正与效率的关系。

2. 裁判观点

第一，违法建设查处案件中应如何把握适格原告标准。根据《北京市禁止违法建设若干规定》第6条，任何单位和个人都有权举报违法建设行为。但这不意味着任何单位和个人都可以对行政机关的违法建设查处行为及不履行查处职责行为提起行政诉讼。只有能够提供证据证明相邻权、土地使用权或其他合法权益受到违建实际影响的违建举报人才具有行政诉讼原告主体资格，无法证明的，将以起诉不具备原告主体资格为由，裁定驳回其起诉。

违建的建设单位、个人或实际管理人对违建查处行为，具有提起行政诉讼的原告主体资格；其他当事人，能够提供证据证明行政机关的事实拆除行为侵犯其合法权益的，具有提起行政诉讼的原告主体资格。

第二，法院对三个阶段被诉行为主要审查哪些内容。如前所述，三个阶段的被诉行为分别为限期拆除决定、强制拆除决定及强制拆除行为。其中，限期拆除决定直接认定违法建设的性质，是强制拆除决定及行为的基础；强制拆除决定是限期拆除决定的延续行为，是行政机关强制拆除违法建设的依据；强制拆除行为则是对强制拆除决定的具体执行。

对三个行为的审查内容均包括作出行为的行政机关是否具

有相应的职责和权限；就限期拆除决定和强制拆除决定来讲，均需审查所依据的法律规范及条款是否正确、作出的程序及送达程序是否合法等。此外，对限期拆除决定的审查还应包括违法建设的基本情况及违建性质的认定是否正确等有关认定违法事实的内容；对强制拆除决定则还需审查决定强制拆除违法建设的范围与限期拆除决定的认定是否一致、是否经催告程序、催告程序是否合法等；对强制拆除行为则要审查实施强制拆除的范围与限期拆除决定和强制拆除决定是否一致、强制拆除过程中是否履行了《北京市禁止违法建设若干规定》所规定的强制拆除程序、强拆过程中是否对相对人的合法权益造成损害等。

第三，违法建设查处案件应如何确定法院管辖。与违建查处相关的信息公开案件，以及行政机关不履行举报答复职责的案件，应由被告所在地法院管辖。

因责令改正行为、限期拆除行为、强制拆除行为、没收等处理行为，以及因行政机关作出的举报事项不成立等答复引发的诉讼，由不动产所在地法院管辖。

第四，违法建设查处案件中，哪些当事人属于行政机关查处程序的适格相对人。违建查处案件中，违建的建设单位、个人或实际管理人是适格相对人。能够确定违建的建设单位、个人，或者没有证据证明建设单位、个人已将违建全部转让给实际管理人的，行政机关未将建设单位、个人作为查处相对人的，属认定事实不清，法院不予支持，但行政机关已依法履行公告程序的除外。

第五，行政机关违建拆除行为被确认违法后，相对人起诉行政赔偿的，法院如何处理。根据《国家赔偿法》第2条第1款规定，公民、法人和其他组织取得国家赔偿，应以其合法权益受到国家机关和国家机关工作人员行使职权行为的侵害为前提条件。同时,根据《国家赔偿法》第36条第8项规定,对于强制拆除过程中的财产损害,按照直接损失给予赔偿。因此,行政机关的违建拆除行为被确认违法后,相对人就违建本身的价值及利用违建从事经营、出租或另行租赁房屋等损失提出行政赔偿的,法院不予支持。

相对人就违建拆除后建筑材料残值以及室内物品的损失提出行政赔偿的,法院会结合个案中行政机关的违法原因、是否存在不当处置以及相对人举证的可能性等因素,酌情裁判是否赔偿。

第六,行政赔偿案件中,对违建内存放物品价值存在争议的,法院如何分配举证责任。行政机关的拆除行为被确认违法后,该行为导致相对人存放于违建内的物品毁损的,行政机关应承担相应赔偿责任。如果当事人对物品价值存在争议,行政机关未依法通知相对人到场、未依法履行制作室内存放物品财物清单等证据固定义务,导致违建内的物品毁损情况事实不清的,如相对人可以提供初步证据证明违建内的物品情况,行政机关无相反证据的,法院将酌情确定赔偿数额、判决行政机关承担相应的赔偿责任。

第七,行政赔偿案件中,判断行政机关是否应赔偿违建残值损失时,法院考虑哪些因素。行政机关的拆除行为被确认违法后,行政机关在拆除前未依法给予相对人自行拆除机会,相对人基于此主张行政机关未尽审慎拆除义务、导致建筑材料全部或部分毁损,或行政机关未给相对人自行清理残值机会,相对人主张返还的,法院会根据双方的举证能力和举证情况,结合建筑物的形成时间、建筑材料的独立程度、行政机关依法履行拆除行为对建筑材料可能造成的合理损失等因素,酌情确定赔偿数额、判决行政机关承担相应的赔偿责任。

3. 典型案例（蔡英伟）

案例6-2

程某诉某区城管、某镇政府限期拆除公告案

1. 裁判要旨

第一，对国有土地内违法建设进行查处属于该区域城市管理综合行政执法机关的行政职权范围，乡镇政府共同参与查处的行为属超越职权，该行政行为违法。

第二，"责令限期拆除公告"未写明法律依据，系未正确适用法律、法规。

第三，涉案建筑物已经被拆除，撤销公告已无实际意义，故判决确认作出该公告的行为违法。

2. 基本案情

2003年4月16日，程某以35 000元的价格购买位于某村的正房8间、倒座房8间、小厢房及配套围墙，后程某及家人一直在此居住。2013年6月15日，程某以房屋年久失修多处漏雨为由，向所在村村民委员会提出《农村翻建房申请书》，申请翻建正房中的2间，该村委会虽同意翻建，但程某最终未获得相关部门的建房许可手续。2013年8月9日，程某将上述房屋中的北房东侧2间、南房东侧2间及东厢房2间拆除后进行重新建设，于同年8月25日左右竣工。2013年8月19日，涉案建设所在地镇政府接到针对程某重新建设上述房屋的群众举报后，于当日向区城管执法监察局电话举报，并协助执法人员到现场进行勘验。经勘验，翻建房屋坐东朝西，砖混结构，南北长19米，东西宽6.5米，建筑面积为123.5平方米。同年8月23日镇政府与区城管执法监察局共同向程某作出限期拆除公告，即

本案被诉公告,责令其于 2013 年 8 月 26 日 18 时前自行拆除新建建筑,逾期不拆除,将于同年 8 月 27 日起依法组织强制拆除。程某对镇政府与区城管执法监察局的行政行为不服,诉至法院,要求判令撤销被诉公告。

3. 法院裁判

根据《城乡规划法》第 65 条、《北京市禁止违法建设若干规定》第 9 条第 2 款的规定,在乡、村庄规划区内未依法取得乡村建设规划许可证或者未按照乡村建设规划许可证的规定进行建设的,由乡、镇人民政府责令停止建设、限期改正,逾期不改正的,可以拆除。城市管理综合行政执法机关负责查处未取得建设工程规划许可证、临时建设工程规划许可证以及前款第 2 项中所列规划文件的城镇建设工程。本案中,涉案房屋所占的土地性质为国有土地,故对该地块违法建设进行查处系区城管执法监察局的行政职权,镇政府与区城管执法监察局共同作出被诉公告,镇政府属超越职权。

《北京市城乡规划条例》第 23 条第 1 款规定,本市依法实行规划许可制度,各项建设用地和建设工程应当符合城乡规划,依法取得规划许可;同时第 3 款规定,城镇建设项目应当按照建设工程规划许可证或者临时建设工程规划许可证的许可内容进行建设;农村建设项目应当按照乡村建设规划许可证或者临时乡村建设规划许可证的许可内容进行建设。本案中,北京市规划委员会出具的《关于程某规划审批情况的函》能证明程某未依法取得建设工程规划许可证,但区城管执法监察局及镇政府在被诉公告中没有写明法律依据,该行为依法应判决撤销。由于涉案房屋已被拆除,撤销被诉公告已无实际意义,故法院判决确认被诉公告的作出行为违法。

案例6-3

王某诉某镇政府行政赔偿案

1. 裁判要旨

行政机关的拆除行为被法院生效裁判确认违法后，因行政机关在拆除前未依法给予相对人自行拆除机会，相对人主张行政机关未给其自行清理残值机会而主张返还的，法院可根据双方的举证能力和举证情况，结合建筑物的形成时间、建设面积、建筑材料的独立程度、行政机关拆除行为可能造成的合理损失等因素，酌情确定赔偿数额、判决行政机关承担相应的赔偿责任。

2. 基本案情

王某承包某镇某村鱼池，后在上述承包范围内建设房屋。某镇政府经现场检查、勘验、询问，并经市规划委员会确认，认定王某建房未取得乡村建设规划许可证，违反了《中华人民共和国城乡规划法》第41条的规定，根据该法第65条之规定，作出并向王某送达限期拆除通知书。王某未在规定的期限内自行拆除涉案房屋，镇政府向王某送达强制拆除决定书。后镇政府在该村村委会公告栏、涉案房屋张贴了强制拆除公告，决定对涉案房屋进行强制拆除，并告知王某于强拆当日7时30分前到现场清理标的物。强制拆除当日，某镇政府对涉案房屋组织实施强制拆除，并自行清理了拆除后的建筑残值。因镇政府在拆除决定复议及诉讼法定期限尚未届满的情况下就实施强制拆除行为，且强拆当日镇政府在王某本人未到现场的情况下未经当地村民委员会确认制作屋内财物清单，故该强制拆除行为被法院生效判决确认违法。后王某向某镇政府提出行政赔偿申请，要求镇政府返还房屋被强拆后的建筑物料,不予返还则赔偿相应损失,镇政府作出《不予行政赔偿决定书》,王某不服诉至法院要求支持其赔偿请求。

3. 法院裁判

《国家赔偿法》第2条第1款规定:"国家机关和国家机关工作人员行使职权,有本法规定的侵犯公民、法人和其他组织合法权益的情形,造成损害的,受害人有依照本法取得国家赔偿的权利。"根据该法第4条规定,行政机关及其工作人员在行使行政职权时有造成财产损害的其他违法行为的,受害人有取得赔偿的权利。本案中,某镇政府强制拆除行为,已被法院生效判决确认违法。尽管涉案房屋未经有关部门批准,系王某私自建造,但镇政府并无证据证明实施强制拆除后通知王某限期自行清理拆除物料,也无证据证明存在《国家赔偿法》第5条所列不承担赔偿责任之情形,故镇政府应对其行为给王某造成的上述损失承担赔偿责任。由于涉案现场早已不存在,且王某亦未提交确凿充分的证据证明涉案建筑被强制拆除后的建筑材料残值情况,法院结合涉案建设的面积、建筑材料、建设时间以及强制拆除等情况,酌定赔偿数额,判决镇政府赔偿王某建筑残值损失人民币5000元。

案例6-4

高某诉某镇政府强制拆除行为案

1. 裁判要旨

第一,北京市依法实行规划许可制度,各项建设用地和建设工程应当符合城乡规划,依法取得规划许可,否则要承担相应的法律责任。

第二,行政机关限期当事人自行拆除的,应当保障当事人在法定期限内申请行政复议和提起行政诉讼的权利,否则构成拆除行为违法。

2. 基本案情

2011年8月,高某与某种植合作社签订了《景玉庄园租赁合同》,约定高某租赁种植合作社开发建设某种植园。该合同附件一中载明房屋结构为砖混,房屋建筑面积为40平方米,房屋交付标准为:地面为水泥垫层,屋顶为彩钢顶,门窗为塑钢窗,内墙为水泥抹光,院门为铁艺大门,外墙为涂料,厨房为水泥抹平,卫生间为水泥抹平,供水系统为地下深水井,供电系统为市政用电,安防系统为24小时保安巡逻,弱电系统为预留电话、有线接口。2013年6月29日,涉案建设所在镇政府对种植合作社作出限期拆除通知书并送达,认定该种植园大棚操作间未经规划主管部门批准,违反了《城乡规划法》第41条的规定,属于违法建设。该限期拆除通知书中所指大棚操作间,包含上述租赁合同中载明的砖混结构房屋。同日,某镇政府对上述租赁合同中的房屋予以强制拆除。高某认为大棚操作间是农业附属设施不是违法建设,镇政府不具有执法主体资格,且执法程序违法。诉至法院,要求判令确认强拆行为违法。

3. 法院裁判

根据《城乡规划法》第65条之规定,镇政府有权查处辖区内未依法取得乡村建设规划许可证或未按照乡村建设规划许可证的规定进行建设的行为。

北京市人民政府根据《城乡规划法》,结合本市实际情况制定的《北京市城乡规划条例》第2条第1款规定:本市行政区域全部为规划区;第23条第1款规定:本市依法实行规划许可制度,各项建设用地和建设工程应当符合城乡规划,依法取得规划许可；第3款规定：城镇建设项目应当按照建设工程规划许可证或者临时建设工程规划许可证的许可内容进行建设；农村建设项目应当按照乡村建设规划许可证或者临时乡村建设规划许可证的许可内容进行建设。本案中，高某主张涉案房屋是大棚操作间，但从其与种植合作社签订的租赁合同以及镇政府提交的光盘内容可以看出，种植合作社所建房屋实际用于居住生活，而非农业设施。种植合作社未经规划许可建设涉案房屋属违法行为，镇政府可以根据《城乡规划法》的规定拆除涉案房屋。但根据《行政强制法》第44条之规定，行政机关实施强制拆除的前提是先行公告，限期当事人自行拆除，当事人在法定期限内不申请行政复议或者提起行政诉讼，又不拆除的，行政机关可以依法强制拆除。本案中，镇政府于2013年6月29日作出限期拆除通知书，并于当日实施拆除行为，明显违反了上述规定。法院判决确认被诉强制拆除行为违法。

三、《人民法院报》：违建遇"强拆"，法律怎么说？

涉违法建筑类租赁合同纠纷案件中，约有80%当事人租赁违法建筑用于商业经营，其他租赁违法建筑多用于居住、办公、库房建设等。

什么是违法建筑？哪些部门有权拆除违法建筑？违法建筑涉及租赁合同、相邻关系时该如何解决？在城市建设日新月异的今天，与拆违有关的法律问题受到高度关注。记者近日从北京市第三中级人民法院获悉，该院自2014年1月至2017年3月，共审理涉违建类二审民事案件150余件。其中，被政府相关部门明确认定为违法建筑的案件共33件，占22%。在违法建筑涉租赁合同纠纷案中，约80%的当事人租赁违建用于商业经营，涉案金额最高达2779万元。

（一）不能妨碍他人通风采光

"违法建筑给相邻关系人使用房屋造成妨碍，相邻关系人请求法院予以处理的，属人民法院民事案件的受案范围。"

北京市朝阳区某小区，一栋联排别墅中住着东西相邻的两户刘姓人家。东边这户户主刘某甲未经规划审批，在自家别墅添建了三层砖混结构建筑。西户邻居刘某乙认为，添建的建筑对他家房屋的通风、采光均造成了较大影响。刘某甲也认可对刘某乙房屋的采光构成了影响，但希望通过经济补偿的方式解决争议。

但刘某乙坚持要求刘某甲拆除添建建筑。刘某甲在加建房屋时，小区物业公司曾经进行过劝阻，因问题迟迟得不到解决，刘某乙诉至法院，请求判令刘某甲拆除添建的三层建筑。

北京市朝阳区人民法院一审支持了刘某乙的诉讼请求。

宣判后，刘某甲不服，提起上诉。北京市第三中级人民法院经审理，驳回了刘某甲的上诉，维持原判。

法官说法

北京三中院法官齐晓丹介绍说，相邻方应当按照有利生产、方便生活、团结互助、公平合理的精神，正确处理截水、排水、通行、通风、采光等方面的相邻关系，给相邻方造成妨碍或者损失的，应当停止侵害，排除妨碍。刘某乙以刘某甲添建的建筑给其使用房屋造成妨碍为由请求法院予以处理，属人民法院民事案件的受案范围，而刘某甲以认定违章建筑的权限在于行政机关，而主张人民法院审理本案不当，缺乏依据，法院不予采纳。根据查明的事实，刘某甲添建的新建筑确实给相邻方刘某乙房屋的通风、采光构成了妨碍，因此，法院判令刘某甲拆除添建的三层建筑，将相邻处恢复原状。

（二）建设中被拆按过错担责

"工程尚未完工的违章建筑，被行政主管部门责令强制拆除的，承包人已经支出的材料费、人工费等各项支出应作为实际损失，由双方按照过错程度予以分担。"

B 汽车公司委托 A 工程公司在北京市怀柔区建设一家 4S 店，双方未签订书面合同，A 工程公司对 B 汽车公司尚未取得建设工程规划许可的事实也知情。A 工程公司打好地基以后，在安装钢结构的过程中，镇政府要求 A 工程公司停工，并限期拆除。后 A 工程公司将安装的钢结构拆除，并撤离了施工现场。

后 A、B 公司因工程结算问题发生争议，A 工程公司将 B 汽车公司诉至法院，请求判令 B 公司支付工程款 220 万余元及利息，并给付钢结构占地费、看护费及转场 490 万余元。B 汽车公司则提出反诉，请求判令 A 公司返还钢材款 600 万元，返还地基造价款 77 万余元及利息。

案件审理过程中，经司法鉴定，地基造价为 136 万余元，钢结构造价为 360 万余元。涉案土地（包含地基）因被列入拆迁范围，B 汽车公司得到补偿款 340 万余元；B 汽车公司已向 A 工程公司支付涉案工程款项 600 万元。

经审理，北京市怀柔区人民法院一审判决：B 汽车公司给付 A 工程公司占地费和看护费及转场费 4 万元；A 工程公司返还 B 汽车公司工程款、材料款 444 万元。

宣判后，A 工程公司和 B 汽车公司均不服，提起上诉。北京市第三中级人民法院经审理后，依法判决：驳回上诉，维持原判。

法官说法

北京三中院法官曾彦介绍说，根据《合同法》第 58 条规定：合同无效或者被撤销后，因该合同取得的财产，应当予以返还；不能返还或者没有必要返还的，应当折价补偿。有过错的一方应当赔偿对方因此所受到的损失，双方都有过错的，应当各自承担相应的责任。本案A工程公司和B汽车公司因建设工程停工所发生的损失，应按过错程度予以分担。发包人B汽车公司未取得建设工程规划许可证等审批手续，应承担主要责任。承包人A工程公司明知该工程缺少审批手续仍进行施工，应承担次要责任。

对地基工程部分，因A工程公司已施工完毕，B汽车公司也获得了拆迁补偿，B汽车公司应依司法鉴定确定的136万元数额赔偿A工程公司。对钢结构部分，应以鉴定价格360万元扣减钢构件的现值（结合折旧）计算A工程公司的实际损失，再依双方过错予以分担。对钢结构占地费、看护费、转场费部分，依据双方过错予以分担。现B汽车公司支付的款项已超出A工程公司所遭受的上述损失，故对超出的部分A工程公司应予返还。

（三）造成财产损失可获赔偿

"依法拆除违法建筑的过程中，不能对他人的合法财产造成侵害。违法建筑内的个人物品受损的，权利人有权要求拆除人承担民事责任。"

北京怀柔区某村村民赵某是王某之子，怀柔区（县）人民政府在颁发给王某的《集体土地建设用地使用证》上注明：用地面积为267平方米，附页标明超占面积440.56平方米，见图虚线标定。之后，王某又取得了《村民建房施工许可证》，该证上详细载明了她家原宅基地的面积东西长26.6米、南北长26.6米，共707.56平方米；批准建房面积原址翻建北房5间，共97.8平方米；批准宅基地面积东西长16.3米、南北长16.4米，共267平方米。

第六章 违法建设相关法律法规和案例

前几年，赵某开始在宅基地上修起了石棉瓦棚。随后，赵某又对已有的彩钢棚进行了整修，加高了地基，重新砌了墙。鉴于此，某村村委会向赵某发出了一份《告知书》，内容为："经两委班子及全体村民代表会议决定，对你家东墙外的集体土地（宅基地使用证中虚线部分）予以收回，限你一周时间腾除东墙外的物品，并自行拆除，如你逾期未拆除，村委会将进行强制拆除，一切后果和造成的经济损失自负。"随后，某村村委会将赵某建设的彩钢棚、石棉瓦棚及部分院墙等拆除。

赵某对此持有异议，遂将该村村委会主任和村委会一并告上了法庭。

经法院现场勘查，涉案院落东侧盖有一彩钢棚，部分已经被拆毁。院内有5间北房，东西长16.34米，南北长28.15米。彩钢棚东西长6.48米，南北长6.1米。被拆除的彩钢棚及石棉瓦棚位于院东侧，超出了批示的宅基地面积，但在虚线范围之内。

法院委托评估机构，对被拆毁的彩钢瓦棚、石棉瓦棚及其他设施等给赵某造成的损失进行了评估，据此，怀柔区人民法院依法作出判决：某村委会于判决生效之日起十日内赔偿赵某物品损失共计3315元；驳回赵某的其他诉讼请求。

一审判决后，赵某提出上诉。最终，北京三中院经审理，二审判决：驳回上诉，维持原判。

法官说法

北京三中院法官王世洋介绍说，依据侵权责任法第7条之规定：行为人损害他人民事权益，不论行为人有无过错，法律规定应当承担侵权责任的，依照其规定。本案中，赵某要求赔偿违法拆毁石棉瓦棚、彩钢顶房屋、院墙及其他设施给他造成的损失，因彩钢棚已经被认定为违法建设，而石棉瓦棚等设施超出批示的宅基地面积且未经相关行政部门批准建设，故一审法院对赵某的上述请求未予支持并无不当，予以维持。对于赵某要求赔偿其他损失的诉讼请求，法院认为彩钢棚虽然属于违法建设，但彩钢棚内的物品应属赵某的合法财产，因拆除违法建设时损坏的赵某个人合法财产，侵权人应予赔偿。故法院依据损坏物品的评估价值，判决村委会作出3315元的赔偿。

（四）法官答疑

1. 什么是违法建筑？

据北京三中院法官介绍，认定违建分为城市和乡村两种情形。依据我国城乡规划法的相关规定，在城市、镇规划区内进行建筑物、构筑物、道路、管线和其他工程建设的，建设单位或者个人应当向城市、县人民政府城乡规划主管部门或者省、自治区、直辖市人民政府确定的镇人民政府申请办理建设工程规划许可证。

在乡、村庄规划区内进行乡镇企业、乡村公共设施和公益事业建设的，建设单位或者个人应当向乡、镇人民政府提出申请，由乡、镇人民政府报城市、县人民政府城乡规划主管部门核发乡村建设规划许可证。

此外，在城市、镇规划区内进行临时建设的，如供市民停放自行车的车棚等设施，应当经城市、县人民政府城乡规划主管部门批准。临时建设影响建设规划或者控制性详细规划的实施以及交通、市容、安全等的，不得批准。同时，要特别注意的是，临时建设应当在批准的使用期限内自行拆除，逾期不拆除的，也算是违法建筑。

因此，对未按照城乡规划法的要求取得相应的建设工程规划许可证或未按照建设工程规划许可证施工的，均按违法建筑处理。

2. 谁有权力拆除违建？

根据我国《城乡规划法》第64条的规定，未取得建设工程规划许可证或者未按照建设工程规划许可证的规定进行建设的，由县级以上地方人民政府城乡规划主管部门责令停止建设；尚可采取改正措施消除对规划实施的影响的，限期改正，处建设工程造价5%以上10%以下的罚款；无法采取改正措施消除影响的，限期拆除，不能拆除的，没收实物或者违法收入，可以并处建设工程造价10%以下的罚款。

在乡、村庄规划区内未依法取得乡村建设规划许可证或者未按照乡村建设规划许可证的规定进行建设的，由乡、镇人民政府责令停止建设、限期改正；逾期不改正的，可以拆除。

对违法建筑可以通过法定程序由法律授权的相关部门处理，拆除、没收违法建筑是行政机关的法定职责，是行政机关履行行政职责的行政执法行为。除此之外，其他单位和个人擅自拆除、侵占或毁损违法建筑的做法显然是于法无据。擅自拆除、毁损或侵占他人占有的违法建筑也是违法行为，构成了民事侵权，对由此违法行为而给他人造成的经济损失，行为人应该承担民事责任。

（五）司法观察：涉租赁合同纠纷最多

伴随着经济的发展，一些违法建筑开始涌现。据统计，2014年1月至2017年3月，北京三中院共审理涉违法建筑类二审民事案件150余件。其中，被政府相关部门明确认定为违法建筑的案件共33件，占22%；未被政府相关部门明确认定为违法建筑的案件共117件，占78%。

违法建筑所引发的民事纠纷类型多样，其中租赁合同纠纷案件数量最多，占51.3%；其次是财产损害赔偿纠纷案件占24.7%；婚姻家庭纠纷类案件占10.7%；建设工程施工合同纠纷案件占8.7%。涉违法建筑类租赁合同纠纷案件中，约有80%案件的当事人租赁违法建筑用于商业经营。其中，涉案金额最多的达 2779 万元。

根据近年来的审判实践，北京三中院法官对审理涉及违法建筑的民事案件中遇到的法律问题进行了提炼。

法官指出，在违法建筑租赁纠纷中，出租人就违法建筑与承租人订立的租赁合同无效，但在一审法庭辩论终结前取得建设工程规划许可证或者经主管部门批准建设的，人民法院应当认定有效。房屋租赁合同无效，当事人请求参照合同约定的租金标准支付房屋占有使用费的，一般应当支持。当事人请求赔偿因合同无效受到的损失，人民法院应依法处理。在婚姻家庭纠纷中，尤其是在离婚诉讼中，若夫妻财产涉及违法建筑，当事人要求对违法建筑物进行分割的，人民法院不予处理。但违法建筑毕竟是耗费了大量的人力和物力建造起来的，也属于社会财富的一部分。双方当事人可搁置争议，自行协商解决。如果离婚后，补办了相应合法手续，违法建筑物成为合法建筑的，当事人可以依照法律规定，另行提出分割主张。此外，违法建筑亦不能侵犯他人尤其是邻居的通行权、采光权等相邻权利。

北京三中院法官还指出，违法建筑不适用原始取得，人民法院不处理所有权权属问题。违法建筑的建造者不因其建造行为而取得标的物的所有权，对于违法建筑的处理属于行政机关的职责范围，法院不能通过民事判决处理违法建筑的所有权归属。在民事案件中，可根据具体情形确认该建筑物的使用权益。

(六) 法官建议：从源头上消除违建隐患

城乡规划是政府指导和调控城乡建设和发展的基本手段之一，也是政府履行经济调节、市场监管、社会管理和公共服务职责的重要依据。

违法建筑危害了法律所保护的社会秩序，给社会生活带来了消极影响，也会给建造人带来潜在的纠纷隐患。建议严格遵守城乡规划法、土地管理法等法律规定，在建造建筑物时，依法向行政相关部门履行申请审批手续，并严格依照建设工程规划许可证的范围建设，从源头上消除后续纠纷隐患。

在签订租赁合同时，应仔细审查相关证明材料，保证租赁或建设的标的合法。因为可能涉及违法建筑租赁合同无效的问题，建议承租人审慎审查出租人的房产证明材料，尚未办理房产证的，可要求对方提供建设工程规划许可证，查明建筑物建设手续是否合法。签订建设工程施工合同的，承包人亦应要求对方提供建设工程规划许可等证明材料，消除后续面临行政处罚及合同无效的风险。

相关行政部门需加强对违法建设的打击、查处力度。尤其是对农村建房管理，应进一步明确农房新建、改建、扩建的审批手续，明确违法建设应承担的法律责任。同时，加强普法宣传，让百姓认识到违法建设可能引发的各种纠纷及处理纠纷中难以解决的诸多问题，从根源上杜绝违法建设现象。

四、最高人民法院：限期拆除处罚决定作出的前提即严重影响城市规划

案例6-5

昆明威恒利商贸有限责任公司与昆明市规划局、第三人昆明市盘龙区人民政府东华街道办事处行政处罚纠纷案（节选）

1. 裁判摘要

（1）根据《行政处罚法》第32条的规定，行政机关在作出行政处罚决定之前，应当告知当事人作出行政处罚决定的事实、

理由及依据，并告知当事人依法享有的权利。行政机关未依照上述规定履行告知义务的，构成行政处罚程序违法；

（2）《城市规划法》第40条规定："在城市规划区内，未取得建设工程规划许可证件或者违反建设工程规划许可证件的规定进行建设，严重影响城市规划的，由县级以上地方人民政府城市规划行政主管部门责令停止建设，限期拆除或者没收违法建筑物、构筑物或者其他设施；影响城市规划，尚可采取改正措施的，由县级以上地方人民政府城市规划行政主管部门责令限期改正，并处罚款。"上述规定的处罚对象，是未取得建设工程规划许可证件或者违反建设工程规划许可证件的规定进行建设的建设者，且只有当违法建设达到"严重影响城市规划"的程度时，才能作出限期拆除的处罚决定。

2. 最高人民法院二审裁判文书

上诉人（一审原告）：昆明威恒利商贸有限责任公司。

法定代表人：陈某莉，该公司总经理。

被上诉人（一审被告）：昆明市规划局。

法定代表人：周某越，该局局长。

一审第三人：昆明市盘龙区人民政府东华街道办事处。

法定代表人：华某瑞，该办事处主任。

上诉人昆明威恒利商贸有限责任公司（以下简称昆明威恒利公司）因诉昆明市规划局2006年10月12日作出的昆规法罚［2006］0063号违法建设行政处罚决定一案，不服云南省高级人民法院［2007］云高行初字第2号行政判决，向本院提出上诉。本案现已审理终结。

云南省高级人民法院根据当事人举证并经庭审质证，认定以下事实：2006年10月12日，被告昆明市规划局依据昆明市《"12345"市政府市长热线受理交办件》和中共昆明市委、昆明市人民政府《信（访）事项转办函》，经现场勘查测绘后以第三人东华街道办事处在小龙路建设的建筑面积为14 953.44平方米的六层综合楼（地下一层，建筑面积2469.28平方米；地上五层，建筑面积12 484.16平方米），未经规划行政主管部门审批，违反《中华人民共和国城市规划法》第32条、《云南省城市规划管理条例》第27条的规定，属于违法建设为由，依据《中华人民共和国城市规划法》第40条、《云南省城市规划管理条例》第41条的规定，作出了昆规法罚［2006］0063号违法建设行政处罚决定，限第三人东华街道办事处于2006年10月31日前自行拆除违法所建的综合楼工程。原告昆明威恒利公司不服，以小龙路综合楼是自己投资建设的，被告昆明市规划局的处罚决定认定事实不清、程序违法且越权行政，侵犯了原告昆明威恒利公司的合法权益为由向该院提起行政诉讼。诉求依法撤销被告昆明市规划局昆规法罚［2006］0063号《违法建设行政处罚决定书》，判令将处罚措施变更为罚款并补办手续，判令被告承担全部诉讼费用。

在诉讼过程中，被告昆明市规划局于2007年10月11日以市规［2007］217号《昆明市规划局关于撤销（昆规法罚［2006］0063号）的决定》，撤销了被诉具体行政行为。

一审法院认为：

云南省高级人民法院经审理认为：根据《中华人民共和国行政处罚法》第32条的规定，行政机关在作出行政处罚决定之前，应当告知当事人作出行政处罚决定的事实、理由及依据，并告知当事人依法享有的权利。被告昆明市规划局作出昆规法罚［2006］0063号处罚决定之前，没有告知第三人东华街道办事处作出处罚决定的事实、理由及依据和第三人东华街道办事处依法享有的权利，程序违法。根据《中华人民共和国城市规划法》第 40 条"在城市规划区内,未取得建设工程规划许可证件或者违反建设工程规划许可证件的规定进行建设,严重影响城市规划的,由县级以上地方人民政府城市规划行政主管部门责令停止建设,限期拆除或者没收违法建筑物、构筑物或者其他设施;影响城市规划,尚可采取改正措施的,由县级以上地方人民政府城市规划行政主管部门责令限期改正,并处罚款"的规定,未取得建设工程规划许可证件或者违反建设工程规划许可证件的规定进行建设的处罚对象是违法建设的建设者,且只有在违法建设达到"严重影响城市规划"的情况下才能作出限期拆除的处罚决定。被告昆明市规划局提供的证据不足以证明本案小龙路综合楼的建设者是第三人东华街道办事处及小龙路综合楼的建设已经达到"严重影响城市规划"的事实,作出被诉具体行政行为的主要证据不足。

  本案的被诉具体行政行为证据不足,程序违法,应予撤销,但在诉讼过程中被告昆明市规划局已经作出了撤销决定,根据《最高人民法院关于执行〈中华人民共和国行政诉讼法〉若干问题的解释》第 50 条第 3 款"被告改变原具体行政行为,原告不撤诉,人民法院经审查认为原具体行政行为违法的,应当作出确认其违法的判决;认为原具体行政行为合法的,应当判决驳回原告的诉讼请求"的规定,人民法院应当作出确认其违法的判决。被诉具体行政行为在诉讼过程中已由被告昆明市规划局自行撤销,因此,原告昆明威恒利公司"请求判令将昆明市规划局的处罚措施变更为罚款并补办手续"的主张不能成立。判决确认被告昆明市规划局 2006 年 10 月 12 日作出昆规法罚[2006]0063 号《违法建设行政处罚决定书》违法。驳回原告昆明威恒利商贸有限责任公司要求判令将昆明市规划局的处罚措施变更为罚款并补办手续的诉讼请求。

第六章 违法建设相关法律法规和案例

上诉人诉称：

昆明威恒利公司不服一审判决向本院提起上诉称：涉案工程系政府工程和政府招商引资项目，没有达到"严重影响城市规划"必须拆除处理的地步，被诉行政行为显失公正，一审判决仅确认被诉行政处罚决定违法是不够的，应当从保护当事人信赖利益的角度对显失公正的处罚决定予以变更。诉求撤销一审的第二项判决，判令昆明市规划局将其处罚决定变更为罚款补办手续。

被上诉人辩称：

被上诉人昆明市规划局答辩称：本案建设项目属没有经过规划审批的违法建筑，一审法院确认被撤销的具体行政行为违法，驳回被答辩人变更处罚措施请求，适用法律正确。请求二审法院维持一审判决。

一审第三人昆明市盘龙区人民政府东华街道办事处称：对昆明威恒利公司的上诉请求无异议，但其称涉案工程系盘龙区政府主导的综合整治改造和拆迁安置项目与本案客观事实不符。

当事人向一审法院提供的相关证据主要有：昆明市政府市长热线受理交办件，云南省建筑材料公司职工的《紧急报告》，《信（访）事项转办函》，第三人东华街道办事处的《组织机构代码证》，第三人东华街道办事处出具的《委托书》和董某权的身份证，总平面布置及测绘图，《违法建设行政处罚决定书》，《接受规划检查通知书》，《昆明市违法建设（建筑）停工通知书（存根）》及《送达回证》，《关于协调解决"小龙四方街花鸟市场"有关问题的情况反映》，《昆明市规划局关于撤销（昆规法罚［2006］0063号）的决定》等。

上述证据随卷移送本院。经审查，可以作为认定本案事实的根据，本院根据上述证据所认定的事实与原判决无异。

本院认为：根据《中华人民共和国行政处罚法》第32条规定，行政机关在作出行政处罚决定之前，应当告知当事人作出行政处罚决定的事实、理由及依据，并告知当事人依法享有的权利。被上诉人昆明市规划局作出昆规法罚［2006］0063号行政处罚决定之前，没有告知第三人东华街道办事处作出处罚决定的事实、理由及依据和第三人东华街道办事处依法享有的权利，一审判决认定程序违法，并无不当。

《中华人民共和国城市规划法》第40条规定："在城市规划区内，未取得建设工程规划许可证件或者违反建设工程规划许可证件的规定进行建设，严重影响城市规划的，由县级以上地方人民政府城市规划行政主管部门责令停止建设，限期拆除或者没收违法建筑物、构筑物或者其他设施；影响城市规划，尚可采取改正措施的，由县级以上地方人民政府城市规划行政主管部门责令限期改正，并处罚款。"据此，未取得建设工程规划许可证件或者违反建设工程规划许可证件的规定进行建设的处罚对象是违法建设的建设者，且只有在违法建设达到"严重影响城市规划"的情况下才能作出限期拆除的处罚决定。被上诉人昆明市规划局提供的证据不足以证明小龙路综合楼的建设者是第三人东华街道办事处及小龙路综合楼的建设已经达到"严重影响城市规划"的事实，一审判决认定作出被诉具体行政行为的主要证据不足，有事实和法律依据。

一审诉讼过程中，昆明市规划局作出了撤销原具体行政行为的决定，昆明威恒利公司不撤诉，云南省高级人民法院作出确认被诉具体行政行为违法的判决，符合最高人民法院《关于执行〈中华人民共和国行政诉讼法〉若干问题的解释》第50第3款的规定。上诉人昆明威恒利公司要求判令昆明市规划局将其处罚决定变更为罚款补办手续，因被诉具体行政行为在诉讼过程中已由昆明市规划局自行撤销，一审判决驳回其该项诉讼请求，并无不妥，上诉人的上诉理由不能成立。

综上，一审判决认定事实清楚，适用法律、法规正确，审判程序合法。根据《中华人民共和国行政诉讼法》第61条第1项之规定，判决如下：

驳回上诉，维持原判。

二审案件受理费50元，由上诉人昆明威恒利商贸有限责任公司负担。本判决为终审判决。

五、最高人民法院：强拆诉讼中举证责任的分配问题

▶ 案例6-6

1. 裁判摘要

《行政诉讼法》第38条第2款明确规定："在行政赔偿、补偿的案件中，原告应当对行政行为造成的损害提供证据。因被告的原因导致原告无法举证的，由被告承担举证责任。"

本案中，高新区管委会在强制拆除过程中，本应依法妥善处置并保全证据，以证明其在强制拆除过程中已尽慎重、妥善之注意义务，对李某程所建违法建筑物中的合法财产已予清空并妥善处理。但高新区管委会未能提供任何相关证据，未尽到举证责任。由于高新区管委会的违法强制拆除，李某程仅能提供相关现场照片及财产损失清单，业已穷尽举证手段以证明动产损失的存在，虽然其对于动产损失的具体数额无法举证，基于公平原则，对于案涉动产损失及赔偿数额的确定，应适用上述法律所规定的举证责任倒置，即由高新区管委会承担举证不能的不利后果并负相应的赔偿责任。

2. 最高人民法院再审裁判文书

再审申请人（一审原告、二审上诉人）李某程。

被申请人（一审被告、二审被上诉人）南宁高新技术产业开发区管理委员会。住所地：广西南宁市滨河路1号火炬大厦。

法定代表人李某，主任。

再审申请人李某程因诉被申请人南宁高新技术产业开发区管理委员会（以下简称高新区管委会）强制拆除及行政赔偿一案，不服广西壮族自治区高级人民法院于2016年6月30日作出的［2016］桂行终136号行政判决，向本院申请再审。案件现已审理终结。

一审法院查明：

南宁市中级人民法院经审理查明，根据南发［2001］54号《中共南宁市委、南宁市人民政府关于进一步加快开发区发展的决定》和南发［2001］55号《中共南宁市委、南宁市人民政府关于深化开发区体制改革实行特区式封闭管理的意见》精神，将南宁市规划管理局部分职能授予高新区管委会。2001年12月28日，南宁市规划管理局与高新区管委会签订了《授权书》，将建设项目选址意见书、建设用地规划许可证、建设工程规划许可证的审批以及违章建筑处罚权等授予高新区管委会行使。2003年，李某程未经城乡规划主管部门审批同意，在南宁市××乡塘区××北湖园艺场建设房屋用于养殖。2014年7月30日，高新区管委会以需要对李某程所建房屋进行规划检查为由，向其发出《综合行政执法检查通知书》，要求其携带相关手续到南宁××开发区规划监察大队接受检查；同日该大队对李某程所建房屋进行现场勘查并制作笔录，确认李某程所建房屋占地面积及建筑面积均为1558平方米。2014年8月6日，高新区管委会以李某程未能提供上述房屋规划审批手续，涉嫌违法建设为由立案；8月7日，高新区管委会向李某程作出处告字［2014］第1039号《行政处罚告知书》，告知李某程建设的房屋违反城乡规划法第四十条的规定，拟对其作出限期拆除违法建筑的处罚，并告知其收到告知书三日内有权提出陈述、申辩和申请复核、听证。2014年8月14日，高新区管委会作出南高新管处字［2014］第1039号《行政处罚决定书》，认定李某程所建房屋属违法建筑，要求其三日内自行拆除，并告知其享有申请行政复议和提起行政诉讼的权利。2014年10月29日，高新区管委会对李某程的上述房屋进行强制拆除。2015年5月11日，李某程提起本案行政诉讼，请求确认高新区管委会强制拆除其房屋违法，判令赔偿相应损失共计1 239 052.5元。

二审上诉人诉称：

南宁市中级人民法院［2015］南市行一初字第159号行政判决认为，高新区管委会具有辖区范围内的城乡规划行政管理职权；高新区管委会认定涉案房屋属于违法建筑并限期拆除正确，但拆除该房屋违反程序；李某程就违法建筑要求赔偿无法律依据，在强拆过程中生猪、生产机械设备及室内物品的损失，由于李某程提交的养殖场生猪照片因无制作说明，没有注明照片的原始出处及拍摄时间，无法确认是否为涉案现场，而损失赔偿清单系其单方列写，且无法提供其他相关票据相互印证，故不予支持其赔偿主张。依照《中华人民共和国行政诉讼法》第74条第2款第1项、《最高人民法院关于审理行政赔偿案件若干问题的规定》第33条的规定，判决确认高新区管委会2014年10月29日对李某程涉案房屋实施强制拆除违法；驳回李某程要求高新区管委会赔偿其经济损失1 239 052.5元的赔偿请求。李某程不服一审判决，提起上诉。

二审法院认为：

广西壮族自治区高级人民法院［2016］桂行终136号行政判决认为，高新区管委会具有辖区范围内城乡规划行政管理职权，涉案建筑物所在地为规划区，仍属高新区管委会的城乡规划行政管理职权实施的地域范围。高新区管委会拆除涉案建筑物存在违法情形，在实施强制拆除前未依法催告，未作出行政强制执行决定，一审判决确认高新区管委会对涉案房屋实施强制拆除的行政行为违法并无不当。涉案建筑物建设于2003年，位于城市规划区内，应当取得建设工程规划许可证方可建设。李某程不能提供建设建筑物的合法手续，主张涉案建筑物属合法建筑没有事实依据。涉案建筑物建设后至高新区管委会作出行政处罚时一直存在，具有连续状态情形，李某程主张涉案建筑物于2003年建成使用，不应再处以行政处罚的理由没有法律依据。李某程不能证明涉案建筑物属于合法财产，故其请求对涉案建筑物给予国家赔偿没有法律依据。李某程在涉案建筑物内的养殖物及其他动产是其合法财产，受法律保护。对违法建筑物进行拆除时，应给予适当时间以搬离动产，对于仍未搬离的动产，实施拆除行为的行政机关应依法进行处置并保全证据。李某程对赔偿主张依法有举证责任。虽然高新区管委会未提供证据以证实拆除时室内动产已清空，但李某程仅提供财产损失清单作为证据，尚不足以证实动产损失的存在。故对于李某程赔偿室内物品损失的赔偿请求，该院不予支持。依据《中华人民共和国行政诉讼法》第89条第1款第1项之规定，判决驳回上诉，维持一审判决。

再审申请人称/抗诉机关称：

李某程申请再审称：①高新区管委会在没有强制拆除的法律文件的情况下，对其养殖栅、住房及相关设施进行强制拆除，造成各种损失1 239 052.5元。②高新区管委会不具备行政强制实施主体资格。③一、二审判决没有判处高新区管委会赔偿其动产损失，违背事实且缺乏依据。请求撤销二审判决，支持其赔偿请求。

再审被申请人辩称：

高新区管委会答辩称：①高新区管委会是合法的行政主体，具有辖区内城乡规划行政管理职权。②李某程的房屋为违法建筑，依法应予拆除。③高新区管委会的强拆行为认定事实清楚，程序合法，适用法律正确。④李某程请求赔偿损失1 239 052.5元没有事实和法律依据。请求驳回李某程的再审申请。

本院经审查对一、二审认定的事实予以认可。

本院认为，高新管委会的强制拆除行为违反《中华人民共和国行政强制法》第35条以及第37条第1款的规定，程序违法，一、二审判决确认违法正确，本院予以支持。关于高新区管委会是否有权实施涉案强拆行为的问题，根据《中华人民共和国城乡规划法》第64条及第68条之规定，县级以上人民政府城乡规划主管部门具有城乡规划行政处罚权。另根据《广西壮族自治区高新技术产业开发区条例》第13条关于"高新区所在地的市人民政府设立高新区管理委员会，作为管理高新区具体事务的派出机构，根据市人民政府的授权，对高新区的发展规划、科技创新、城市建设、土地、财政、外事、项目审批、劳动人事等事项进行统一管理"以及第14条第1款第7项关于"高新区管理委员会履行所在地的市人民政府授予的其他职权"的规定，南宁市人民政府可以对高新区管委会等派出机构予以明确授权，由其履行法律赋予南宁市人民政府的有关行政管理职权。在此前提下，中共南宁市委办公厅、南宁市人民政府办公厅印发的《中共南宁高新技术开发区工作委员会南宁高新技术产业开发区管理委员会主要职责、内设机构和人员编制规定》第一点主要职责第九项也已明确授权高新区管委会负责高新区城市管理综合行政执法工作。案涉农业养殖设施所在地属于高新区管委会的城乡规划行政管理职权实施的地域范围，因此，高新区管委会有权实施涉案强拆行为。

《中华人民共和国国家赔偿法》第2条第1款规定："国家机关和国家机关工作人员行使职权，有本法规定的侵犯公民、法人和其他组织合法权益的情形，造成损害的，受害人有依照本法取得国家赔偿的权利"。也就是说，获得国家赔偿的前提是公民、法人和其他组织的合法权益受到侵害造成损失的。李某程被拆除的建筑物不属于合法财产，一、二审对涉案建筑物不给予国家赔偿依法有据，本院予以支持。

《中华人民共和国行政诉讼法》第38条第2款明确规定："在行政赔偿、补偿的案件中，原告应当对行政行为造成的损害提供证据。因被告的原因导致原告无法举证的，由被告承担举证责任。"本案中，高新区管委会在强制拆除过程中，本应依法妥善处置并保全证据，以证明其在强制拆除过程中已尽慎重、妥善之注意义务，对李某程所建违法建筑物中的合法财产予以清空并妥善处理。但高新区管委会未能提供任何相关证据，未尽到举证责任。由于高新区管委会的违法强制拆除，李某程仅能提供相关现场照片及财产损失清单，业已穷尽举证手段以证明动产损失的存在，虽然其对于动产损失的具体数额无法举证，基于公平原则，对于案涉动产损失及赔偿数额的确定，应适用上述法律所规定的举证责任倒置，即由高新区管委会承担举证不能的不利后果并负相应的赔偿责任。一、二审判决适用《最高人民法院关于执行〈中华人民共和国行政诉讼法〉若干问题的解释》第27条第3项的规定，而未适用《中华人民共和国行政诉讼法》第38条第2款的规定，适用法律错误，应予纠正。在本院庭审中，李某程主张其所养生猪被驱离房屋，无处安置产生相应损失的事实，高新区管委会亦未提出相反证据。对于李某程养殖物及屋内合理物品的损失等相关事实，应当进一步核实后依据证据规则予以确定。

综上，李某程的部分再审申请符合《中华人民共和国行政诉讼法》第91条第3项、第4项的规定，一、二审判决认定事实不清，适用法律错误。依照《中华人民共和国行政诉讼法》第70条第1项、第2项，《最高人民法院关于执行〈中华人民共和国行政诉讼法〉若干问题的解释》第76条第1款、第78条之规定，判决如下：

再审裁判结果：

（1）维持广西壮族自治区南宁市中级人民法院2015年9月15日作出的[2015]南市行一初字第159号行政判决第一项，撤销广西壮族自治区南宁市中级人民法院2015年9月15日作出的[2015]南市行一初字第159号行政判决第二项。

（2）撤销广西壮族自治区高级人民法院2016年6月30日作出的[2016]桂行终136号行政判决。

（3）赔偿部分发回广西壮族自治区南宁市中级人民法院重新审理。

六、最高人民法院：强拆诉讼中行政赔偿数额的确定问题

案例6-7

1. 裁判要旨

具体到赔偿的数额，为确保当事人获得及时、公平、公正的救济，在行政机关违法强制拆除当事人房屋，难以对房屋及

其他损失进行鉴定的情况下，人民法院可以根据原告提出的行政赔偿诉讼请求，结合案件具体情况，参照征收补偿方案确定的征收补偿标准，全面、充分考虑当事人的各项损失，确定损失数额，直接判决行政机关对房屋及其他人身、财产损失一并予以行政赔偿，法院在判令赔偿时的标准至少不应低于补偿标准。

行政案件审理应当以实质性化解纠纷为宗旨，及时解决行政争议，在当事人已经提出明确的赔偿请求的情况下，无需将房屋损失视为另一法律关系，判决当事人另行通过征收补偿程序解决。人民法院直接判决赔偿更有利于公平、公正解决问题，避免行政机关在行政行为被确认违法后对补偿问题不予处理、拖延处理或者作出不合理的补偿，最后当事人仍然需要通过司法裁判寻求救济，增加当事人的诉累。

2. 最高人民法院再审裁判文书

申 请 人：段某江 段某书

被申请人：衡阳市人民政府 衡阳市石鼓区人民政府

再审申请人（一审原告、二审上诉人）段某江。

再审申请人（一审原告、二审上诉人）段某书。

被申请人（一审被告、二审被上诉人）衡阳市人民政府。住所地：湖南省衡阳市华新开发区华新大道16号街区。

法定代表人郑某新，市长。

被申请人（一审被告、二审被上诉人）衡阳市石鼓区人民政府。住所地：湖南省衡阳市石鼓区石鼓路66号。

法定代表人刘某，区长。

原审第三人衡阳市石鼓区城管执法局。住所地：湖南省衡阳市石鼓区下横街24号。

法定代表人曾某，局长。

第六章 违法建设相关法律法规和案例

再审申请人段某江、段某书因诉被申请人衡阳市人民政府（以下简称衡阳市政府）行政复议决定、衡阳市石鼓区人民政府（以下简称石鼓区政府）及原审第三人衡阳市石鼓区城管执法局（以下简称城管执法局）强制拆除行为及行政赔偿一案，不服湖南省高级人民法院于2017年2月20日作出的［2016］湘行终674号行政判决，向本院申请再审。案件已审理终结。

一审法院查明：

衡阳市中级人民法院经审理查明，1994年11月29日，衡阳县国土资源局颁发《衡阳县城乡个人建房用地许可证》，批准段某江在茅茶亭村××组集体土地上的住房用地195平方米，其中改建88平方米，扩建107平方米。段某江在该土地上建有二层住房，建筑面积共390平方米。2010年至2012年，段某江、段某书未经任何报批手续，又自行在该房旁建房430平方米。2015年6月17日，衡阳市石鼓区控规拆违大队（以下简称石鼓区拆违大队）向段某江、段某书作出石控违字0000151号《违章通知书》。段某江、段某书不服该通知书，申请行政复议。2015年9月11日，石鼓区政府作出石府复决字［2015］10号行政复议决定，撤销石鼓区拆违大队作出的《违章通知书》。2015年7月10日及13日，衡阳市城乡规划局分别向段某江、段某书送达《行政处罚听证告知书》《行政处罚事先告知书》，限段某江、段某书在15日内自行拆除430平方米违章建筑。同年7月14日，段某江、段某书向衡阳市城乡规划局提交听证申请，衡阳市城乡规划局于7月24日就段某江、段某书的违章建筑举行听证会，段某江委托子女段某书、段某娇参加听证会。2015年7月25日，石鼓区政府组织对段某江的390平方米二层房屋及段某江、段某书430平方米建筑予以拆除。石鼓区城管执法局与石鼓区拆违大队系"二块牌子，一套人马"。根据段某江、段某书提供的强制拆除房屋照片显示，实施强制拆除段某江、段某书房屋的人员均穿着城管人员制服或公安人员制服。段某江、段某书对强拆行为不服，申请行政复议。2015年9月30日，衡阳市政府作出衡府复决字［2015］60号行政复议决定（以下简称60号复议决定），确认石鼓区政府拆除段某江合法建设的310平方米房屋的行政行为违法，责令依法予以赔偿；维持石鼓区政府拆除段某江、段某书违法建设的430余平方米房屋的行政行为。2015年10月20日，段某江、段某书提起行政诉讼，请求撤销衡阳市政府作出的60号复议决定，确认石鼓区政府强制拆除其740平方米合法房屋的行政行为违法并赔偿因违法强制拆除行为造成的经济损失1 880 140.9元。

二审上诉人诉称：

衡阳市中级人民法院［2015］衡中法行初字第230号行政判决认为，石鼓区政府辩称其不是案涉房屋被强制拆除的行为人，根据段某江、段某书提供的强制拆除现场照片分析，对案涉房屋实施强制拆除行为的人员均穿着城管人员制服或公安人员制服，石鼓区城管执法局及衡阳市公安局石鼓区分局均系石鼓区政府的组成部门，城管执法局无权调动公安人员，而石鼓区政府依照《中华人民共和国城乡规划法》第68条具有责成其所属部门采取强制措施的职责，且60号复议决定中明确载明石鼓区政府为答复人，答复称"答复人拆除申请人的房屋行为有据、合法"，应视为石鼓区政府对其实施强拆案涉房屋的自认。段某江经批准的建房占地面积为195平方米，其在该土地上建房二层。石鼓区政府在拆除该房前，未对面积进行测量，60号复议决定在认定事实时，认定段某江、段某书的"被拆房屋总面积739.38平方米，合法建筑面积为约310平方米，多出430余平方米系近两年抢建的违法建筑"，该认定房屋总面积明显与认定的合法建筑面积与违章建筑面积不符，属于认定事实不清。鉴于石鼓区政府在强拆前未对段某江的房屋面积进行测量，结合段某江房屋为二层的事实，确认段某江经批准建设的房屋建筑面积为390平方米（195平方米×2）。段某江、段某书不能证明其兴建的430平方米房屋经过有关部门批准和依法办理相关手续，故衡阳市城乡规划局对段某江、段某书擅自兴建的430平方米房屋为违法建设，具有查处职责。《中华人民共和国行政强制法》第44条规定，对违法的建筑物、构筑物、设施等需要强制拆除的，应当由行政机关予以公告，限期当事人自行拆除；当事人在法定期限内不申请行政复议或者提起行政诉讼，又不拆除的，行政机关可以依法强制拆除。衡阳市城乡规划局针对段某江、段某书的违法建筑，作出《行政处罚听证告知书》《行政处罚事先告知书》，但在举行听证后，并未作出行政处罚决定，故段某江、段某书所建违章建筑尚不具备《中华人民共和国城乡规划法》第68条规定的强制拆除条件。石鼓区政府于2015年7月25日对段某江、段某书所建的违法建筑进行强制拆除，既未进行公告，也未向段某江、段某书告知陈述、申辩及诉讼权利，程序违法；段某江所建房屋390平方米拥有合法所有权，受《中华人民共和国物权法》保护，石鼓区政府未经法定程序，将该部分房屋与段某江、段某书的违章建筑一并拆除，违反法律规定。段某江、段某书请求确认石鼓区政府对其房屋进行强拆的行为违法，具有事实及法律依据。衡阳市政府作出的60号复议决定，确认石鼓区政府强制拆除段某江、段某书的430平方米房屋"依据充分，行为正当"缺乏法律依据，应予纠正。鉴于段某江被拆除的390平方米涉案房屋为合法建筑，且该房已无法恢复原状，应当由石鼓区政府按照《衡阳市集体土地上房屋拆迁补偿安置办法》的相关规定，对段某江予以赔偿；对于段某江、段某书的违章建筑，也应按照《衡阳市集体土地上房屋拆迁补偿安置办法》的相关规定进行处理。综上所述，衡阳市政府作出的60号复议决定，认定事实不清，适用法律及处理错误。依照《中华人民共和国行政诉讼法》第70条第2项之规定，判决：①撤销衡阳市政府2015年9月30日作出的60号复议决定；②确认石鼓区政府对段某江所有的390平方米房屋及段某江、段某书430平方米违法建设房屋予以强制拆除的行为程序违法；③由石鼓区政府按照《衡阳市集体土地上房屋拆迁补偿安置办法》的相关规定，对强制拆除段某江、段某书涉案房屋的相关财产及安置补偿作出行政行为。段某江、段某书不服一审判决，提起上诉。

二审法院查明：

湖南省高级人民法院对一审法院认定的事实予以确认，并查明：段某江、段某书和石鼓区政府均认可被拆房屋总面积739.38平方米。

二审法院认为：

湖南省高级人民法院［2016］湘行终674号行政判决认为，石鼓区政府在拆除房屋前，未对面积进行测量，一审确认段某江经批准建设的房屋建筑面积为390平方米（195平方米×2）是正确的。一审判决第二项"确认区政府对段某江所有的390平方米房屋及段某江、段某书430平方米违法建设房屋予以强制拆除的行为程序违法"中的430平方米是针对石鼓区政府认定的面积。衡阳市政府作出60号复议决定，确认石鼓区政府强制拆除段某江、段某书的430平方米房屋"依据充分，行为正当"缺乏法律依据，应予纠正。段某江、段某书请求确认石鼓区政府对其房屋进行强拆的行为违法，具有事实及法律依据。一审对段某江被拆除的房屋已经责令石鼓区政府按照《衡阳市集体土地上房屋拆迁补偿安置办法》的相关规定作出行政行为，但一审未明确合理期限不妥。石鼓区政府应在合理期限内对强制拆除段某江、段某书涉案房屋的相关财产及安置补偿作出行政行为。至于段某江、段某书提出的赔偿损失问题，一审在判决的第三项已明确对强拆段某江、段某书的涉案房屋的相关财产应予赔偿，一审判决认定事实基本清楚，虽然在表述上存在瑕疵，但实体处理正确。根据《中华人民共和国行政诉讼法》第89条第1款第1项的规定，判决驳回上诉，维持一审判决。

再审申请人称/抗诉机关称：

段某江、段某书申请再审称：①衡阳市城乡规划局未依职权认定段某江、段某书的房屋为违法建筑，一审直接认定涉案430平方米房屋为违法建筑超越职权，二审未发回重审或者改判属于法律适用错误。②二审遗漏对段某江、段某书进行赔偿的上诉请求。请求撤销二审判决，发回重审或查明事实后予以改判。

再审被申请人辩称：

衡阳市政府答辩称：一、二审判决认定事实清楚，适用法律正确；二审已对段某江、段某书全部上诉请求作出判决。请求依法驳回段某江、段某书的再审申请。

石鼓区政府答辩称：①一、二审判决结合案件事实依法就段某江、段某书名下430平方米的房屋性质作出认定法律适用正确；②二审已对段某江、段某书全部上诉请求作出判决；③段某江、段某书的房屋已严重妨碍衡阳市重点市政工程建设。请求依法驳回段某江、段某书的再审申请。

城管执法局未提交书面陈述意见。

本院查明：本院经审查对二审认定的事实予以确认。

本院认为:《中华人民共和国城乡规划法》第 40 条第 1 款规定,在城市、镇规划区内进行建筑物、构筑物、道路、管线和其他工程建设的,建设单位或者个人应当向城市、县人民政府城乡规划主管部门或者省、自治区、直辖市人民政府确定的镇人民政府申请办理建设工程规划许可证。本案中,段某江、段某书被强制拆除的房屋包括两部分,即经过批准建造的房屋 390 平方米和未经过批准建造的房屋 430 平方米。对于经过批准建造的房屋 390 平方米,石鼓区政府无任何依据即予以拆除,一、二审确认该拆除行为违法,并无不当,双方当事人对此不存在异议,本院予以认可。至于段某江、段某书在宅基地以外另行建造的 430 平方米房屋,既没有土地证明文件,亦无建设工程规划许可证,一、二审认定该部分房屋属于违章建筑,依法有据,并无不当。二审判决认定段某江、段某书未经许可所建的房屋尚不具备《中华人民共和国城乡规划法》第 68 条规定的强制拆除条件,石鼓区政府对该部分房屋进行强制拆除程序违法,认定事实清楚,适用法律正确,本院亦予以认可。

本案中,案涉房屋系在征收拆迁范围内,在案涉房屋被强制拆除后,原有的补偿问题依法可以通过赔偿解决,法院应该直接进行实体审理并就赔偿问题作出判决。段某江、段某书的第三项诉讼请求是请求石鼓区政府赔偿因违法拆除行为造成的经济损失,系一并提起的赔偿请求,人民法院已予受理,应当依法对赔偿请求进行审理和裁判。石鼓区政府违法强制拆除段某江的 390 平方米房屋及段某江、段某书的 430 平方米违法建设,应当依法予以赔偿。具体到赔偿的数额,为确保当事人获得及时、公平、公正的救济,在行政机关违法强制拆除当事人房屋,难以对房屋及其他损失进行鉴定的情况下,人民法院可以根据原告提出的行政赔偿诉讼请求,结合案件具体情况,参照征收补偿方案确定的征收补偿标准,全面、充分考虑当事人的各项损失,确定损失数额,直接判决行政机关对房屋及其他人身、财产损失一并予以行政赔偿,法院在判令赔偿时的标准至少不应低于补偿标准。行政案件审理应当以实质性化解纠纷为宗旨,及时解决行政争议,在当事人已经提出明确的赔偿请求的情况下,无需将房屋损失视为另一法律关系,判决当事人另行通过征收补偿程序解决。人民法院直接判决赔偿更有利于公平、公正解决问题,避免行政机关在行政行为被确认违法后对补偿问题不予处理、拖延处理或者作出不合理的补偿,最后当事人仍然需要通过司法裁判寻求救济,增加当事人的诉累。本案中,一、二审虽判决责令石鼓区政府予以安置补偿,但是在本院再审审查阶段经过询问查明,从二审判决作出至今,石鼓区政府未就补偿问题作出任何补救措施或者行政行为。一、二审判决未对段某江、段某书提出的赔偿请求进行审理、作出判决,适用法律错误,裁判方式不当,应予纠正。

综上,段某江、段某书的再审申请符合《中华人民共和国行政诉讼法》第91条第4项规定的情形。依照《最高人民法院关于执行〈中华人民共和国行政诉讼法〉若干问题的解释》第76条第1款、第78条之规定,判决如下:

1. 维持衡阳市中级人民法院2016年4月13日作出的[2015]衡中法行初字第230号行政判决的第一、二项,即撤销衡阳市政府2015年9月30日作出的60号复议决定,确认石鼓区政府对段某江所有的390平方米房屋及段某江、段某书430平方米违法建设房屋予以强制拆除的行为程序违法。

2. 撤销衡阳市中级人民法院2016年4月13日作出的[2015]衡中法行初字第230号行政判决的第三项,即由石鼓区政府按照《衡阳市集体土地上房屋拆迁补偿安置办法》的相关规定，对强制拆除段某江、段某书涉案房屋的相关财产及安置补偿作出行政行为。

3. 撤销湖南高级人民法院 2017 年 2 月 20 日作出的［2016］湘行终 674 号行政判决。

4. 赔偿部分发回衡阳市中级人民法院重新审理。

七、强制拆除决定对合法建设和违法建设应当准确区分

案例6-8

1. 裁判要旨

（1）强制拆除决定书对部分建筑具有合法的房屋所有权证的情况未作查明，在认定强制拆除范围时对合法建筑及违法建筑的范围未作区分处理，侵犯了房屋承租人及房屋所有权人的合法权益，属认定事实不清。

（2）强制拆除决定涉及房屋所有权人的重大利益，一审法院未通知房屋所有权人作为第三人参加诉讼，属遗漏必须参加诉讼的当事人，存在严重程序违法。

2. 北京市第二中级人民法院裁判文书

上诉人（一审原告）北京轩隆体育发展有限公司，住所地北京市东城区民旺胡同 9 号。

法定代表人王某，董事长。

被上诉人（一审被告）北京市东城区城市管理综合行政执法监察局，住所地北京市东城区北京站东街老钱局胡同甲 14 号。

法定代表人吴某辉，局长。

上诉人北京轩隆体育发展有限公司（以下简称轩隆公司）因诉北京市东城区城市管理综合行政执法监察局（以下简称东

城城管执法局）强制拆除决定一案，不服北京市东城区人民法院（以下简称一审法院）所作［2016］京0101行初402号行政判决，向本院提出上诉。本院受理后依法组成合议庭审理了本案。本案现已审理终结。

2016年2月26日，东城城管执法局作出京东城管拆字［2016］06001号《强制拆除决定书》（以下简称6001号强制拆除决定书），主要内容为：2014年10月27日，东城城管执法局执法人员接群众举报，轩隆公司涉嫌违法建设行为，遂予以立案调查。经查，轩隆公司于2014年10月27日，在北京市东城区民旺胡同某院内搭建砖混结构房屋贰处，其中一处位于院内北侧，房屋东西长3.2米，南北长12.2米，高2.1米，面积39.04平方米，坐东朝西。另一处位于院内南侧，房屋东西长31米，南北长32米，高5.4米，面积992平方米，坐东朝西。未取得建设工程规划许可证。属于违法建设行为。该局于2014年11月26日作出了京东城管限拆字［2014］060005号《限期拆除决定书》（以下简称60005号限期拆除决定书），责令轩隆公司于15日内拆除上述违法建设，并于同日向轩隆公司送达该决定书。

经复查，轩隆公司在责令期限内未拆除上述违法建设，也未在法定期限内提出行政复议或提起行政诉讼。轩隆公司搭建违法建设的行为，违反了《北京市城乡规划条例》第23条第1款的规定，依据该条例第66条第2款规定，经报请北京市东城区人民政府责成，东城城管执法局决定对轩隆公司搭建的违法建设进行强制拆除。

轩隆公司向一审法院起诉称：东城城管执法局作出的6001号强制拆除决定书认定轩隆公司涉嫌违法建设，与事实不符。轩隆公司所使用的房屋产权人为北京金泰集团有限责任公司

（以下简称金泰公司），轩隆公司自2005年起合法承租使用。由于房屋建成时间长，电线水管老旧且原屋顶不符合消防要求，存在诸多安全隐患，故轩隆公司对房屋进行修缮、装修，并不是搭建，轩隆公司曾向东城区规划部门咨询，东城城管执法局告知不需要规划许可。6001号强制拆除决定书认定的房屋东西长31米，南北长32米，高5.4米，面积992平方米，此房屋在房产证中标明：幢号4，建筑面积1015.69平方米，属于有证房屋，轩隆公司不认可该房屋系违法建设。请求法院撤销东城城管执法局作出的6001号强制拆除决定书。

东城城管执法局辩称：我局于2014年11月26日对轩隆公司作出并送达了60005号限期拆除决定书，责令轩隆公司于15日内拆除违法建设。2015年5月11日，经我局复查轩隆公司仍未自行拆除违法建设。我局于2015年5月11日、12月17日向轩隆公司送达了《催告书》，催告其于10日内履行拆除违法建设的义务，轩隆公司逾期仍未拆除。2016年2月26日，经北京市东城区人民政府责成，我局制作并向轩隆公司送达了6001号强制拆除决定书。该强制拆除决定书事实清楚、证据确凿、程序合法、适用法律正确，请求法院驳回轩隆公司的诉讼请求。

2016年10月17日，一审法院作出［2016］京0101行初402号行政判决认为，《北京市禁止违法建设若干规定》（北京市人民政府令第228号，以下简称《若干规定》）第4条第2款、第9条第2款规定，规划行政主管部门、城市管理综合行政执法机关按照各自职责制止和查处违法建设。城市管理综合行政执法机关负责查处未取得建设工程规划许可证、临时建设工程规划许可证等城镇建设工程。据此，东城城管执法局作为东城区城市管理综合行政执法机关，具有查处本辖区内违法建设的法定职权。《若干规定》第13条规定，"城镇违法建设当事人逾期不拆除的,负有查处职责的机关应当在期限届满后5个工作日内,将限期拆除决定及逾期未拆除的情况报告违法建设所在地的区县人民政府。区县人民政府应当责成区县城市管理综合行政执法等机关实施强制拆除"。本案中,东城城管执法局接到举报后到现场进行检查、勘验、取证,对轩隆公司的代理人进行调查询问,取得规划行政主管部门的复函,在查明违法事实的基础上及时作出《期限拆除决定书》,并在复查查明轩隆公司既未提起行政诉讼或申请行政复议又不主动履行拆除义务的情况下,作出《催告书》,在轩隆公司仍不履行拆除义务后,报告东城区人民政府。东城区人民政府责成东城城管执法局实施强制拆除后,东城城管执法局作出了6001号强制拆除决定书,该决定书认定事实清楚,适用法律正确,程序合法。轩隆公司请求法院撤销6001号强制拆除决定书的诉讼请求,事实根据和法律依据不足,法院不予支持。综上,一审法院依照《中华人民共和国行政诉讼法》第69条的规定,判决驳回轩隆公司的诉讼请求。

轩隆公司不服一审判决,上诉认为,6001号强制拆除决定书认定事实错误,其承租的房屋的房产证中标明:幢号4,建筑面积1015.69平方米,属于有证房屋。6001号强制拆除决定书认为二处建筑全部属于违法建设是错误的,侵害了承租人及原产权人的合法权益。请求本院撤销一审判决,撤销6001号强制拆除决定书。

东城城管执法局同意一审判决,请求予以维持。

一审诉讼过程中,东城城管执法局在法定举证期限内向一审法院提交并当庭出示了如下证据材料:

(1)《立案审批表》,证明2014年10月27日,东城城管执法局接群众举报后到达现场,对检查中发现的轩隆公司涉嫌违

法建设行为立案调查;

（2）《现场检查笔录》，证明东城城管执法局于 2014 年 10 月 27 日进行现场检查;

（3）《现场勘验笔录》，证明东城城管执法局于 2014 年 10 月 27 日进行现场勘验;

（4）《证据材料登记表》2 页，证明东城城管执法局于 2014 年 10 月 27 日现场拍照取证;

（5）东城城管执法局于 2014 年 10 月 30 日作出的《案件协查通知单》及北京市规划委员会于 2014 年 11 月 11 日出具的规（东）执函［2014］418 号《关于民旺胡同某院房屋规划审批情况的函》，证明北京市规划委员会认定："经查，位于民旺胡同某院搭建的二处房屋未依法取得建设工程规划许可证";

（6）轩隆公司的企业法人营业执照复印件，证明 2014 年 11 月 3 日由该公司委托代理人向东城城管执法局提交;

（7）《证据材料登记表》，证明 2014 年 11 月 3 日轩隆公司委托代理人向东城城管执法局提交该公司法定代表人、委托代理人的身份证件;

（8）《授权委托书》，证明轩隆公司委托代理人于 2014 年 11 月 3 日向东城城管执法局提交委托手续;

（9）《房屋租赁合同》，轩隆公司委托代理人于 2014 年 11 月 3 日向东城城管执法局提交，证明房屋出租方为北京金泰集团有限公司东城分公司（以下简称金泰公司东城分公司），承租方为轩隆公司;

（10）2014 年 11 月 3 日询问轩隆公司委托代理人赵某的《询问笔录》，证明赵某陈述：我单位于 2014 年 10 月 25 日开始对房屋进行施工建设，施工房屋共两处，其中一处位于院内北侧，房屋东西长 3.2 米，南北长 12.2 米，高 2.1 米，面积

39.04平方米，坐东朝西；另一处位于院内南侧，房屋东西长31米、南北长32米、高5.4米，坐东朝西。此次房屋施工是因为房屋老旧，存在安全隐患，将两处房屋进行翻修；

（11）金泰公司东城分公司营业执照复印件，证明该公司委托代理人于2014年11月24日向东城城管执法局提交；

（12）《证据材料登记表》2页，证明金泰公司东城分公司的委托代理人向东城城管执法局提交该公司法定代表人及委托代理人的身份证件；

（13）《授权委托书》，证明金泰公司东城分公司委托代理人于2014年11月24日向东城城管执法局提交；

（14）2014年11月24日询问金泰公司东城分公司委托代理人徐某茹的《询问笔录》，证明徐某茹陈述：该公司与轩隆公司是房屋租赁关系，房屋租给轩隆公司使用；轩隆公司说是进行室内装修改造，所以未要求其办理建设工程规划许可证，只要求其报送相关部门；由轩隆公司全权处理此事；

（15）60005号限期拆除决定书及送达回证，证明东城城管执法局作出决定书并依法送达轩隆公司；

（16）《现场检查笔录（复查）》及《证据材料登记表》，证明东城城管执法局于2015年5月11日对违法建设进行复查并拍照取证，轩隆公司对违法建设未予拆除；

（17）京东城管催字〔2015〕第060003号、第060005号《催告书》及送达回证，证明东城城管执法局向轩隆公司送达了《催告书》；

（18）6001号限期拆除决定书及送达回证，证明东城城管执法局于2016年2月28日将决定书送达轩隆公司。

一审诉讼过程中，轩隆公司在法定举证期限内向一审法院提交并当庭出示了如下证据材料：

(1)《北京市树木砍伐许可证》，证明轩隆公司没有扩建房屋，只进行了内部装修及外墙修补；

(2) 轩隆公司的营业执照，证明轩隆公司2006年注册时的地址即为北京市东城区民旺胡同；

(3)《房屋所有权证》，证明轩隆公司使用租赁的房屋合法经营；

(4)《房屋租赁合同》，证明轩隆公司承租房屋及使用面积；

(5)《装饰装修工程施工合同》，证明轩隆公司系装修而非翻建施工；

(6)《名称变更通知》，证明北京市东城区民旺胡同的房屋所有权人名称变更情况；

(7) 金泰公司出具的授权委托书，证明该公司对金泰公司东城分公司委托权限及期限；

(8)《建筑工程消防验收意见书》《建设工程竣工验收消防备案凭证》《建设工程消防设计备案复查意见书》，证明轩隆公司没有增加建筑物的高度和宽度。

经庭审质证，一审法院对上述证据作如下确认：轩隆公司提交的证据（1）（8）与本案不具有关联性，法院不予接纳。轩隆公司提交的其他证据及东城城管执法局提交的全部证据真实、合法，与本案具有关联性，法院予以采纳。

一审法院已将当事人提交的全部证据材料随案移送本院。经审查，本院认为一审法院对轩隆公司、东城城管执法局提交的证据材料所作认证符合《最高人民法院关于行政诉讼证据若干问题的规定》，认证意见正确，故予以确认。

本院查明以下事实：2014年10月27日，东城城管执法局的执法人员接群众举报：位于北京市东城区民旺胡同内涉嫌违法建设行为。当日，东城城管执法局执法人员到该址进行现场勘验、检查、拍照取证，发现轩隆公司在该院内北侧和南侧搭建两处建筑物，其中，北侧建筑物面积39.04平方米，南侧建筑物面积992平方米。2014年11月3日，东城城管执法局对轩隆公司的委托代理人进行调查询问，代理人陈述："我单位于2014年10月25日开始对房屋进行施工建设，施工房屋共两处，其中一处位于院内北侧，房屋东西长3.2米，南北长12.2米，高2.1米，面积39.04平方米，坐东朝西；另一处位于院内南侧，房屋东西长31米、南北长32米，高5.4米，面积992平方米，坐东朝西。此次房屋施工是因为房屋老旧，存在安全隐患，将两处房屋进行翻修。"2014年11月11日，北京市规划委员会发函确认上述两处建筑物未依法取得《建设工程规划许可证》等规划文件。2014年11月26日，东城城管执法局对轩隆公司作出60005号限期拆除决定书并于同日送达，要求轩隆公司于15日内拆除违法建设。2015年5月11日，东城城管执法局执法人员对上述违法建设进行复查时，发现轩隆公司未拆除，遂于2015年5月11日、12月17日分别作出《催告书》并送达轩隆公司，告知轩隆公司于《催告书》送达之日起10日内履行60005号限期拆除决定书确定的拆除违法建设的义务。轩隆公司收到后，仍未拆除违法建设。2016年1月，东城城管执法局将60005号限期拆除决定书等有关材料及逾期未拆除的情况报告北京市东城区人民政府，北京市东城区人民政府责成东城城管执法局实施强制拆除。2016年2月26日，东城城管执法局作出被诉的6001号强制拆除决定书并于2月28日送达轩隆公司。轩隆公司不服6001号强制拆除决定书，向一审法院提起行政诉讼。

另查，6001号强制拆除决定书中决定强制拆除的一处39.04平方米的建筑，没有房屋所有权证，另一处决定强制拆除的992平方米的建筑，有京房权证东他字第××××号《房屋所有权证》。该所有权证上记载：房屋所有权人为北京金泰恒业有限责任公司；房屋坐落于东城区民旺胡同；建筑面积75间1475.40平方米。其中本案中的992平方米建筑的第4幢建筑共50间，面积记载为1015.69平方米。北京金泰恒业有限责任公司于2009年10月16日更名为金泰公司。2014年6月11日，轩隆公司与金泰公司东城分公司签订房屋租赁合同，承租北京市东城区民旺胡同，建筑面积1475.40平方米用于经营。

本院认为：《若干规定》第4条第2款、第9条第2款规定，规划行政主管部门、城市管理综合行政执法机关按照各自职责制止和查处违法建设。城市管理综合行政执法机关负责查处未取得建设工程规划许可证、临时建设工程规划许可证等城镇建设工程。据此，东城城管执法局作为北京市东城区城市管理综合行政执法机关，具有查处其辖区内违法建设的法定职权。

《若干规定》第13条规定，"城镇违法建设当事人逾期不拆除的，负有查处职责的机关应当在期限届满后5个工作日内，将限期拆除决定及逾期未拆除的情况报告违法建设所在地的区县人民政府。区县人民政府应当责成区县城市管理综合行政执法等机关实施强制拆除。"本案中，东城城管执法局接到举报后到现场进行检查、勘验、取证，对轩隆公司的代理人进行调查询问，取得规划行政主管部门的复函，在查明违法事实的基础上及时作出《期限拆除决定书》，并在复查查明轩隆公司既未提起行政诉讼或申请行政复议又不主动履行拆除义务的情况下，作出《催告书》，在轩隆公司仍不履行拆除义务后，报告北京市东城区人民政府。北京市东城区人民政府责成东城城管执法局实施强制拆除后，东城城管执法局作出了6001号强制拆除决定书，该决定书的执法程序并无不当。

但6001号强制拆除决定书对涉案的建筑面积为992平方米

的房屋具有合法的《房屋所有权证》的情况未作查明,在认定强制拆除范围时对合法建筑及违法建筑的范围未作区分处理,进而决定整体拆除 39.04 平方米和 992 平方米二处建筑,侵犯了房屋承租人轩隆公司及房屋所有权人金泰公司的合法权益,属认定事实不清。据此,6001 号强制拆除决定书依法应予撤销。一审判决驳回轩隆公司的诉讼请求,属认定事实不清,依法应予撤销。

此外,《最高人民法院关于执行〈中华人民共和国行政诉讼法〉若干问题的解释》第 24 条规定:"行政机关的同一具体行政行为涉及两个以上利害关系人,其中一部分利害关系人对具体行政行为不服提起诉讼,人民法院应当通知没有起诉的其他利害关系人作为第三人参加诉讼。第三人有权提出与本案有关的诉讼主张,对人民法院的一审判决不服,有权提起上诉。"本案中,6001 号强制拆除决定书决定将涉案二栋建筑整体拆除,涉及涉案的 992 平方米房屋所有权人金泰公司的重大利益,金泰公司应为本案利害关系人。一审法院未通知金泰公司作为本案第三人参加诉讼,属遗漏必须参加诉讼的当事人,存在严重程序违法。

综上,轩隆公司的上诉理由成立,本院依法予以支持。依照《中华人民共和国行政诉讼法》第 70 条第 1 项、第 89 条第 1 款第 2 项之规定,判决如下:

①撤销北京市东城区人民法院[2016]京 0101 行初 402 号行政判决;

②撤销北京市东城区城市管理综合行政执法监察局于 2016 年 2 月 26 日作出的京东城管拆字[2016]06001 号《强制拆除决定书》;

③北京市东城区城市管理综合行政执法监察局重新作出决定。

一、二审案件受理费各50元，均由北京市东城区城市管理综合行政执法监察局负担。

本判决为终审判决。

八、违法建设查处的合理性考量

案例6-9

1. 裁判要旨

（1）人民法院审理行政案件，不仅要对被诉行政行为是否合法进行审查，还要对行政行为裁量是否明显不当进行审查。但需要注意的是，立法在规定人民法院可以对被诉行政行为进行合理性审查的同时，还强调行政行为必须"明显不当"的才可以予以撤销或变更，由此也可以看出法律对行政裁量进行司法审查的定位，即人民法院既要履行对行政裁量的审查职责，不能怠于履行，也要秉持谦抑态度行使自己的审查权力，给予行政裁量必要的尊重。

（2）法律并非仅是条文中所罗列的惩处性规定，其最终目的是为了维护人民的权益，保障社会的正常运行。查处违法建设的过程中，行政机关在可以采取责令限期补办规划手续等改正措施的情况下，直接作出限期拆除决定，将对相对人的权益造成过度损害，应属明显不当。

2. 北京市海淀区人民法院行政判决书（节选）

原告刘某艳，女，1953年1月3日出生，回族，住北京市海淀区。

被告北京市海淀区城市管理综合行政执法监察局，住所地北京市海淀区东北旺南路27号上地办公中心。

法定代表人王某伟，局长。

第六章 违法建设相关法律法规和案例

被告北京市海淀区人民政府,住所地北京市海淀区长春桥路 17 号。

法定代表人戴某彬,区长。

原告刘某艳不服被告北京市海淀区城市管理综合行政执法监察局(以下简称海淀城管局)作出的限期拆除决定及被告北京市海淀区人民政府(以下简称海淀区政府)作出的行政复议决定,向本院提起行政诉讼。本院于 2017 年 8 月 16 日受理后,依法组成合议庭。本案现已审理终结。

案件基本情况:

2017 年 4 月 28 日,海淀城管局作出京海城管罚字〔2017〕000174 号限期拆除决定书(以下简称被诉限期拆除决定)。刘某艳不服,向海淀区政府申请行政复议,海淀区政府于 2017 年 7 月 31 日作出海政复决字〔2017〕127 号行政复议决定书(以下简称被诉复议决定)。

原告刘某艳诉称,原告为麻某琴之女,麻某琴于 1990 年 4 月 24 日被北京市海淀区香山街道市容检查所批准在海淀区香山北辛村后街××号新建房屋两间,原有房屋五间,建筑用地东西 16 米,南北 16 米,刘某艳全家仅此一处住房。该房屋曾于 80 年代翻建过,由于受当时经济条件限制,房屋质量极差。2015 年房屋多处开裂,屋顶漏雨成为危房,人住在里面极不安全。原告的孩子们都 30 多岁了,都到了谈婚论嫁的年龄,而原告没有能力购买房子,只得在现有的基础上想办法自己解决困难,所以才在院内把原房屋拆除翻建房屋。原告在 2015 年底翻建之前曾找到香山街道办事处城管科负责人,提出房屋改造申请,该负责人称根本就没有审批翻建房屋的机构。原告又找到海淀城管局,接待原告的是一个叫李某的男同志,该人让原告提交了房契、身份证和房屋破旧的有关相片及申请书,并特意要求刘某艳在申请书上注明绝不盖二层。材料上交后李某未提出异议并告知原告，你们既不违章也不违建也不违法，于是原告于2016年3月开始翻建房屋。现海淀城管局认定原告翻建房屋未取得规划许可是擅自建设没有道理，原告在翻建前提交了申请和相关材料，如果当时能明确告知不许可建房，则不会产生今日之违章。且原告是在自己家的院子里翻盖，非但没有向四周扩一寸地反而还向内缩了一些。原告认为，如果把原告的房屋拆除，原告全家将没有地方居住会露宿街头，故二被告的行政行为明显不具有合理性。原告请求：①撤销海淀城管局作出的被诉限期拆除决定；②撤销海淀区政府作出的被诉复议决定；③判令被告承担本案诉讼费用。

在法院指定的证据交换期限内，原告刘某艳提交如下证据并当庭出示：①被诉限期拆除决定，证明海淀城管局作出被诉限期拆除决定；②被诉复议决定，证明海淀区政府维持了被诉限期拆除决定；③香山地区（居民）私人建房审批表，证明刘某艳在自家宅基地上翻建房屋；④香山街道地区（居民）私人建房证明，证明刘某艳母亲麻某琴曾在该宅基地上翻建厨房；⑤土地房产所有证，证明刘某艳是在祖传宅基地上翻建房屋；⑥照片，证明涉案房屋在翻建前的破损开裂情况。

被告海淀城管局辩称，我局具有相应的执法权限，有权对未经批准的建设进行查处。2016年12月23日，我局香山街道执法队在检查中发现刘某艳在北京市海淀区香山北辛村后街××号涉嫌有违法建设房屋的行为，我局香山街道执法队对该房屋进行了现场检查、勘验，并进行了现场拍照。同日，刘某艳接受调查询问，承认该房屋为刘某艳于2016年3月进行翻建，且未依法取得建设工程规划许可证，并对现场勘验的结果予以确认，执法人员制作了询问笔录。2017年1月5日，我局收到北京市规划委员会出具的规划认定函,认定上述地址所建的房屋未依法取得建设工程规划许可证。根据上述证据,我局认定涉案房屋属于违法建设,依法作出被诉限期拆除决定。综上,我局认定违法事实清楚,证据确凿,程序合法,适用法律法规正确,请求法院驳回原告的诉讼请求。

在法定举证期限内,被告海淀城管局提交如下证据并当庭出示:①立案审批表,证明被告对原告刘某艳建设房屋的行为进行了立案调查;②现场检查笔录,③现场勘验笔录,以上证据证明被告对涉案房屋进行了现场检查及勘验;④现场照片,证明涉案房屋现场的基本情况;⑤身份证复印件,证明原告的基本身份情况;⑥询问笔录,证明被告就涉案房屋的情况对原告进行了调查询问;⑦土地房产所有证,证明原告提交了原房屋产权证明文件;⑧规划审批情况的函,证明涉案房屋属于违法建设;⑨现场检查笔录(复查),⑩现场照片,以上证据证明被告对涉案房屋进行现场复查的情况;⑪案件呈批表,证明被告对原告违法建设的行为依法进行了内部审批程序;⑫被诉限期拆除决定(存根),证明被告依法作出被诉限期拆除决定;⑬公告,⑭公告网页版,⑮送达回证,⑯送达回证,⑰现场照片,⑱视频光盘,以上证据证明被告依法对被诉限期拆除决定进行公告并送达原告的情况。同时,被告海淀城管局当庭出示了《北京市城乡规划条例》《北京市实施城市管理相对集中行政处罚权办法》《北京市禁止违法建设若干规定》等作为其作出行政行为的法律规范依据。

被告海淀区政府辩称,本机关于2017年5月4日收到原告刘某艳邮寄递交的申请材料,于当日作出行政复议答复通知书,并于同年5月15日向海淀城管局送达。海淀城管局于2017年5月22日向本机关提交行政复议答复书及相关证据材料。因案情复杂，本机关于 2017 年 7 月 3 日作出延期审理通知书，决定本案延长审理期限三十日，并将上述文书分别送达双方。经审理，本机关于 2017 年 7 月 31 日作出被诉复议决定，并分别送达双方。综上，本机关作出被诉复议决定的程序合法，请求法院驳回原告的诉讼请求。

在法定举证期限内，被告海淀区政府提交如下证据并当庭出示：①行政复议申请书及身份证复印件；②被诉限期拆除决定，以上证据证明刘某艳向海淀区政府提交行政复议申请书及证据；③行政复议答复书；④法定代表人身份证明，以上证据证明海淀城管局按期向海淀区政府提交行政复议答复书及证据；⑤行政复议申请收据及当事人送达地址确认书；⑥行政复议答复通知书及送达回证；⑦行政复议案件处理审批表、延期审理通知书及送达情况；⑧行政复议决定案件处理审批表、被诉复议决定送达回证，以上证据证明海淀区政府依法受理复议申请、审理复议案件、作出延期决定、并作出复议决定。

经庭审质证，原告刘某艳对被告海淀城管局及被告海淀区政府提交的全部证据均予以认可，但认为被告海淀城管局应根据《北京市城乡规划条例》及《北京市禁止违法建设若干规定》的相关规定，给予原告限期改正的机会，而不是必须拆除。

被告海淀城管局及被告海淀区政府对原告提交的证据①、②没有提出异议；对其余证据的关联性提出异议，认为与本案无关。

依照《最高人民法院关于行政诉讼证据若干问题的规定》（以下简称《证据规定》）第 54 条的规定，本院在听取了各方当事人的质辨意见并经评议后，认证如下：

被告海淀城管局提交的证据⑫系本案被诉具体行政行为，不能作为证据使用；其余证据形式上符合《证据规定》中规定的证据要求，内容真实，与本案具有关联性，能够证明其欲证明的事项，本院予以采信。

被告海淀区政府提交的证据②系本案被诉具体行政行为，不能作为证据使用；其余证据形式上符合《证据规定》中规定的证据要求，内容真实，与本案具有关联性，能够证明其欲证明的事项，本院予以采信。

原告刘某艳提交的证据①②系本案被诉具体行政行为，不能作为证据使用；其余证据形式上符合《证据规定》中规定的证据要求，内容真实，与本案具有关联性，能够证明涉案房屋的相关情况，本院予以采信。

通过以上经过认证的证据及庭审查明的情况，本院可以确认如下事实：

2016年12月23日，海淀城管局香山执法监察队在检查中发现，刘某艳于2016年3月间在北京市海淀区香山北辛村后街××号翻建砖混结构房屋一处。当日海淀城管局进行了现场检查及勘验，经测量该房屋东西长16.1米、南北宽11米，总建筑面积为177.1平方米。海淀城管局拍摄了上述建筑物的外观照片，绘制了上述建筑物的平面位置图。当日海淀城管局对刘某艳进行询问，告知了刘某艳所享有的相应权利，听取了刘某艳的陈述和申辩。当日海淀城管局对刘某艳建设上述建筑物的行为予以立案。2017年1月5日，北京市规划和国土资源管理委员会向海淀城管局出具了《关于北京市海淀区香山北辛村后街××号所建的一处建筑物规划审批情况的函》，函称："经查，位于北京市海淀区香山北辛村后街××号所建的一处建筑物（建筑面积177.1平方米），未依法取得建设工程规划许可证。"2017年4月28日，海淀城管局作出被诉限期拆除决定，并于当日通过留置、现场张贴及网站公告送达上述限期拆除决定。刘某艳不服，于

2017年5月4日向海淀区政府提出行政复议申请，要求撤销被诉限期拆除决定。

海淀区政府受理上述行政复议申请后向海淀城管局送达行政复议答复通知书，要求其提交书面答复与相关证据材料。后海淀城管局向海淀区政府提交了答复书与相关证据。因案件情况复杂，海淀区政府决定延期三十日审理，并将延期审理通知书分别送达刘某艳与海淀城管局。同年7月31日，海淀区政府作出被诉复议决定，决定维持被诉限期拆除决定。后该复议决定分别送达刘某艳与海淀城管局。刘某艳仍不服，遂向本院提起行政诉讼。

另查，刘某艳系麻某琴之女，麻某琴于1990年4月24日经原北京市海淀区香山街道市容监察所批准，在北京市海淀区香山北辛村后街××号新建房屋两间，原有房屋五间，建筑用地东西长16.45米，南北宽16.45米。刘某艳及其子刘某泽一直生活在上述七间房屋中的三间房屋内。后因其所住房屋墙体开裂，刘某艳于2016年3月间将其居住的三间房屋进行翻建。翻建后的房屋东西长16.1米、南北宽11米，总建筑面积为177.1平方米。

再查，刘某艳及其子刘某泽名下均无房屋登记信息。

裁判分析过程本院认为，《北京市城乡规划条例》第65条规定，本章规定由规划行政主管部门负责处理的违法行为，市人民政府确定由有关执法部门或者机构处理的，按照市人民政府的规定执行。《北京市实施城市管理相对集中行政处罚权办法》第5条第12项规定，城管执法机关根据国务院和市人民政府关于相对集中处罚权的决定，在城市规划管理方面对违法建设，行使法律、法规、规章规定的行政处罚权。《北京市禁止违法建设若干规定》第9条第2款规定，城市管理综合行政执法机关负责查处未取得建设工程规划许可证、临时建设工程规划许可证的城镇建设工程。本案中,海淀区城管局具有对未取得建设工程规划许可证进行建设的城镇建设工程进行查处的法定职权。《北京市城乡规划条例》第23条第1款规定,本市依法实行规划许可制度,各项建设用地和建设工程应当符合城乡规划,依法取得规划许可。根据上述规定,刘某艳翻建房屋应当取得相应的规划许可。本案中,海淀区城管局对涉案房屋进行了检查和现场勘验,取得了北京市规划委员会出具的涉案房屋未依法取得建设工程规划许可证的函件等材料,其在上述调查的基础上,作出被诉限期拆除决定,认定事实清楚,程序并无不当。海淀区政府在行政复议过程中,亦履行了行政复议的相应程序,复议程序亦无不当。《中华人民共和国行政诉讼法》第70条第6项规定,行政行为明显不当的,人民法院判决撤销或者部分撤销。由此可见,人民法院审理行政案件,不仅要对被诉行政行为是否合法进行审查,还要对行政行为裁量是否明显不当进行审查。但需要注意的是,立法在规定人民法院可以对被诉行政行为进行合理性审查的同时,还强调行政行为必须"明显不当"的才可以予以撤销或变更,由此也可以看出法律对行政裁量进行司法审查的定位,即人民法院既要履行对行政裁量的审查职责,不能怠于履行,也要秉持谦抑态度行使自己的审查权力,给予行政裁量必要的尊重。

《中华人民共和国城乡规划法》第64条对未取得建设规划许可证进行建设的处罚裁量幅度规定为:尚可采取改正措施消除对规划实施的影响的,限期改正,并处罚款;无法采取改正措施消除影响的,限期拆除;不能拆除的,没收实物或违法收入,可以并处罚款。《北京市城乡规划条例》第66条第1款规定,城镇建设工程未取得建设工程规划许可证或者未按照建设工程规划许可证许可内容进行建设的,由规划行政主管部门责令停止建设；尚可采取改正措施消除对规划实施的影响的，限期改正，处该建设工程总造价5%以上10%以下的罚款；无法采取改正措施消除影响的，限期拆除，不能拆除的，没收实物或者违法收入，可以并处该建设工程总造价10%以下的罚款。可见，根据上述规定，针对本市范围内未取得建设工程规划许可证的城镇违建，尚可采取改正措施消除对规划实施的影响的，应限期改正；无法采取改正措施消除影响的，方可限期拆除或没收。本案中，刘某艳所建房屋虽确属未批先建，但刘某艳系在原有宅基地上翻建，房屋用途系自住，房屋也未超过原有面积，更未加盖。且需强调的是，该房屋系刘某艳及其子刘某泽的唯一居所。如有权机关在确认该房屋为违建后直接作出限期拆除决定并最终履行，则刘某艳及其家人必将面临流离失所的可预见结局。针对上述情况，合议庭认为，法律并非仅是条文中所罗列的惩处性规定，其最终目的是为了维护人民的权益，保障社会的正常运行。针对刘某艳所面临的困境，海淀城管局应先选择采取责令限期补办规划手续等改正措施后，再针对相应改正的情况酌情作出决定。现直接作出限期拆除决定必然将对刘某艳的权益造成过度损害，应属明显不当，故本院对海淀城管局作出的被诉限期拆除决定依法处以撤销。因海淀区政府作出了维持的被诉复议决定，故应一并撤销被诉复议决定。综上，依据《中华人民共和国行政诉讼法》第70条第6项、第79条，《最高人民法院关于适用〈中华人民共和国行政诉讼法〉若干问题的解释》第10条第1款的规定，判决如下：

1. 撤销被告北京市海淀区城市管理综合行政执法监察局于2017年4月28日作出的京海城管罚字［2017］000174号限期拆除决定书。

2. 撤销被告北京市海淀区人民政府于2017年7月30日作

出的海政复决字〔2017〕127号行政复议决定书。

案件受理费50元,由被告北京市海淀区城市管理综合行政执法监察局及被告北京市海淀区人民政府负担(于本判决生效后七日内交纳)。

如不服本判决,可于判决书送达之日起十五日内,向本院递交上诉状,并按对方当事人的人数提出副本,交纳上诉案件受理费50元,上诉于北京市第一中级人民法院。如在上诉期满后七日内未交纳上诉案件受理费的,按自动撤回上诉处理。

九、无法确定"主人"的城镇违法建设如何查处

案例6-10

1. 裁判要旨

(1) 根据《北京市禁止违法建设若干规定》第9条第2款的规定,城市管理综合行政执法机关负责查处未取得建设工程规划许可证的城镇建设工程。

(2) 根据《北京市城乡规划条例》第66条第3款的规定,对无法确定违法建设工程的建设单位或者所有人、管理人的,城市管理综合行政执法机关可以通过在公共媒体或者该建设工程所在地发布公告的形式督促建设单位或者其所有权人、管理人依法接受处理,公告期间不得少于15日。公告期间届满,仍无法确定建设单位、所有人、管理人或者其拒不接受处理的,报经市或者区、县人民政府批准后强制拆除。

2. 北京市第三中级人民法院行政判决书(节选)

上诉人(一审原告)刘某江,男,1970年2月11日出生。

被上诉人(一审被告)北京市顺义区城市管理综合行政执法监察局,住所地北京市顺义区府前东街6号。

法定代表人宋某,局长。

一审第三人刘某庆,男,1973年12月29日出生。

刘某江因诉强制拆除决定一案,不服北京市顺义区人民法院［2017］京0113行初22号行政判决(以下简称一审判决),向本院提起上诉。本院受理后,依法组成合议庭,于2017年8月28日公开开庭进行了审理,上诉人刘某江,被上诉人北京市顺义区城市管理综合行政执法监察局的委托代理人刘某钢、徐某立到庭参加诉讼,一审第三人刘某庆经本院合法传唤,明确表示不参加本案诉讼。本案现已审理终结。

2017年1月19日,被上诉人作出京顺城管拆字［2017］070001号《强制拆除决定书》,主要内容为:"北京市顺义区后沙峪地区泗上村北侧原旧货市场有钢架二层结构阳光棚一处。经陕西国土测绘工程院测量计算,该处阳光棚占地面积53 481.39平方米,建筑面积106 962.78平方米。该建设行为违反了《北京市城乡规划条例》第23条第1款之规定,属违法建设。经多方查找,未能确定上述阳光棚的建设单位或所有人、管理人。依据《北京市城乡规划条例》第66条第3款之规定,本行政机关于2016年11月25日通过《法制晚报》发布公告寻找相对人。在法定公告期内,无人到本行政机关主张权利,配合本行政机关调查,或自行拆除违法建设。2016年12月17日,本行政机关作出了《催告通知书》(京顺城管催字［2016］070005号)。催告此处阳光棚的建设者、所有人或管理人继续履行义务,催告期内无人主张权利,也未对上述违法建设进行拆除。依据《北京市城乡规划条例》第66条第3款以及《北京市禁止违法建设若干规定》第20条的规定,本行政机关报经北京市顺义区人民政府批准后决定如下:决定对上述违法建设于2017年1月25日6时00分之后实施强制拆除。请北京市顺义区后沙峪地区泗上村北侧原旧货市场一处钢架二层结构阳光棚的建设单位或所有人、管理人于上述时间前自行清理存放于上述违法建设中的财物,因拒绝清理而造成的一切损失,由该违法建设的建设单位或所有人、管理人自行承担。如不服本决定可自接到本决定书之日起60日内向北京市城市管理综合行政执法局或北京市顺义区人民政府申请行政复议,也可自接到本决定书之日起6个月内直接向北京市顺义区人民法院提起行政诉讼。"

刘某江不服上述行政行为,诉至一审法院,请求依法撤销被上诉人于2017年1月19日作出的京顺城管拆字〔2017〕070001号《强制拆除决定书》。

一审法院经审理查明,位于北京市顺义区后沙峪地区泗上村北侧原旧货市场处建有钢架二层结构阳光棚。2016年11月4日,被上诉人工作人员与北京市顺义区后沙峪镇人民政府工作人员就此处阳光棚向该地块承租使用人宋某苹了解情况,宋某苹表示不是其建设的阳光棚,而是由刘某庆建设。后被上诉人分别于2016年11月15日、11月18日、11月20日、11月21日等多次电话联系刘某庆,但刘某庆均未予以配合调查。2016年11月17日,被上诉人对位于北京市顺义区后沙峪地区泗上村北侧原旧货市场处的钢架二层结构阳光棚进行了现场检查和现场勘验。

2016年11月25日,被上诉人在《法制晚报》发布公告,主要内容为:"经查,北京市顺义区后沙峪地区泗上村北侧原旧货市场有二层钢架结构阳光棚一处,经陕西国土测绘工程院测量并计算,该处阳光棚占地面积53 481.39平方米,建筑面积106 962.78平方米。上述阳光棚涉嫌违反了《北京市城乡规划条例》第23条第1款的规定,属于违法建设,且无法确定其建设单位或所有人、管理人。依据《北京市城乡规划条例》第66条第3款的规定，本行政机关公告如下：请上述违法建设的建设单位或所有人、管理人在本公告发布之日起15日，到本行政机关主张权利，接受调查，或自行拆除违法建设。建设单位或所有人、管理人是个人的，请携带本人身份证、授权委托书、房屋建设相关审批文件等材料；是法人或其他组织的，请携带营业执照复印件、法定代表人身份证明、授权委托书、被委托人身份证、房屋建设审批文件等材料。逾期无人主张权利或其拒不接受处理的，本行政机关将依据《北京市城乡规划条例》第66条第3款的规定，报经顺义区人民政府批准后对上述建设予以强制拆除。相关权利人在公告期限届满前应自行清理存放于上述违法建设内的财物；逾期不清理的，造成的损失由相关权利人本人承担。特此公告。"2016年11月26日，被上诉人将上述公告张贴于北京市顺义区后沙峪地区泗上村北侧原旧货市场二层钢架结构阳光棚处。公告期间无人向被上诉人主张权利。

2016年12月17日，被上诉人向北京市顺义区后沙峪地区泗上村北侧原旧货市场二层钢架结构阳光棚的建设者或所有权人作出京顺城管催字〔2016〕070005号催告通知书，并于同日张贴于上述阳光棚处。2017年1月19日，被上诉人作出强制拆除公告和被诉《强制拆除决定书》，并于同日张贴于上述阳光棚处。2017年2月5日，上诉人从涉诉钢架结构阳光棚处看到上述张贴的《强制拆除决定书》，其对此不服，遂在法定期限内直接向一审法院提起涉案之诉。

经一审法院调查询问，宋某苹陈述如下："位于北京市顺义区后沙峪地区泗上村北侧原旧货市场处的钢架二层结构阳光棚建设在其承租地上，其与该阳光棚没有关系，其并未出资，据其了解东侧槐树林以西的阳光棚是刘某庆所建，东侧槐树林以东的阳光棚是刘某江所建,但认为刘某江建设的阳光棚也在其承租地内。"刘某庆陈述如下:"位于北京市顺义区后沙峪地区泗上村北侧原旧货市场处的钢架二层结构阳光棚系其与宋某苹于2015年9月至10月份合伙建设,由其出资、宋某苹出地,实际上由其单独出资建设。其与刘某江认识但不熟悉,二人之间没有什么关系,刘某江建设阳光棚的时间与其建设时间相同,并与其建设的阳光棚紧挨着连接在一起,从外面看的话,其他人是不容易区分的,从里面看的话,其与刘某江建设使用的钢柱颜色不一样,其使用的钢柱是黑颜色的,刘某江使用的钢柱是白色的,但其和刘某江知道各自建设的阳光棚的位置。其所建阳光棚大约9万多平方米,刘某江所建阳光棚大约6万多平方米。其所建阳光棚位于涉诉阳光棚地图截图中标号14范围以内及以西位置,标号14范围以东的阳光棚为刘某江所建。其认为宋某苹与刘某江都有合同,故二人对于涉诉阳光棚所占土地都有使用权。"刘某江陈述如下:"被上诉人提交的现场勘测图中从树林往西150米至东头的阳光棚为其所建,其余从树林往西100米到西头的阳光棚不是其建设,是别人建设的,但不清楚是谁所建。其建设的阳光棚与别人建设的阳光棚从外观上看是连在一起的,像一个整体。其建设的阳光棚大约两万多平方米,位于自己的承租地上,并非在原旧货市场,原旧货市场在其承租地以西,槐树林往西150米是原旧货市场。"

另,2016年12月16日,北京市规划和国土资源管理委员会向被上诉人作出规(顺)执函[2016]190号《关于北京市顺义区后沙峪地区泗上村北侧原旧货市场建设钢架结构阳光棚规划审批情况的函》,内容是:"经查,位于泗上村北侧原旧货市场的经你局公告,无法确定建设单位或所有人所建钢架结构阳光棚总建筑面积106 962.78平方米未依法取得建设工程规划许可证。"

2017年1月16日，北京市国土资源局顺义分局向被上诉人出具京国土顺函〔2017〕9号《北京市国土资源局顺义分局关于确定土地权属的复函》，主要内容为："我分局经核实调查，北京市顺义区后沙峪地区泗上村北侧原旧货市场，现暂无明确证据证明该土地权属为集体土地。"

又，2017年2月7日，被上诉人组织拆除被诉《强制拆除决定书》所涉钢架结构二层阳光棚，并于2017年3月底拆除完毕。

再，本案中的顺义区后沙峪地区泗上村与西泗上村为同一个村。

一审法院经审理认为，根据《中华人民共和国城乡规划法》第64条，《国务院关于进一步推进相对集中行政处罚权工作的决定》和《北京市禁止违法建设若干规定》第4条第2款、第9条第2款之规定，城市管理综合行政执法机关负责查处未取得建设工程规划许可证的城镇建设工程。被上诉人作为顺义区的城市管理综合执法组织，负有依法查处辖区内未取得建设工程规划许可证违法建设的法定职责。

《中华人民共和国城乡规划法》第40条第1款规定，在城市、镇规划区内进行建筑物、构筑物、道路、管线和其他工程建设的，建设单位或者个人应当向城市、县人民政府城乡规划主管部门或者省、自治区、直辖市人民政府确定的镇人民政府申请办理建设工程规划许可证。《北京市城乡规划条例》第2条第1款规定，本市行政区域全部为规划区；第23条第1款规定，本市依法实行规划许可制度，各项建设用地和建设工程应当符合城乡规划，依法取得规划许可。《北京市禁止违法建设若干规定》第3条规定，城镇违法建设是指未取得建设工程规划许可证、临时建设工程规划许可证或者未按照许可内容进行建设的城镇建设工程,以及逾期未拆除的城镇临时建设工程。本案中,被诉《强制拆除决定书》所涉由刘某江和刘某庆所建钢架结构二层阳光棚未经规划行政许可部门审批,未依法取得建设工程规划许可证,故被上诉人认定涉诉钢架结构二层阳光棚属违法建设,事实清楚,适用法律正确。

《北京市城乡规划条例》第66条第1款规定,城镇建设工程未取得建设工程规划许可证或者未按照建设工程规划许可证许可内容进行建设的,由规划行政主管部门责令停止建设;尚可采取改正措施消除对规划实施的影响的,限期改正,处该建设工程总造价5%以上10%以下的罚款;无法采取改正措施消除影响的,限期拆除,不能拆除的,没收实物或者违法收入,可以并处该建设工程总造价10%以下的罚款;第三款规定,规划行政主管部门对无法确定该建设工程的建设单位或者所有人、管理人的,可以通过在公共媒体或者该建设工程所在地发布公告的形式督促建设单位或者其所有权人、管理人依法接受处理,公告期间不得少于15日。公告期间届满,仍无法确定建设单位、所有人、管理人或者其拒不接受处理的,报经市或者区、县人民政府批准后强制拆除或者没收。本案中,被上诉人对涉诉钢架结构二层阳光棚进行了现场检查和勘验,取得了北京市规划和国土资源管理委员会出具的涉诉钢架结构二层阳光棚未依法取得建设工程规划许可证的函件等材料,由于无法确定该建筑物的建设单位或者所有人、管理人,被上诉人在该建筑物所在地和公共媒体上发布了公告。公告期满仍无法确定该建筑物的建设单位或者所有人、管理人。被上诉人报经顺义区政府批准,决定对该建筑物实施强制拆除,据此作出《强制拆除决定书》,并在该建筑物所在地予以公告,并无不当。

综上，被上诉人作出的《强制拆除决定书》认定事实清楚，适用法律法规正确，履行程序并无不当。上诉人的诉讼请求缺乏事实和法律依据，一审法院不予支持。依据《中华人民共和国行政诉讼法》第69条的规定，判决驳回刘某江的诉讼请求。

刘某江不服一审判决，向本院提起上诉，其事实与理由为：

涉案土地为农业用地，并非建设用地，故不适用《中华人民共和国城乡规划法》《北京市城乡规划条例》，原审法院适用法律错误。被诉行政行为未就建设行为相关基础事实进行查明，事实不清。被上诉人执法程序正当性欠缺。被上诉人在完全能够确定建设行为人的情况下按照无主物进行《北京市顺义区城市管理综合行政执法监察局公告》，继而直接作出被诉强拆决定，规避了对建设行为人的重要执法程序，严重侵害了上诉人享有的异议权、救济权，更导致错误越权执法的情形发生。根据《建设行政处罚程序暂行规定》第13条、第14条，案件调查终结，执法人员应当出具书面案件调查终结报告。根据被上诉人举证，并无前述调查终结报告、法治机构审核意见，故就违法建筑的认定程序并不完整。根据《建设行政处罚程序暂行规定》第27条，执法机关送达行政处罚决定书或者有关文书，应当直接送受送达人。被上诉人所举证据中，实际上没有向上诉人依法进行送达。向上诉请求撤销一审判决，改判支持上诉人一审的诉讼请求。

被上诉人同意一审判决，请求予以维持。

上诉人在举证期限内向一审法院提交的证据是：

（1）2010年7月15日协议书，证明上诉人对涉案地块享有合法的土地使用权，而且是将土地用于农业用途，而并非作为建设用地使用。

（2）照片15张，证明承包地实际是被运用于农业用途，而建设在该承包地上的涉案构筑物也是用于农业用途,而并非是作为永久建筑来进行居住、使用。

(3) 强制拆除决定书,证明被诉行政行为的存在及内容。

被上诉人在举证期限内向一审法院提交的证据是:

(1) 顺义区后沙峪地区泗上村北原旧货市场违建执法情况概述,证明介绍被上诉人对后沙峪地区泗上村北侧原旧货市场违法建设一案的相对人确定情况。

(2) 立案审批表,证明后沙峪地区泗上村北侧原旧货市场违法建设一案的立案情况。

(3) 现场检查笔录,证明后沙峪地区泗上村北侧原旧货市场违法建设一案的现场检查情况。

(4) 现场勘验笔录,证明后沙峪地区泗上村北侧原旧货市场违法建设一案的现场勘验情况。

(5) 证据材料登记表(违法建设照片),证明后沙峪地区泗上村北侧原旧货市场违法建设一案违法建设照片。

(6) 地图截图,证明白色表示涉案违法建设,该违法建设为一个整体结构。

(7) 测量成果报告,证明后沙峪地区泗上村北侧原旧货市场违法建设测量成果,整体的平方米数及构成情况。

(8) 情况说明,证明测量结果中的西泗上村与文书中的泗上村为同一地址。

(9) 公告,证明被上诉人寻找相对人的公告情况。

(10) 公告张贴照片,证明被上诉人将公告在违法建设现场进行张贴提示。

(11) 2016年11月25日法制晚报,证明被上诉人寻找相对人的公告在当期法制晚报刊出。

(12) 关于后沙峪地区泗上村北侧原旧货市场所建阳光棚规

划审批情况的函，证明后沙峪地区泗上村北侧原旧货市场所建阳光棚未依法取得建设工程规划许可证。

（13）催告通知书，证明被上诉人作出催告通知书。

（14）催告通知书张贴照片，证明被上诉人将催告通知书在违法建设现场进行张贴。

（15）强制拆除公告，证明被上诉人作出了强制拆除公告。

（16）强制拆除决定书，证明被上诉人作出强制拆除决定书。

（17）强制文书张贴照片，证明被上诉人将强制拆除公告、强制拆除决定书在违法建设现场进行张贴。

（18）北京市国土资源局顺义分局关于确定土地权属性质的函，证明确定涉案地块为国有土地。

（19）宋某苹提供的地块租赁协议、身份证复印件、结婚证复印件及死亡证明，证明宋某苹为涉案地块承租人。

（20）光盘，证明被上诉人确认相对人的调查过程。

（21）光盘文字说明，证明对光盘的文字整理。

（22）执法证复印件，证明黄某章、花某垚、李某浩均为被上诉人工作人员。

一审第三人未向一审法院提交证据。

2017年3月1日、3月2日，一审法院依职权针对涉诉钢架二层结构阳光棚的建设人和位置等情况分别向一审第三人刘某庆和案外人宋某苹进行了询问，并制作了谈话笔录。

经庭审质证，一审法院对上述证据认证如下：上诉人提交的证据③和被上诉人提交的证据⑯系本案被诉行政行为，一审法院在此不予评价。上诉人提交的证据①非本案被诉行政行为合法性审查范围，且在其真实性存疑的情况下，一审法院在此不予述评。上诉人提交的证据②能够证明其所建钢架结构阳光棚的情况，一审法院予以采纳。被上诉人提交的除证据⑯以外的其他证据以及一审法院向刘某庆、宋某苹所作的谈话笔录，均客观真实，来源合法，与本案事实具有关联性，能够证明涉诉钢架结构二层阳光棚的相关权利人、被上诉人向规划部门查询涉诉阳光棚的规划审批手续的情况以及被上诉人围绕涉诉钢架结构二层阳光棚进行调查及制作相关文书内容的情况，可以作为本案认定事实的依据，一审法院予以采纳。

一审法院已将当事人提交的证据随案移送本院。经审查，本院认为一审法院的认证意见正确，予以确认。

经审查，本院对一审法院经审理查明的事实予以确认。

本院认为，根据《中华人民共和国城乡规划法》第64条，《国务院关于进一步推进相对集中行政处罚权工作的决定》和《北京市禁止违法建设若干规定》第4条第2款、第9条第2款之规定，城市管理综合行政执法机关负责查处未取得建设工程规划许可证的城镇建设工程。被上诉人作为顺义区的城市管理综合执法组织，负有依法查处辖区内未取得建设工程规划许可证违法建设的法定职责。

关于涉案建设是否属于违法建设问题，本院认为，根据《中华人民共和国城乡规划法》第40条第1款及《北京市城乡规划条例》第2条第1款、第23条第1款的规定，结合《北京市禁止违法建设若干规定》第3条规定，本市各项建设用地和建设工程应当符合城乡规划，依法取得规划许可。本案中，根据北京市规划和国土资源管理委员会向被上诉人作出规（顺）执函〔2016〕190号《关于北京市顺义区后沙峪地区泗上村北侧原旧货市场建设钢架结构阳光棚规划审批情况的函》，刘某江和刘某庆所建钢架结构二层阳光棚未经规划行政许可部门审批，未依法取得建设工程规划许可证，故被上诉人认定涉诉钢架结构二层阳光棚属违法建设并无不当。

被上诉人对涉诉建设进行了现场检查和勘验,并向北京市规划和国土资源管理委员会进行了核实该建设是否取得建设工程规划许可,由于无法确定该建筑物的建设单位或者所有人、管理人,被上诉人进行公告,公告期满仍无法确定该建筑物的建设单位或者所有人、管理人。被上诉人报经顺义区政府批准,决定对该建筑物实施强制拆除,据此作出《强制拆除决定书》,并在该建筑物所在地予以公告并无不当。因此,一审法院依据《中华人民共和国行政诉讼法》第69条的规定,判决驳回刘某江的诉讼请求并无不当,本院予以维持。综上,依照《中华人民共和国行政诉讼法》第89条第1款第1项之规定,判决如下:

驳回上诉,维持一审判决。

二审案件受理费50元,由上诉人刘某江负担(已交纳)。

本判决为终审判决。

十、认定是否违法建设的行为系行政行为具有可诉性

案例6-11

1. 裁判要旨

对建筑物是否违法的认定和强制拆除行为虽然具有因果关系,但却系作出程序截然不同的两个行政行为。根据行政诉讼一案一诉的原则,再审申请人赵某和如认为有关部门对其租赁的仓库建筑认定为违法的行为不服,可另案提起诉讼寻求救济。原审法院在本案已将被诉强拆行为确认违法的前提下,对该问题未予理涉,没有损害再审申请人的合法权益。

2. 中华人民共和国最高人民法院行政裁定书（节选）

再审申请人（一审原告、二审上诉人）赵某和，男，汉族，1964年3月30日出生，住安徽省蚌埠市淮上区。

再审被申请人（一审被告、二审被上诉人）蚌埠市淮上区人民政府，住所地安徽省蚌埠市淮上大道淮上区行政办公中心。

法定代表人冯某元，该区人民政府区长。

赵某和因诉蚌埠市淮上区人民政府强制拆除行为违法一案，不服安徽省高级人民法院作出的［2016］皖行终739号行政判决，向本院申请再审。本院依法组成由审判员阎巍担任审判长，审判员刘雪梅、梅芳参加的合议庭，对本案进行了审查，现已审查终结。

赵某和申请再审称：①原审判决中的描述与再审申请人在一审中的表述不同，二审法院作出的相关结论错误。一审法院对再审申请人证据证明目的的描述，与再审申请人在一审中的表述不同，实际上进行的是删减，而不是概括、归纳，已影响了再审申请人证据的证明目的，二审法院作出的结论错误。②原审判决认定事实的主要证据不足，认定事实不清。再审申请人提交的与大桥管理处处长及其他工作人员的对话录音，可以证明再审申请人从其租赁的桥下仓库通往其家中的电源是再审被申请人强拆再审申请人租赁桥下仓库时切断的事实，而原审法院不予认定，系证据认定错误。再审被申请人提交的《责令改正通知书》针对的对象并非再审申请人租赁的桥下仓库，与本案无关联性，而原审法院认定其与本案有关联，属认定有误。再审申请人提交的与交投物业谢经理的对话录音，可以证明再审被申请人提交的《责令改正通知书》是实施行政行为前才作出，实施行政行为时才张贴的。交投公司作出的《场地租赁合同终止通知书》不是交投公司张贴的，而是再审被申请人实施行政行为时张贴的。③原审法院未对再审被申请人作出的行政行为实体是否违法进行确认,显属错误。④再审被申请人逾期提供的证据违反法律规定,二审法院作出的相关结论不妥。请求:①撤销一审判决中的描述与认定、撤销二审判决;②改判支持再审申请人在一审中的相关表述;③诉讼费用由再审被申请人承担。

本院经审查认为:根据《中华人民共和国行政强制法》第35条、第36条、第37条以及第38条的相关规定,行政机关作出强制执行决定前,应当事先催告当事人履行义务。当事人收到催告书有权进行陈述和申辩。行政机关应当充分听取当事人的意见。经催告,当事人逾期仍不履行行政决定,且无正当理由,行政机关可以作出强制执行决定。催告书、行政强制执行决定书应当直接送达当事人。本案中,再审被申请人蚌埠市淮上区人民政府在拆除再审申请人赵某和租赁的桥下仓库时,没有证据证明再审被申请人履行了上述催告、听取再审申请人陈述、申辩等法定程序,原审认定再审被申请人的强制拆除行为程序违法正确。

关于再审申请人提出的原审判决未对再审被申请人作出的行政行为实体是否违法进行确认的问题,本院认为,对建筑物是否违法的认定和强制拆除行为虽然具有因果关系,但却系作出程序截然不同的两个行政行为。根据行政诉讼一案一诉的原则,再审申请人赵某和如认为有关部门对其租赁的仓库建筑认定为违法的行为不服,可另案提起诉讼寻求救济。原审法院在本案已将被诉强拆行为确认违法的前提下,对该问题未予理涉,没有损害再审申请人的合法权益。至于再审申请人提出的其他再审理由,没有事实和法律依据,本院不予支持。

综上,一审法院判决确认蚌埠市淮上区人民政府于2015年

2月3日强制拆除赵某和租赁仓库的行政行为违法,二审判决驳回上诉,维持原判,并无不当。再审申请人赵某和的再审申请不符合《中华人民共和国行政诉讼法》第 91 条规定的情形,依照《最高人民法院关于适用〈中华人民共和国行政诉讼法〉的解释》第 116 条第 2 款之规定,裁定如下:

驳回再审申请人赵某和的再审申请。

十一、街道办不具有拆除违法建设的职权

案例6-12

1. 裁判要旨

街道办事处可以在其职权范围内独立承担相应的法律责任,但相关法律规范并未赋予街道办事处对违法建筑予以拆除的职权,因此,街道办事处对当事人的房屋予以强制拆除,属于超越职权。

司法实践中,根据有关规定,市县级人民政府是辖区内城中村改造的主体,负责组织实施本辖区内的城中村改造工作,既对拆除行为负有监督管理的职责,又对城中村改造的拆迁补偿安置工作负责,在此情况下,出于实质解决纠纷的考虑,判令市县级人民政府与街道办事处共同对当事人的损失采取补救措施并无不当。

2. 罗某昌、郑州市惠济区人民政府城乡建设行政管理:房屋拆迁管理(拆迁)再审审查与审判监督行政裁定书(节选)

再审申请人(一审原告、二审上诉人)罗某昌,男,汉族,1932 年 9 月 4 日出生,住河南省郑州市中原区。

再审被申请人(一审被告、二审被上诉人)郑州市惠济区

人民政府，住所地河南省郑州市惠济区开元路8号。

法定代表人马某，该区人民政府区长。

再审被申请人（一审被告、二审被上诉人）郑州市惠济区长兴路街道办事处，住所地河南省郑州市惠济区长兴路21号。

法定代表人夏某东，该办事处主任。

罗某昌因诉郑州市惠济区人民政府（以下简称惠济区政府）、郑州市惠济区长兴路街道办事处（以下简称长兴路办事处）拆除房屋违法一案，不服河南省高级人民法院作出的[2016]豫行终2609号行政判决，向本院申请再审。

现已审查终结。

郑州铁路运输中级人民法院一审查明：

罗某昌系惠济区长兴路街道老鸦陈村村民，1992年8月3日，郑州市邙山区（现为郑州市惠济区）人民政府为其颁发邙土集建[92]字第25号的集体土地建设用地使用证，面积为378平方米，用途为宅基地。罗某昌在其宅基地上建造二栋房屋，一栋七层，一栋四层，总面积为2 286.493平方米。

2015年5月21日老鸦陈村城中村改造正式启动，2016年3月31日，惠济区委办公室和惠济区政府办公室联合作出《关于印发惠济区拆迁遗留问题和违法建筑清零攻坚行动方案的通知》（惠办文[2016]12号），要求按照属地管理的原则，各镇（街道）负责本辖区拆迁遗留问题和违法建筑"清零"工作，组织巡查、发现、制止各类违法建筑行为，依据执法部门作出的行政执法文书实施拆除。

2016年5月6日，长兴路办事处对罗某昌作出《拆除违法建筑决定书》，认为罗某昌建设的房屋超出规定面积215.3平方米，决定对罗某昌超出宅基地部分房屋予以没收并实施拆除。并于当天对罗某昌违法建筑进行了拆除，同时将罗某昌宅基地上尚未签订补偿安置协议的房屋全部拆除。罗某昌对强拆行为不服，向该院提起行政诉。

一审法院认为：

1. 关于被诉强制拆除行为是否合法的问题。根据《中华人民共和国城乡规划法》和《郑州市城乡规划管理条例》的有关规定，对未取得乡村建设规划许可证或者未按照乡村建设规划许可证的规定进行建设的，由乡、镇人民政府责令停止建设、限期改正；逾期不改正的，可以组织拆除。

长兴路办事处作为惠济区政府的派出机关，其行政职权与乡、镇人民政府有所不同，且上述规定并未授权办事处有对辖区内集体土地上的违法建设进行强拆的权力。即使罗某昌家庭存在违法建设的情形，长兴路办事处也无权组织人员对罗某昌的房屋进行强制拆除。因此，长兴路办事处在没有法定授权的情况下，自行组织人员拆除罗某昌房屋的事实行为属于超越职权的违法情形。长兴路办事处作为一级行政机关，应当对自己的违法拆除行为承担相应的法律责任。

2. 关于惠济区政府是否为适格被告的问题。本案被诉强拆行为发生在惠济区政府决定在全区范围内开展拆迁遗留问题和违法建筑"清零"攻坚行动中，长兴路办事处按照惠济区政府的职责分工负责本辖区拆迁遗留问题和违法建筑"清零"工作。

从长兴路办事处将罗某昌宅基地上的所有房屋全部拆除的事实可见，其实施被诉强拆行为既有拆除罗某昌的被认定为违法建筑的目的，也有拆除罗某昌尚未签订补偿安置协议的建筑即清理城中村改造拆迁遗留问题的目的。

虽然惠济区政府通过文件的形式将清理城中村改造拆迁遗留问题与违法建筑两项工作交由下属镇（街道）执行，但是按照郑州市人民政府印发的《进一步规范城中村改造若干规定》

和《郑州市城中村改造管理办法》的相关规定，惠济区政府是辖区内城中村改造的主体，负责组织实施本辖区内的城中村改造工作，对城中村改造的拆迁补偿安置负总责。

惠济区政府作为长兴路办事处的上级行政机关及辖区内城中村改造的责任主体，虽然未直接参与本案被诉的强拆行为，但是其对长兴路办事处的拆除行为负有监督管理的职责，应当对长兴路办事处的违法拆除行为给罗某昌财产造成的损失承担相应责任，故惠济区政府为本案适格的被告。惠济区政府辩称不是本案适格被告的理由不能成立，该院不予支持。

综上所述，罗某昌请求确认长兴路办事处强拆行为违法的诉讼请求成立，该院予以支持；罗某昌请求确认惠济区政府强拆行为违法的诉讼请求没有相应的事实依据，该院不予支持，但惠济区政府应与长兴路办事处共同对罗某昌的财产损失采取相应补救措施。

根据《中华人民共和国行政诉讼法》第 74 条第 2 款第 1 项、第 76 条和《最高人民法院关于执行若干问题的解释》第 56 条第 1 款第 4 项的规定，该院于 2016 年 7 月 25 日作出［2016］豫 71 行初 216 号行政判决：

（1）确认长兴路办事处强制拆除罗某昌涉案房屋及附属物的行政行为违法；

（2）驳回罗某昌的其他诉讼请求；

（3）责令惠济区人民政府与长兴路办事处共同采取补救措施。

罗某昌不服，提起上诉。

河南省高级人民法院二审查明的事实与一审法院查明的事实一致。

二审法院认为：

1. 长兴路办事处以罗某昌存在违法占用集体土地建房为由，在对其认为的违法建筑进行拆除时，将罗某昌宅基地上尚未签订补偿安置协议的房屋全部拆除。即使罗某昌存在违法建设的情形，在未经法定机关作出处罚决定并经依法强制执行的情况下，长兴路办事处强制拆除的行为违法；对其宅基地上的房屋进行强制拆除的行为亦违法。长兴路办事处作为一级行政机关，应当对违法拆除行为承担相应法律责任，故一审法院认定并判决确认长兴路办事处强制拆除罗某昌涉案房屋行为违法是正确的。

2. 按照郑州市人民政府的相关文件规定，惠济区政府是辖区内城中村改造的主体，负责组织实施本辖区内的城中村改造工作，对长兴路办事处的涉案拆除行为应负有监督管理的职责，故作为本案一审被告适格。

按照权责相当的原则，因惠济区政府并未直接参与被诉的强拆行为，一审法院也无法认定其进行了强拆行为，但考虑其存在监管不到位方面的责任，一审法院在判决确认长兴路办事处的拆除行为违法的同时，责令惠济区政府与长兴路办事处共同采取补救措施的处理并无不当。该补救措施的含义就是对罗某昌的损失予以补偿或赔偿，罗某昌也可以直接就上述赔偿问题向人民法院提起诉讼。

综上，罗某昌的上诉理由不成立，该院不予支持。一审行政判决认定事实清楚，适用法律正确，应予维持。根据《中华人民共和国行政诉讼法》第89条第1款第1项之规定，于2016年12月28日作出［2016］豫行终2609号行政判决，驳回上诉，维持原判。

罗某昌向本院申请再审称：

1. 原审法院认定事实错误，涉案房屋不存在违法建筑问题。在再审被申请人主导的涉案城中村改造过程中，包括老鸦陈村委会在内的各方参与主体均将涉案房屋的全部面积作为此次拆迁补偿安置的标的，从未将涉案房屋分为需要签订补偿安置协议部分和不需要签订补偿安置协议部分。涉案房屋未经有权部门认定，任何人和部门均无权视其为违法建筑，更无权将其作为违法建筑予以处理。一审法院只认为长兴路办事处无权对涉案房屋进行强制拆除，但并没有认定长兴路办事处有无权力认定涉案房屋是否属于违建，有无权力作出违法建筑拆除告知书和拆除违法建筑决定书；

2. 惠济区政府命令安排长兴路办事处强拆涉案房屋事实清楚，证据确凿，应依法确认惠济区政府强拆行为违法。长兴路办事处作为惠济区政府的派出机关，受惠济区政府的领导，对惠济区政府的日常工作安排必须服从。涉案房屋强拆是由惠济区政府命令安排，长兴路办事处具体组织实施，拆挖公司人员现场实际操作，三方主体共同完成的。惠济区政府在其中作为决策者、命令者和指挥者起着关键作用，没有惠济区政府的决策和命令，涉案房屋不可能被强拆，所以惠济区政府在本案中对涉案房屋强拆应负主要责任。请求：（1）撤销［2016］豫行终2609号行政判决；（2）判决支持再审申请人的二审上诉请求。

本院认为，根据《中华人民共和国城乡规划法》第65条的规定，在乡、村庄规划区内未依法取得乡村建设规划许可证或者未按照乡村建设规划许可证的规定进行建设的，由乡、镇人民政府责令停止建设、限期改正；逾期不改正的，可以拆除。

本案中，长兴路办事处虽然是惠济区政府的派出机关，可以在其职权范围内独立承担相应的法律责任，但相关法律规范并未赋予街道办事处对违法建筑予以拆除的职权，因此，长兴路办事处对再审申请人的房屋予以强制拆除,属于超越职权。原审法院确认长兴路办事处强制拆除再审申请人房屋及附属物的行为违法正确。

而对于再审申请人主张确认惠济区政府行为违法的问题,由于本案中实施拆除再审申请人房屋的行政主体是长兴路办事处,且没有证据表明惠济区政府直接参与了拆除行为,故再审申请人请求确认惠济区政府房屋拆除行为违法的诉讼请求没有事实依据,本院不予支持。但鉴于根据有关规定,惠济区政府是辖区内城中村改造的主体,负责组织实施本辖区内的城中村改造工作,既对涉案拆除行为负有监督管理的职责,又对城中村改造的拆迁补偿安置工作负责,在此情况下,出于实质解决纠纷的考虑,原审判令惠济区政府与长兴路办事处共同对再审申请人的损失采取补救措施并无不当。

至于再审申请人提出的涉案房屋是否属于违法建筑的问题,由于本案被诉行为为强制拆除行为,而非对房屋是否属于违章建筑的认定,因此,再审申请人的这一请求超出了本案的审查范围,本院在此不予理涉,再审申请人应另寻救济途径。

综上,罗某昌的再审申请不符合《中华人民共和国行政诉讼法》第91条规定的情形。依照《中华人民共和国行政诉讼法》第101条、《中华人民共和国民事诉讼法》第204条第1款之规定,裁定如下:

驳回再审申请人罗某昌的再审申请。